マルチアングル戦術図解

ソフトテニスの戦い方

セオリーをもとにリスクも背負って攻めていく

中堀成生

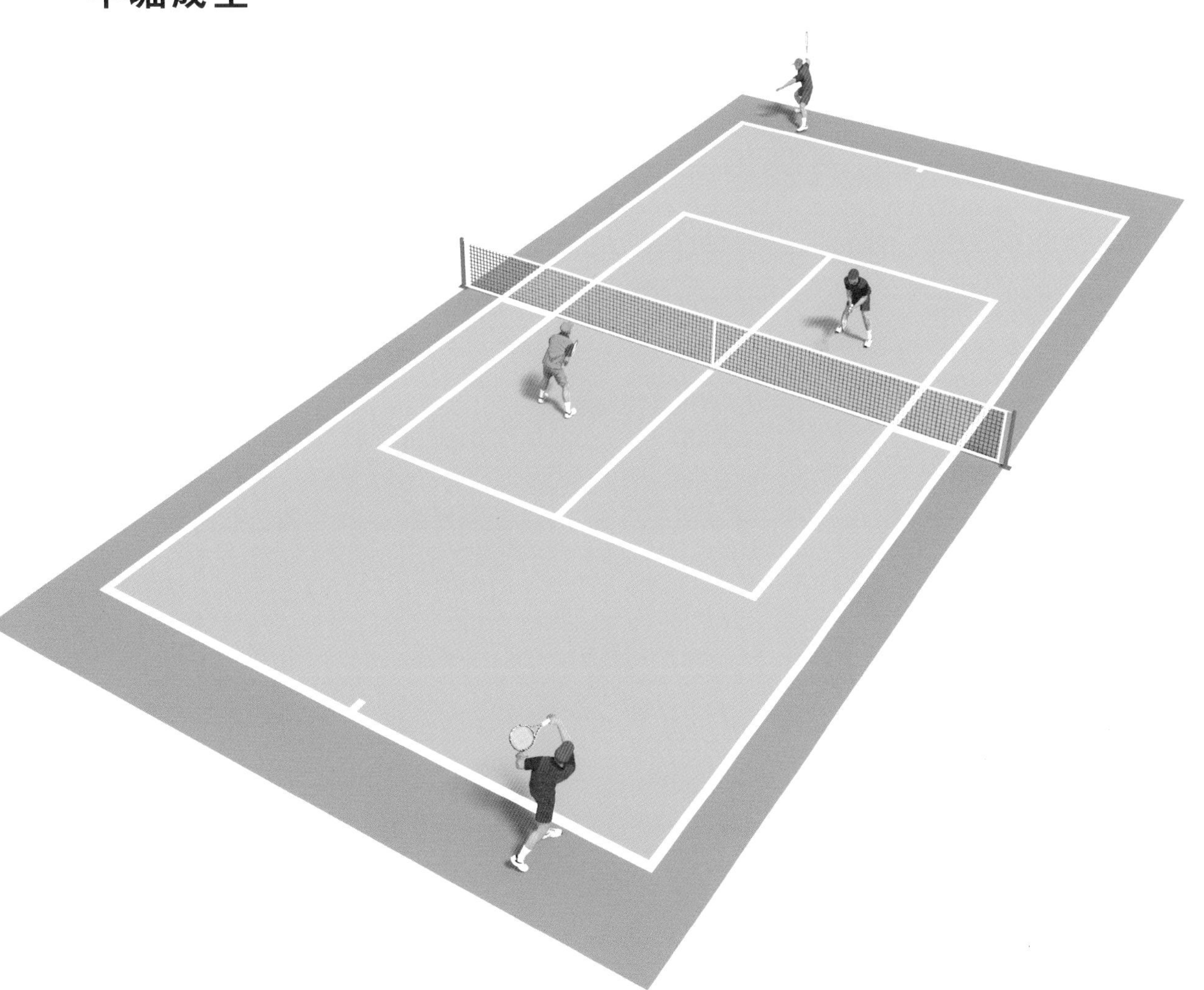

はじめに

ソフトテニスはこれまでにルールの面でも技術の面でも、様々な進化を遂げてきました。長い歴史のなかで雁行陣でのスタイルが主流だった時期から、2000年に入り国際大会で中華台北のダブルフォワードに勝てない時期があり、当時日本代表だった私もダブルフォワード（攻撃型並行陣）への対応が求められダブルフォワードを採用してみるなど、ソフトテニスも常に進化してきました。

ソフトテニスだけでなくスポーツで戦っていく上では、セオリーが大事です。勝つためには、一方でそのセオリーを逆手にした戦術も必要となってきます。リスクを負ってでもやりきるプレーが求められるケースもあります。たとえば、相手の陣形を崩してオープンスペースを作り、そこへ打ち込んでいけば得点できる可能性は高くなりますが、あえてそのオープンスペースではなく逆をつくショットを打ってみるなど。そういった駆け引きや、相手の態勢を観察した状況判断でいろいろなショットを繰り出す必要もあります。

そもそも、ソフトテニスという競技はミスをしたほうが負ける競技だと思っています。小・中学生、高校生くらいであれば、「ダブルフォールトをしない」「セカンドレシーブのミスをなくす」だけで1つや２つ上に勝ち上がることができるのではないでしょうか。速いファーストサービスやストロークが打てることは大いに武器になることは間違いありません。ただ、それだけで勝敗が決まるものではないということです。

本書では私が培った経験をもとに、セオリーをベースとした駆け引きで勝つための戦術をご紹介していきます。なかにはやや高度な技術が必要なものもあります。ただし、これが絶対ではありません。多くのソフトテニスファン、愛好家、そしてプレーヤーの方々のお役に立てれば幸いです。

中堀成生

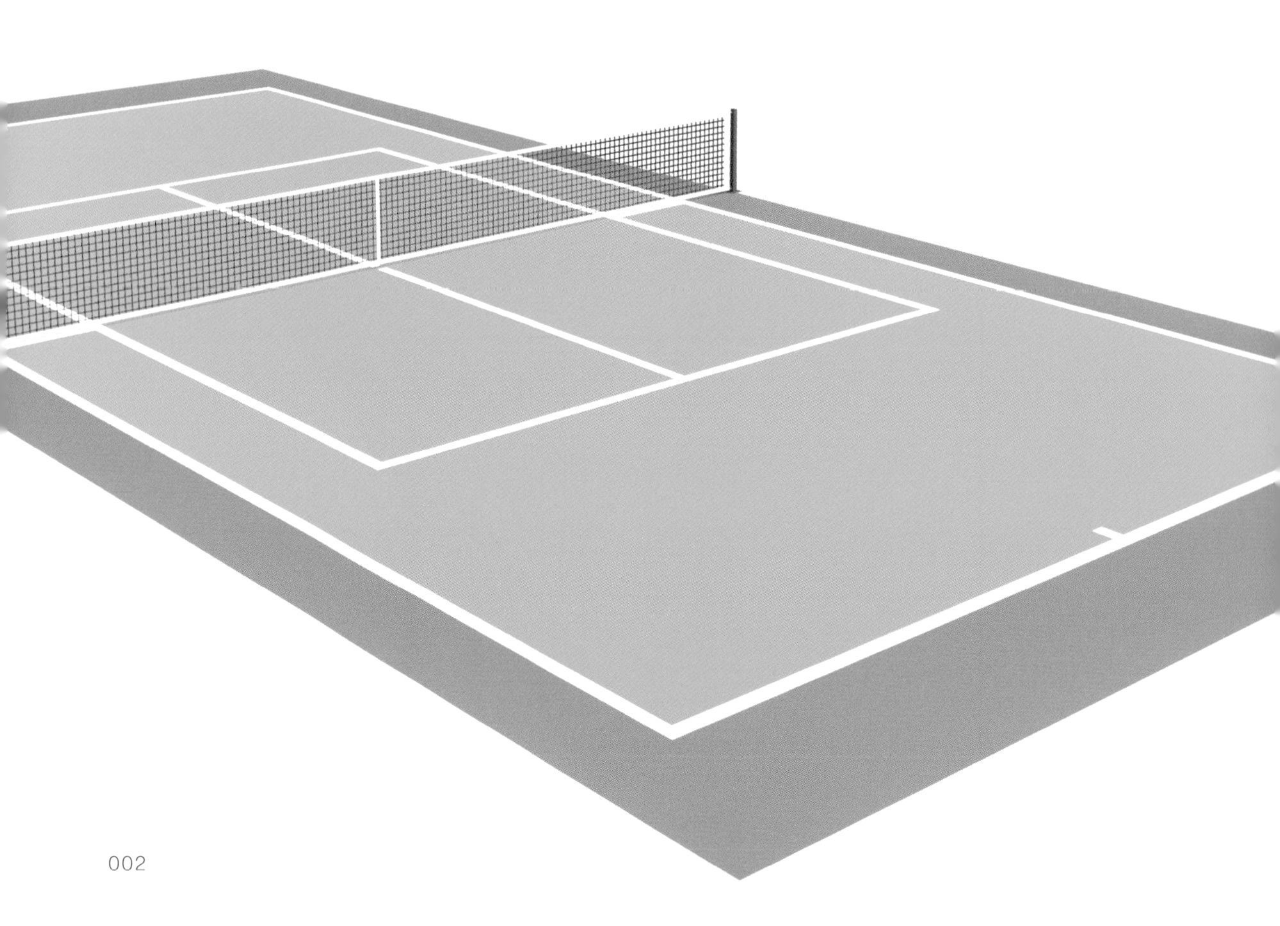

本書の使い方

本書では、ソフトテニスの戦術を3Dグラフィックによる図を用いてわかりやすく示している。後ろや正面、斜め、真上、真横など、その都度ベストな視点をチョイスし、マルチアングル（多角的）に解説。第1・2章では雁行陣の戦術、第3章ではダブルフォワードの戦術、第4章では相手のタイプに応じた攻め方やしのぎ方などを紹介している。目的に応じて活用しよう。

タイトル

習得する戦術の内容が一目でわかる

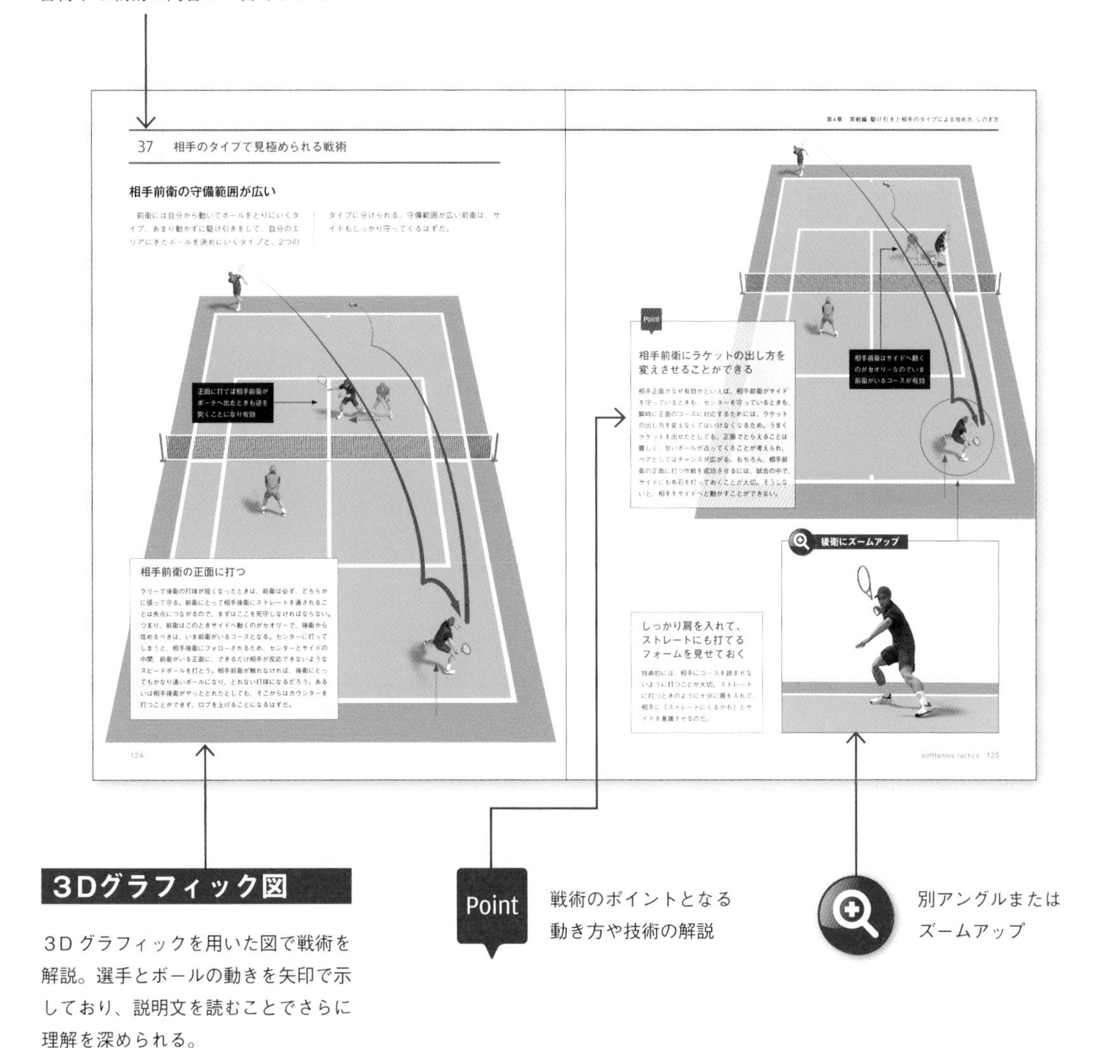

第4章　実戦編：駆け引きと相手のタイプによる攻め方、しのぎ方

37　相手のタイプで見極められる戦術

相手前衛の守備範囲が広い

前衛には自分から動いてボールをとりにいくタイプ、あまり動かずに駆け引きをして、自分のエリアにきたボールを決めにいくタイプと、2つのタイプに分けられる。守備範囲が広い前衛は、サイドもしっかり守ってくるはずだ。

正面に打てば相手前衛がポーチへ出たときも逆を突くことになり有効

相手前衛の正面に打つ

ラリーで後衛の打球が短くなったときは、前衛は必ず、どちらかに張って守る。前衛にとって相手後衛にストレートを通されることは失点につながるので、まずはここを死守しなければならない。つまり、前衛はこのときサイドへ動くのがセオリーで、後衛から攻めるべきは、いま前衛がいるコースとなる。センターに打ってしまうと、相手後衛にフォローされるため、センターとサイドの中間、前衛がいる正面に、できるだけ相手が反応できないようなスピードボールを打とう。相手前衛が触れなければ、後衛にとってもかなり速いボールになり、とれない打球になるだろう。あるいは相手後衛がやっととれたとしても、そこからはカウンターを打つことができず、ロブを上げることになるはずだ。

124

Point

相手前衛にラケットの出し方を変えさせることができる

相手正面がなぜ有効かといえば、相手前衛がサイドを守っているときも、センターを守っているときも、瞬時に正面のコースに対応するためには、ラケットの出し方を変えなくてはいけなくなるため。うまくラケットを出せたとしても、正面でとらえることは難しく、甘いボールが返ってくることが考えられ、ペアとしてはチャンスが広がる。もちろん、相手前衛の正面に打つ作戦を成功させるには、試合の中で、サイドにも布石を打っておくことが大切。そうしないと、相手をサイドへと動かすことができない。

相手前衛はサイドへ動くのがセオリーなのでいま前衛がいるコースが有効

後衛にズームアップ

しっかり肩を入れて、ストレートにも打てるフォームを見せておく

技術的には、相手にコースを読ませないように打つことが大切。ストレートに打つときのように十分に肩を入れて、相手に「ストレートにくるかも」とサイドを意識させるのだ。

softtennis tactics　125

3Dグラフィック図

3Dグラフィックを用いた図で戦術を解説。選手とボールの動きを矢印で示しており、説明文を読むことでさらに理解を深められる。

戦術のポイントとなる動き方や技術の解説

別アングルまたはズームアップ

打球

選手の動き

黄…自分（前衛）　赤…自分（後衛）　青…相手（前衛）　紫…相手（後衛）

CONTENTS

第3章 ダブルフォワードの戦い方

第4章 実戦編:駆け引きと相手のタイプによる攻め方、しのぎ方

第1章

雁行陣のサービスまわり、レシーブまわり

01 雁行陣のポジショニング

後衛サービス　クロスコートからのサービス

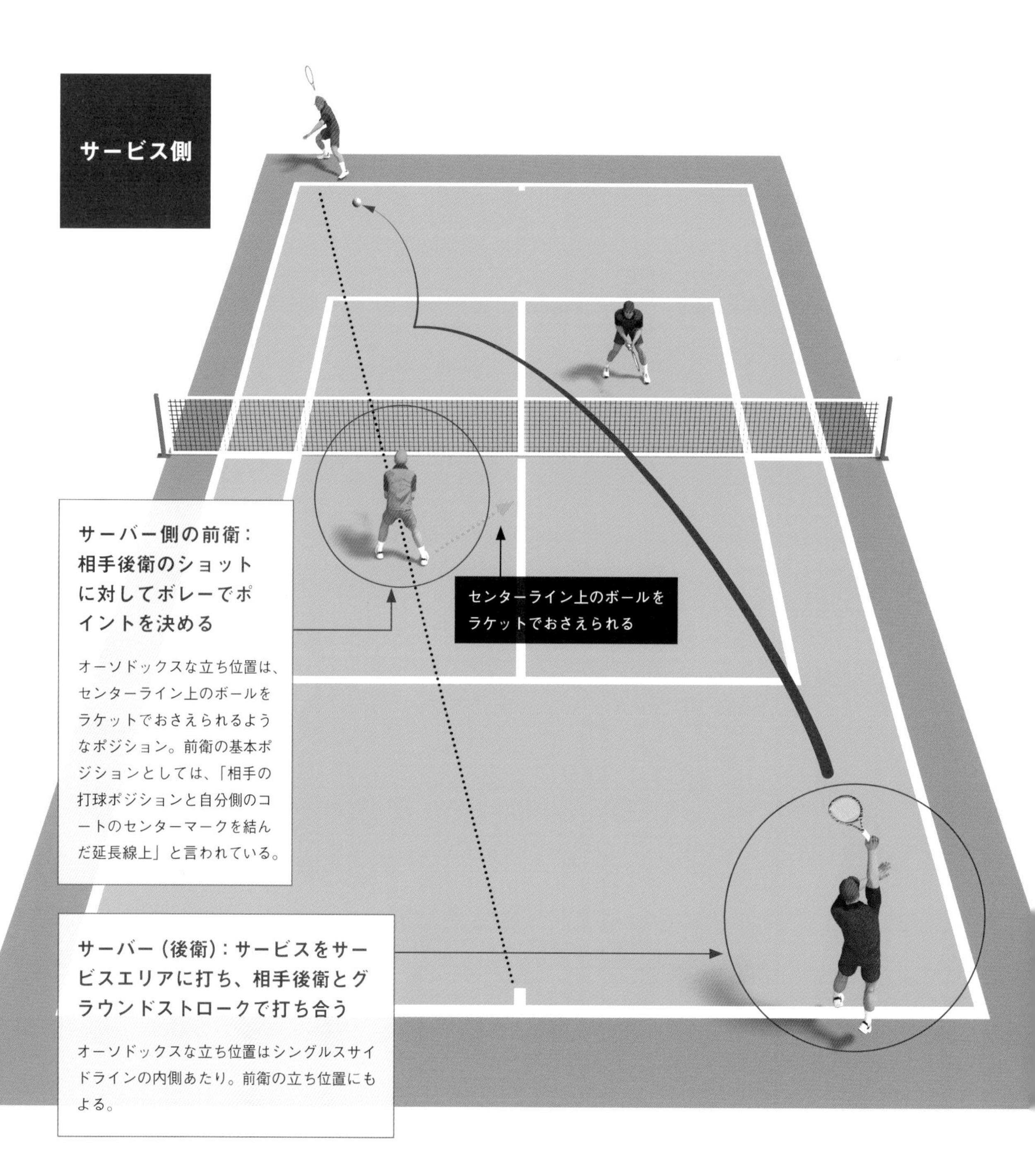

サーバー側の前衛：相手後衛のショットに対してボレーでポイントを決める

オーソドックスな立ち位置は、センターライン上のボールをラケットでおさえられるようなポジション。前衛の基本ポジションとしては、「相手の打球ポジションと自分側のコートのセンターマークを結んだ延長線上」と言われている。

サーバー（後衛）：サービスをサービスエリアに打ち、相手後衛とグラウンドストロークで打ち合う

オーソドックスな立ち位置はシングルスサイドラインの内側あたり。前衛の立ち位置にもよる。

レシーバー側の前衛：相手後衛のショットに対してボレーでポイントを決める。相手前衛の攻撃をフォローする

オーソドックスな立ち位置は、センターライン上のボールをラケットでおさえられるようなポジション。パートナーの後衛が打ったレシーブに対して、相手前衛がポーチに出る可能性も大いにあるため、しっかりと相手前衛の動き、ポジショニングを見ておくことが重要。→相手前衛がポーチに出た場合は、やや下がってフォローの準備をする。

レシーバー（後衛）：相手のサービスをレシーブ。サービスおよび相手前衛のポジションや動きによってレシーブコースを打ち分ける

オーソドックスにサーバーの対角に立つが、ソフトテニスではややバックハンド側を空けてポジショニングする選手が多い。バック側を空けて、バック側に来たらフォアに回り込む。レシーバー側のポジションはサーバーのサービスに左右される。バウンドが大きいオーバーヘッドサービスならベースライン寄り、バウンドが小さく不規則なカットサービスならサービスライン上あたりで構える。また、ファーストレシーブかセカンドレシーブかによってもポジションは変わる。相手サービスの良し悪しにもよるが、サービスが速いサーバーに対しては、やや後ろに構え、セカンドレシーブになったら、前に詰める。

01　雁行陣のポジショニング

後衛サービス　逆クロスコートからのサービス

ワイドは重要だが、コースを散らすことも必要

サービスでは相手のバック側に打つケースが多いと述べたが、もちろんワイドにばかりサービスを打っていては相手に読まれてしまうため、コースを散らせることは必要。ワイドに多めに打っておき、相手にワイドへの意識を植えつけておき、勝負どころでセンターへ速いサービスを打つと効果があるだろう。

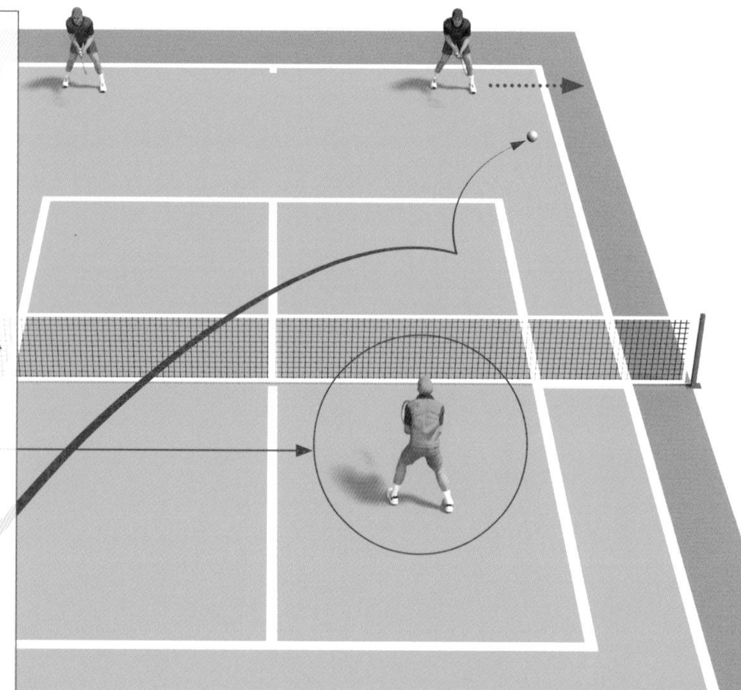

サーバー（前衛）：センターライン上のボールをラケットで押さえられるようなポジションがオーソドックス

オーソドックスな立ち位置は、センターライン上のボールをラケットでおさえられるようなポジション。相手打球に反応してバックハンドでボールを返球できるポジションに立つ。相手後衛がレシーブする場合は、やや内側に入ってレシーブに対してポーチをねらうことが多いと思うが、前衛レシーブに対してはポーチにいっても相手後衛にフォローされる確率が高いため、前衛レシーブを追いかける際にはしっかりコースを狙っていく必要がある。もちろん、相手前衛にプレッシャーをかける必要はある。また、打つコースによっては効果があるコースもあるので、これはパターンとして覚えておきたい。

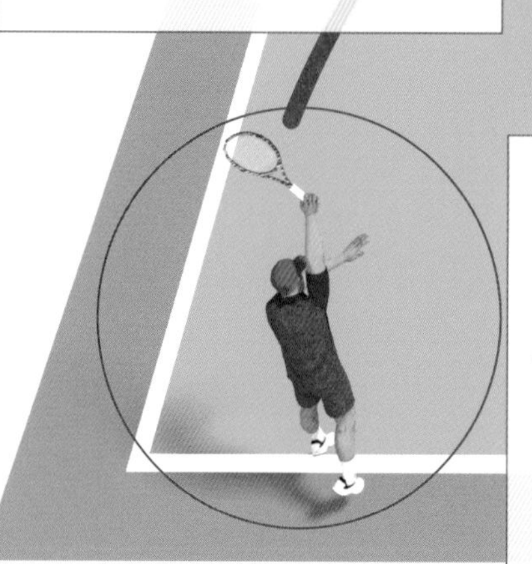

サーバー（後衛）：オーソドックスな立ち位置はシングルスサイドラインの内側あたり。ただし、狙う場所を考えて、調節する必要あり

基本的にサービスのコースをねらう場合、大半の選手が苦手にしているバック側へ打つことが多いだろう。右利きのレシーバーが相手の場合、逆クロスコートからはワイドに打つことで相手のバック側を突くことができる。ワイドにうまくコントロールするためには、コートの内側から打つよりもコートのサイド寄りから打つほうが角度をつけやすいため、私自身は、シングルスラインよりもやや外側に左足を置いてサービスを打っていた。

レシーバー（前衛）：ミスなくレシーブを返すことが重要

前衛が行う逆クロスコートでのレシーブ。まずはミスをせずにレシーブを返す。スピードは重要ではなく、ミスをしないこと。ファーストサービスでプレッシャーをかけるために、セカンドレシーブは攻撃的にレシーブする必要がある深いエリアへコントロールできれば、自分もネットへと詰めることができる。

レシーバー（後衛）：ベースラインよりやや前に位置し、ストローク戦に備える

オーソドックスなポジションとしては、ベースラインよりもやや前にポジショニングし、パートナーの前衛がネットへ詰めたあとのストローク戦に備える。相手前衛がレシーブをポーチにいった場合に備え、相手前衛の動きを見ながら若干前めにポジショニングしておく。

02 後衛のコースチェンジとストレートのラリー時のポジショニング

後衛同士のクロスコートでのラリー、また逆クロスコートでのラリーのほか、後衛がストレートロブなどで相手後衛を走らせてラリーがストレート展開になることもある。このとき、前衛もパートナーである後衛の動きに合わせてポジションを変える。

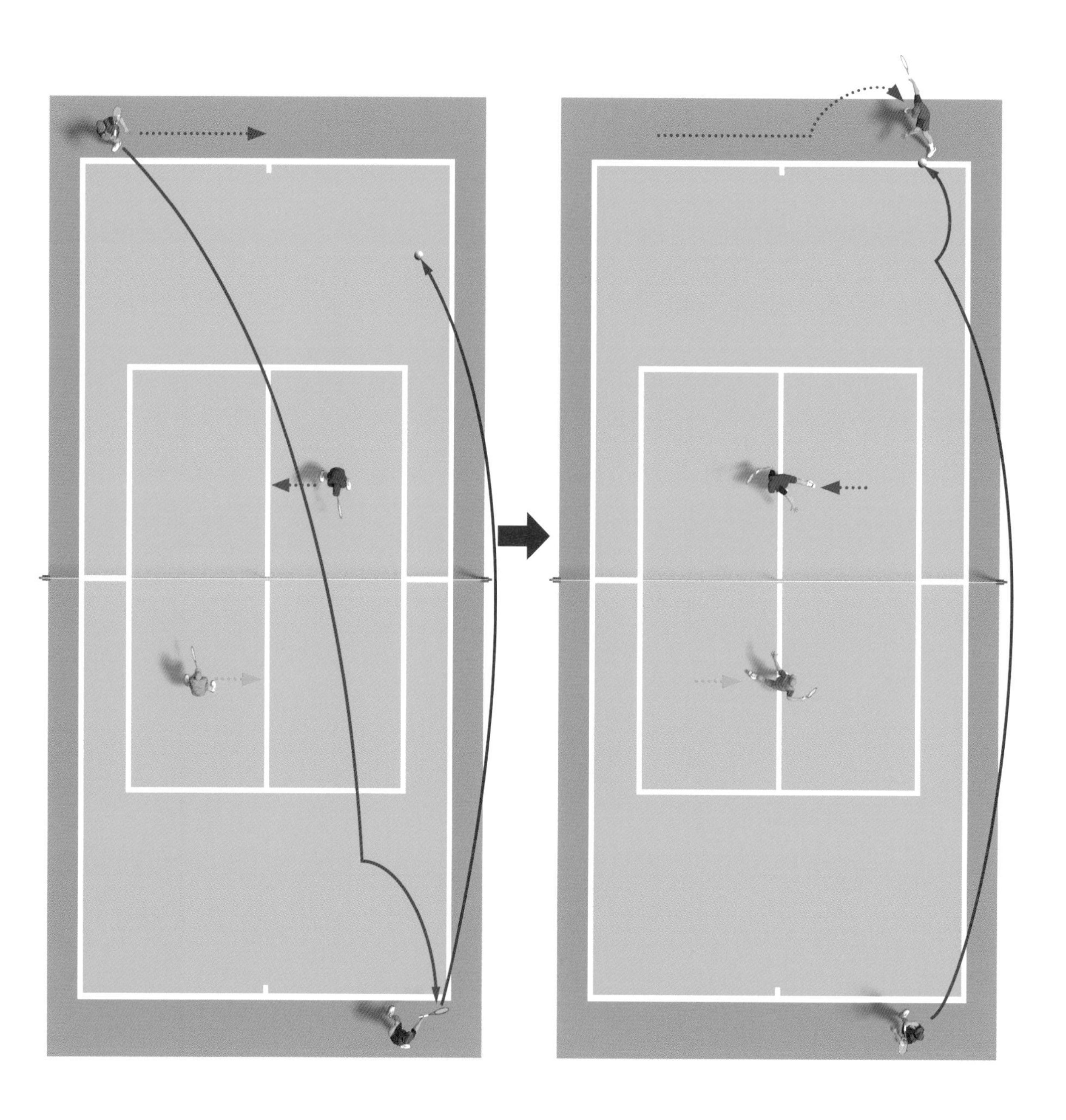

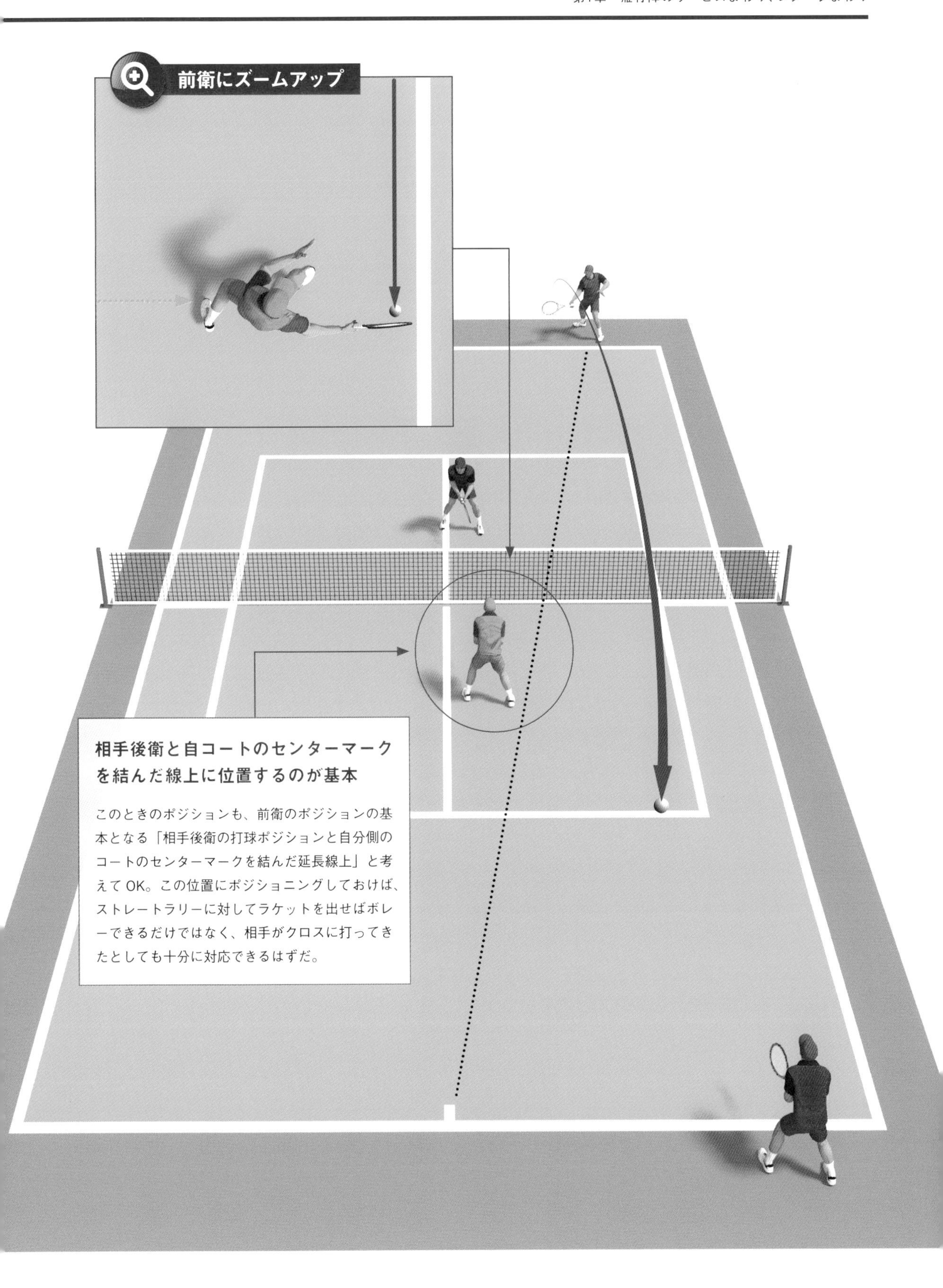

相手後衛と自コートのセンターマーク を結んだ線上に位置するのが基本

このときのポジションも、前衛のポジションの基本となる「相手後衛の打球ポジションと自分側のコートのセンターマークを結んだ延長線上」と考えて OK。この位置にポジショニングしておけば、ストレートラリーに対してラケットを出せばボレーできるだけではなく、相手がクロスに打ってきたとしても十分に対応できるはずだ。

03 雁行陣 サービスからの攻撃パターン：クロス展開

ここからは雁行陣での戦術について考えていく。サービス側からのポイントパターンについては、戦術として組み立てることができるのは、前提としてファーストサービスが入った場合となる。セカンドサービスになると、“入れる”ことが第一条件になり、サービスのアドバンテージはなくなる。むしろレシーブ側のほうにアドバンテージがあると言っていいだろう。ここでは、ファーストサービスからのパターンを考えていこう。

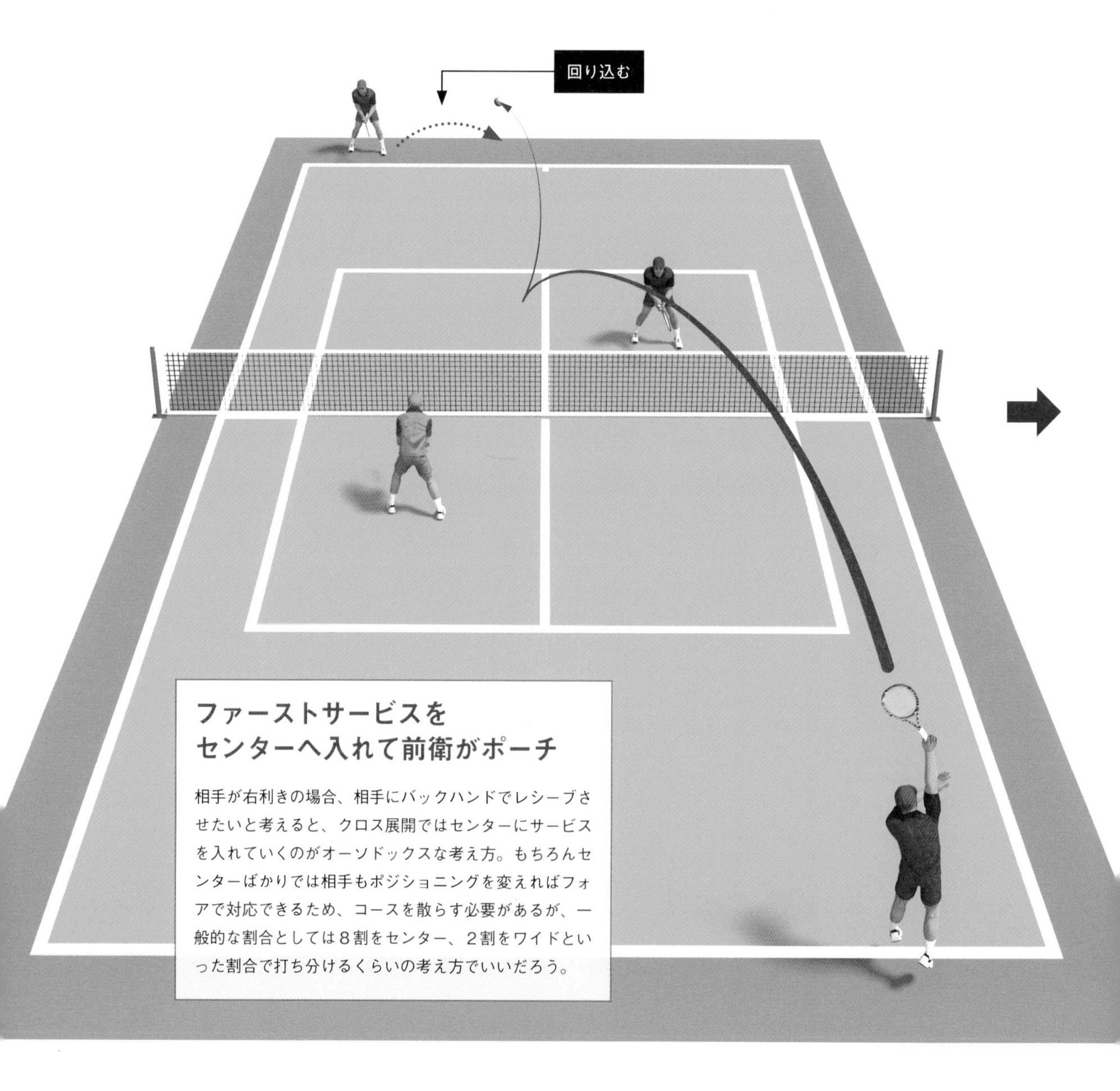

ファーストサービスをセンターへ入れて前衛がポーチ

相手が右利きの場合、相手にバックハンドでレシーブさせたいと考えると、クロス展開ではセンターにサービスを入れていくのがオーソドックスな考え方。もちろんセンターばかりでは相手もポジショニングを変えればフォアで対応できるため、コースを散らす必要があるが、一般的な割合としては8割をセンター、2割をワイドといった割合で打ち分けるくらいの考え方でいいだろう。

相手が回り込んだら、レシーブコースを限定して前衛がポーチへ

相手のバックハンド側をねらってセンターへサービスを打つが、サービスに圧倒的なスピードがなければ、相手は回り込んでフォアハンドでレシーブを打つことがほとんどだろう。この場合の相手のポジションとしては、センター寄りになり、ここから前衛のサイドを抜くのは難しいため、必然的にコースはクロスに打つことが多くなる。このパターンでは相手は流れとしてクロスにレシーブすることが多くなるため、サーバー側の前衛としては当然、そこをねらってポーチにいくのが得点パターンのひとつとなるだろう。

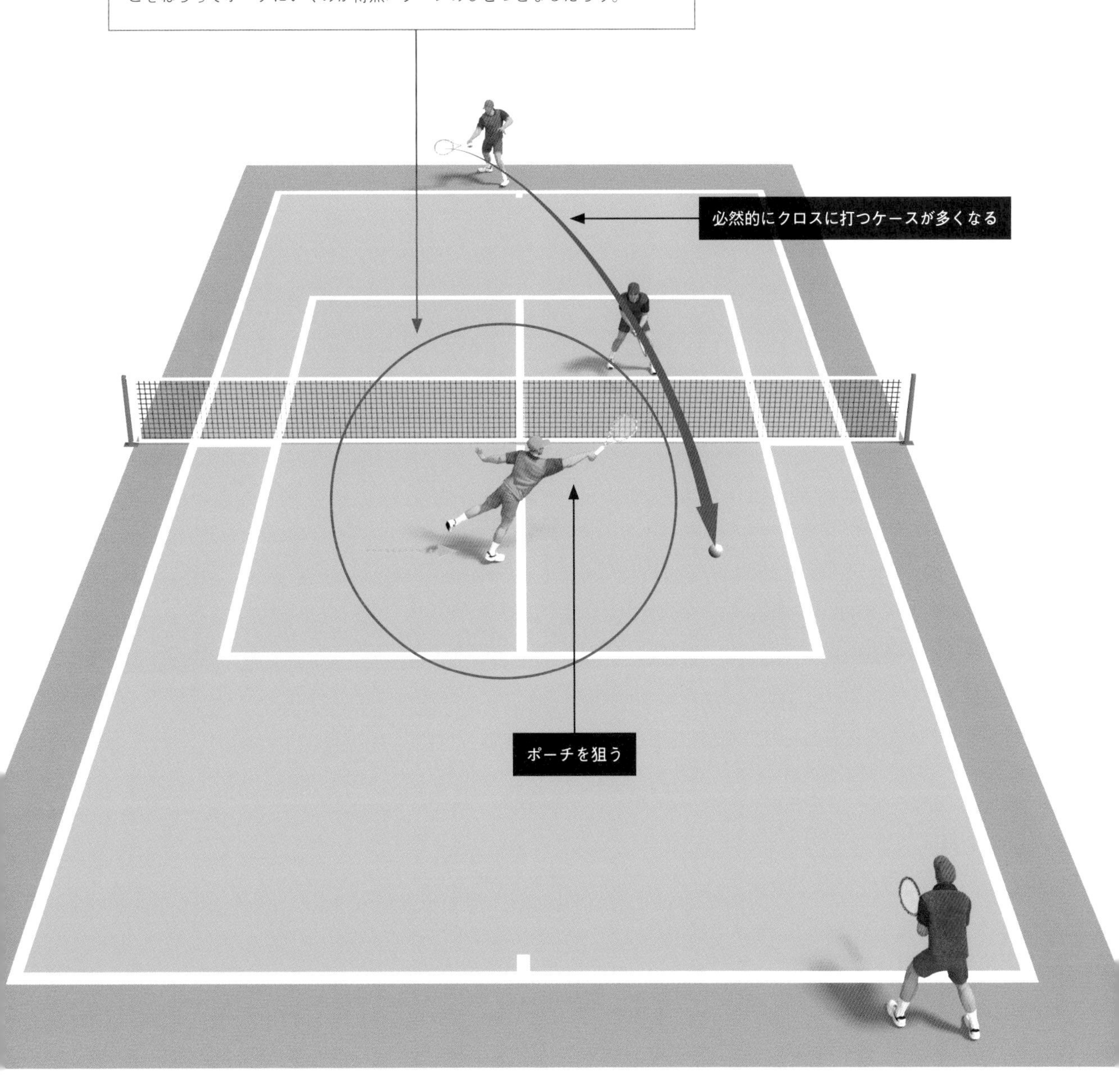

03　雁行陣 サービスからの攻撃パターン：クロス展開

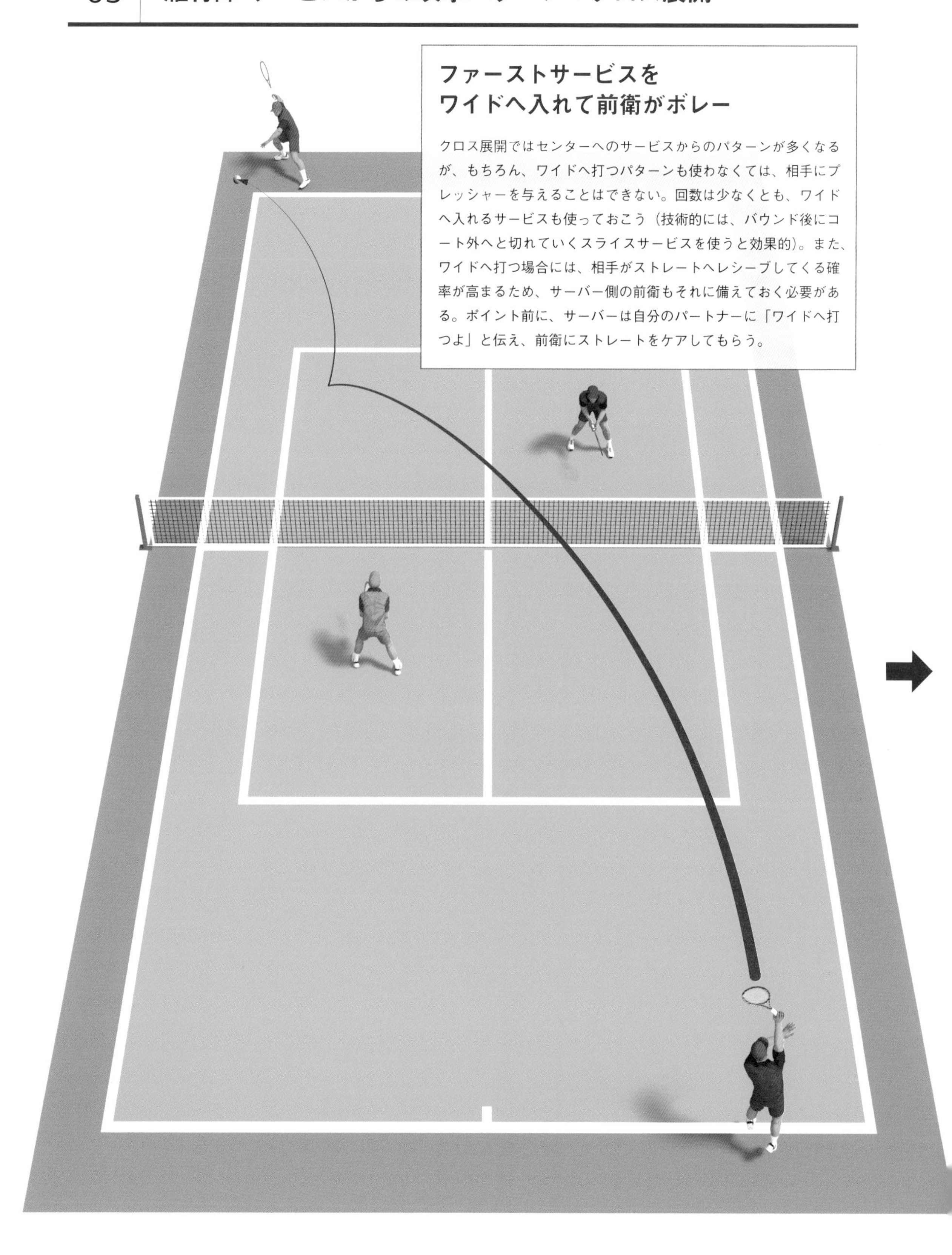

ファーストサービスを
ワイドへ入れて前衛がボレー

クロス展開ではセンターへのサービスからのパターンが多くなるが、もちろん、ワイドへ打つパターンも使わなくては、相手にプレッシャーを与えることはできない。回数は少なくとも、ワイドへ入れるサービスも使っておこう（技術的には、バウンド後にコート外へと切れていくスライスサービスを使うと効果的）。また、ワイドへ打つ場合には、相手がストレートへレシーブしてくる確率が高まるため、サーバー側の前衛もそれに備えておく必要がある。ポイント前に、サーバーは自分のパートナーに「ワイドへ打つよ」と伝え、前衛にストレートをケアしてもらう。

パターン1：
前衛がストレートに寄ってボレーで止める

相手のストレートへのレシーブを予測し、前衛はストレートに寄って、ボレーで止めるというのがパターンのひとつ。この場合、前衛がストレートを張っているため、後衛はサービス後にセンター寄りにポジショニングしてカバーすることが必要。

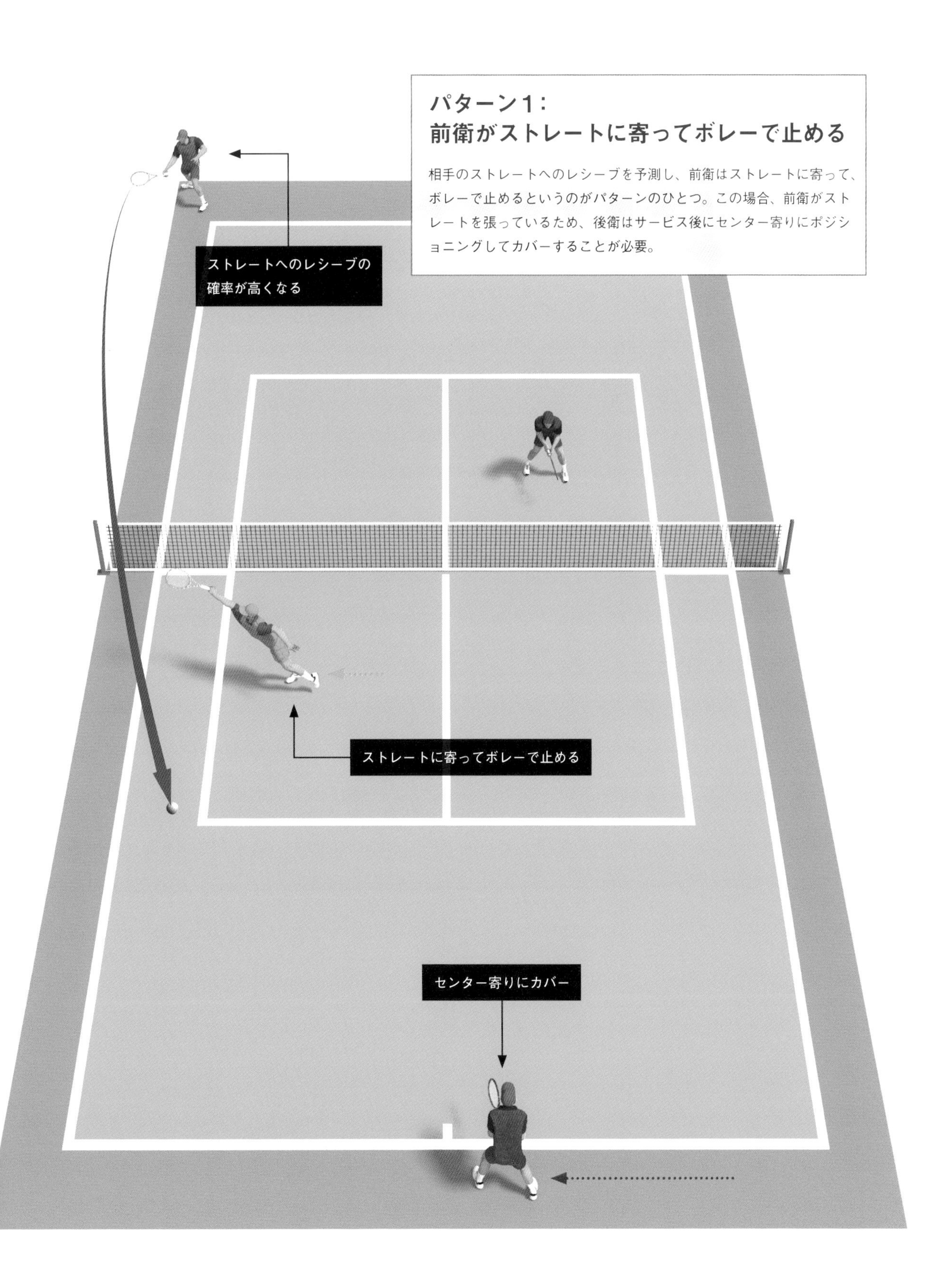

03　雁行陣 サービスからの攻撃パターン：クロス展開

パターン2：
ファーストサービスをワイドへ入れて前衛がボレー

駆け引きの中で、ワイドにサービスを打った後に、相手がストレートではなくクロスへレシーブを打つことももちろんある。そのため、ポイントによっては前衛はストレートを捨てて、クロスに追いかけるというパターンも考えられる。ワイドへのサービスの場合、相手レシーブの返球範囲を考えると、クロスへ返球してきたときには前衛が腕を伸ばしてラケットを出せば、ほぼ取れるという比較的ポーチしやすいコースとなる。相手レシーブは、角度をつけてショートクロスに打つのはかなり難しく、図上の点線のコースに打球がくることを考える必要はない。

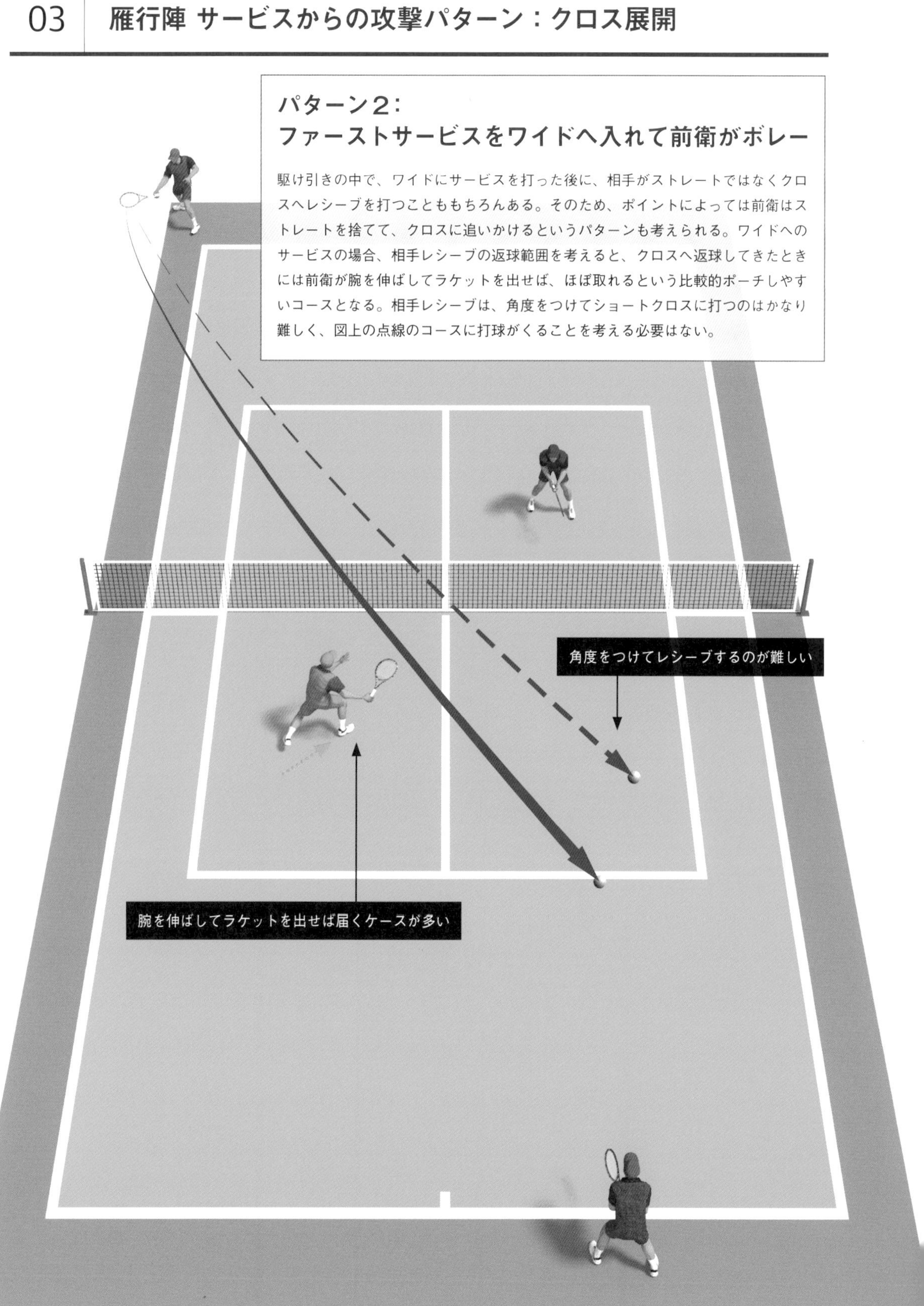

レシーバー側の前衛：
相手を観察しながらポジションを変えていく

ここまでサーバー、レシーバー、サービス側の前衛の打つコースや動き方を解説してきたが、レシーバー側の前衛に関しても、次のショットに備えてポジショニングを変えるなど準備をしていく必要がある。サービス、レシーブの２本目まではまだラリーになっていないため、直接レシーバー側の前衛が絡むことはないが、パートナーである後衛のレシーブに対して、相手の前衛がポーチボレーなどをした場合には、そのフォローが必要となる。そのため、ここでは相手前衛がどのような動きをしているか、どちらへ動きそうか、またさらに言えば、どのような表情か（レシーブに対してポーチに出ていきそうかなど）を観察しながら次のショットに備えていく。

レシーブ側

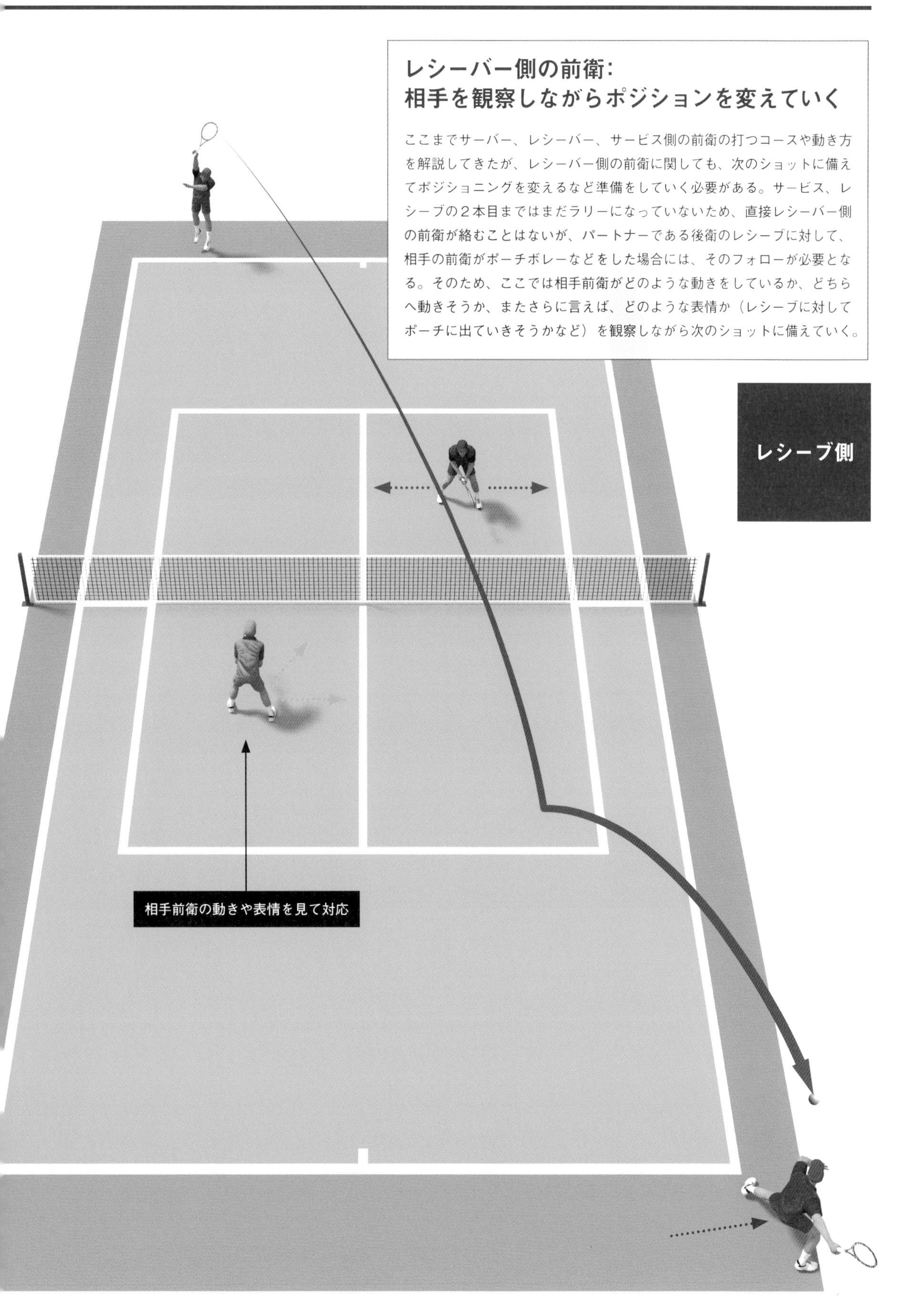

04 雁行陣 サービスからの攻撃パターン：逆クロス展開

ファーストサービスをワイドへ入れて、相手レシーブをセンターへ配球

クロス展開ではセンターへのサービスとワイドへのサービスの割合は8：2くらいと分析しているが、逆クロスからのサービスは、その割合がさらに極端になる。センターはほとんど考慮しなくてもいいと言ってもいいほどだ。

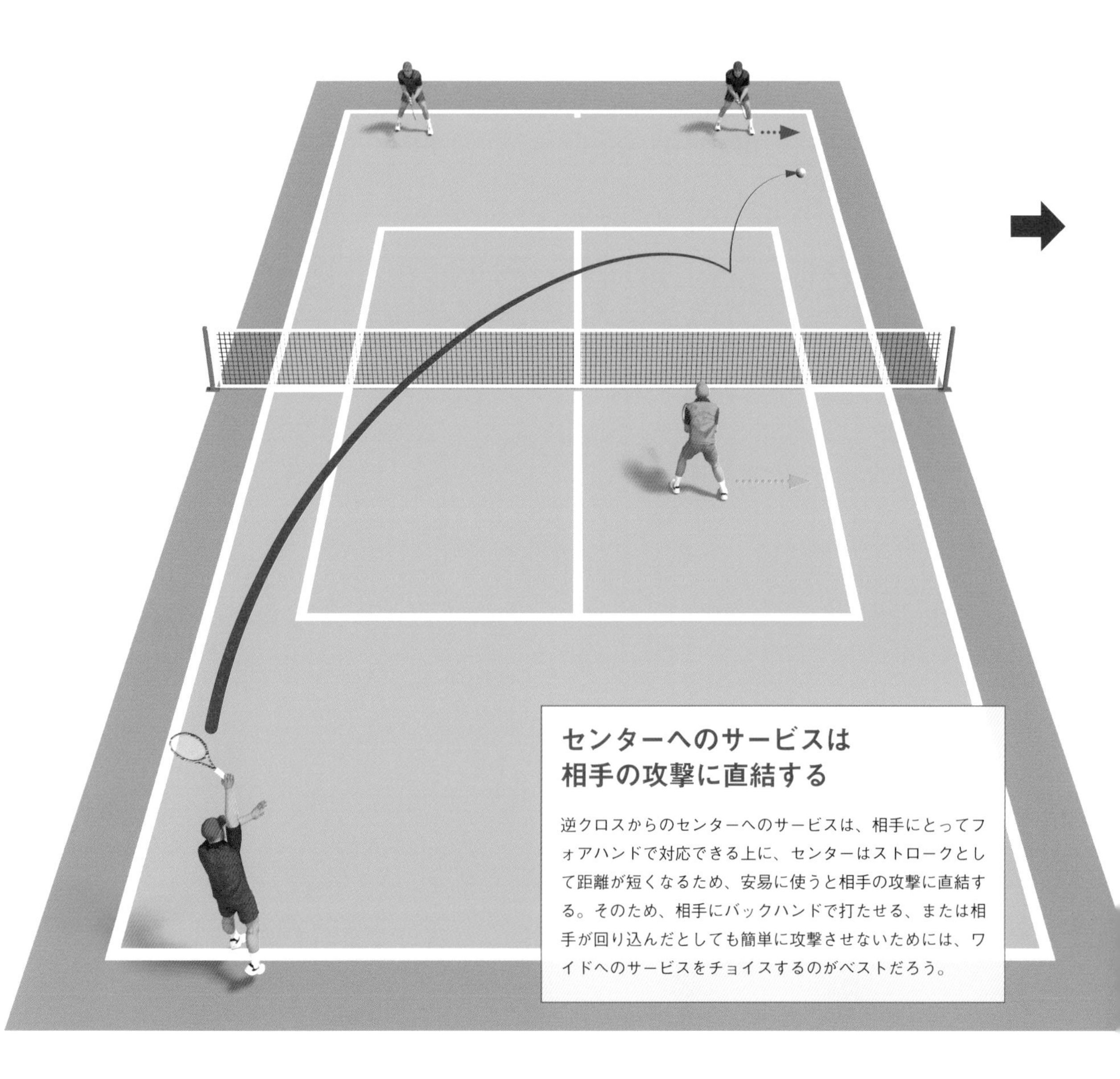

センターへのサービスは相手の攻撃に直結する

逆クロスからのセンターへのサービスは、相手にとってフォアハンドで対応できる上に、センターはストロークとして距離が短くなるため、安易に使うと相手の攻撃に直結する。そのため、相手にバックハンドで打たせる、または相手が回り込んだとしても簡単に攻撃させないためには、ワイドへのサービスをチョイスするのがベストだろう。

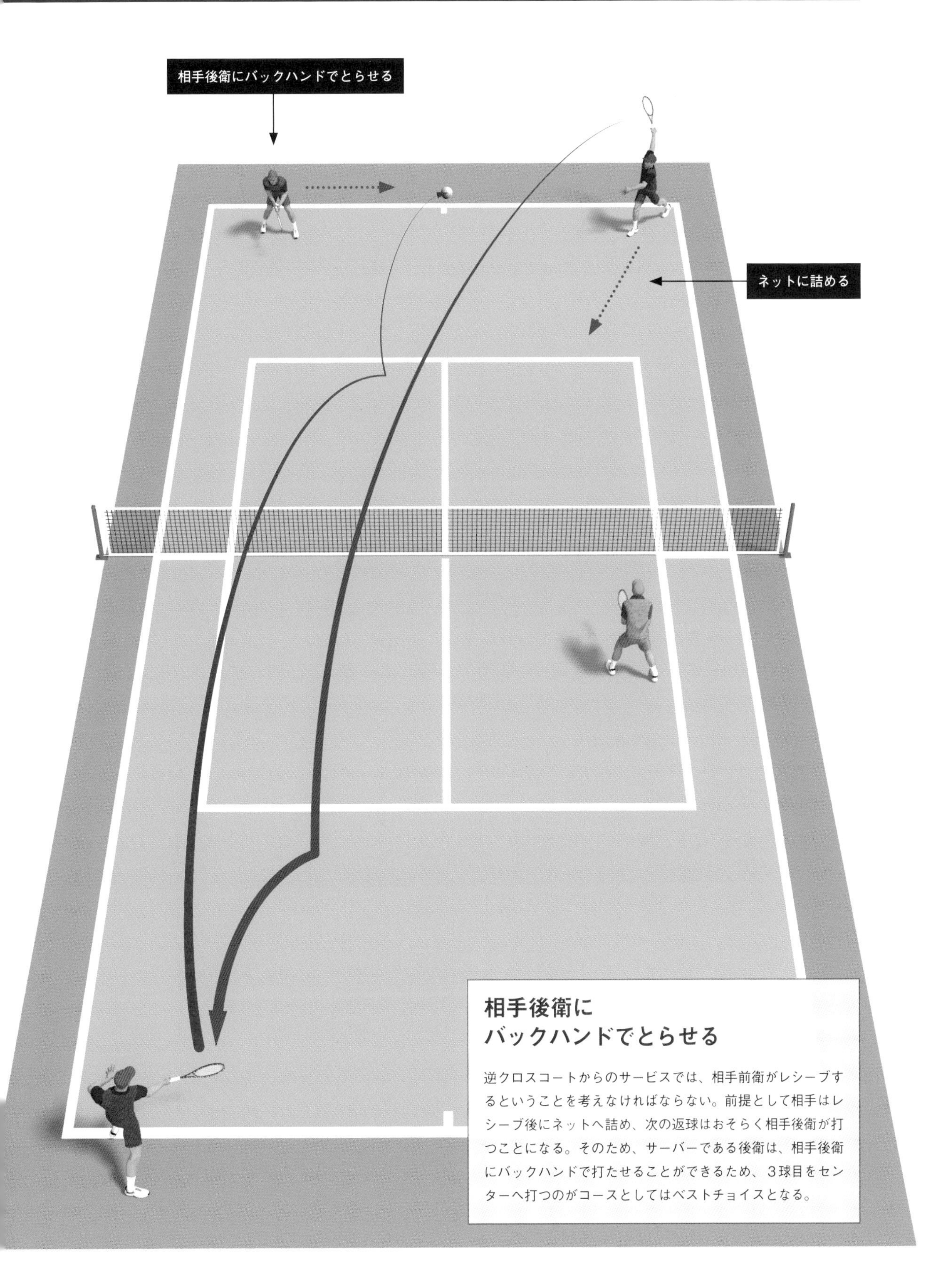

相手後衛に
バックハンドでとらせる

逆クロスコートからのサービスでは、相手前衛がレシーブするということを考えなければならない。前提として相手はレシーブ後にネットへ詰め、次の返球はおそらく相手後衛が打つことになる。そのため、サーバーである後衛は、相手後衛にバックハンドで打たせることができるため、3球目をセンターへ打つのがコースとしてはベストチョイスとなる。

04 雁行陣 サービスからの攻撃パターン：逆クロス展開

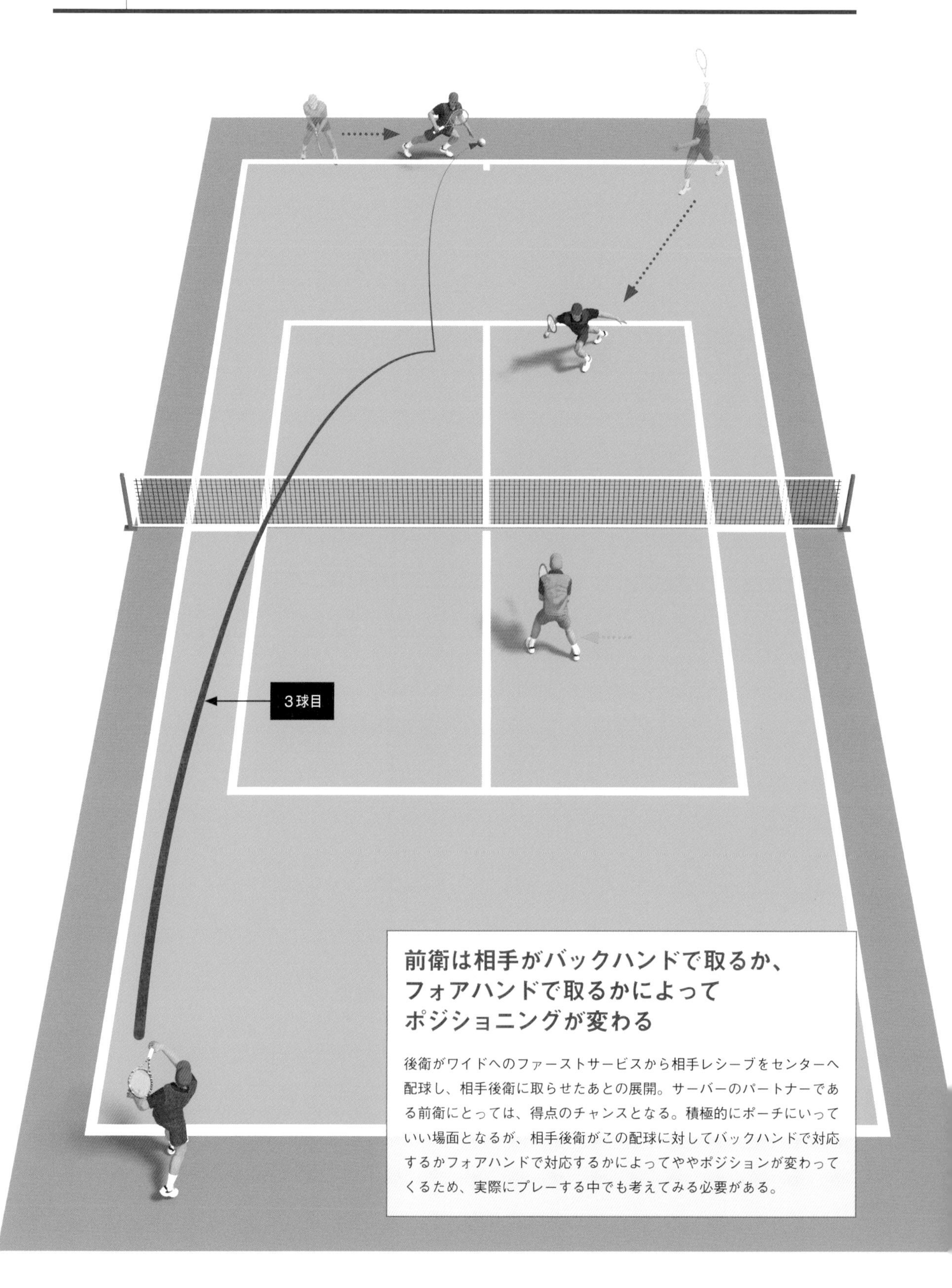

前衛は相手がバックハンドで取るか、フォアハンドで取るかによってポジショニングが変わる

後衛がワイドへのファーストサービスから相手レシーブをセンターへ配球し、相手後衛に取らせたあとの展開。サーバーのパートナーである前衛にとっては、得点のチャンスとなる。積極的にポーチにいっていい場面となるが、相手後衛がこの配球に対してバックハンドで対応するかフォアハンドで対応するかによってややポジションが変わってくるため、実際にプレーする中でも考えてみる必要がある。

バックハンドの場合：前衛はセンターを超えて逆サイドへ走り込んでOK

相手後衛がバックハンドで打つ場合は、コート図エリアＡの逆クロスコートへ打つことが多くなるため、サーバー側の前衛は思い切ってセンターを超え、逆サイドへ走り込んでいいだろう。

フォアハンドの場合：動かずにクロスサイドを張る

一方、相手後衛が回り込んでフォアハンドで打とうとしている場合は、コート図エリアＢのクロスコートに打つことが多くなるため、前衛は逆に動かずにクロスサイドを張っておくほうがいいだろう。ただし、これは打ちやすいコースと確率による考え方のため、実際の試合ではこれに限らない。このセオリーを元に、相手も裏をかいて逆を突くこともあるため、それも考えに入れなければならないだろう。いずれにせよ、相手の動き方を試合序盤からよく見ておくことが大切だ。

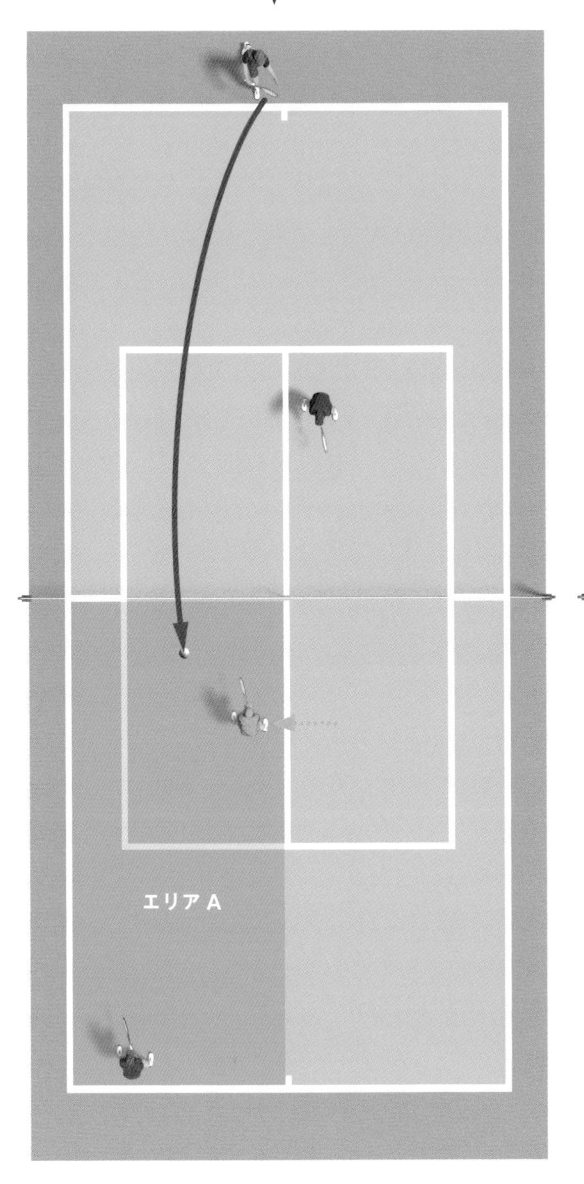

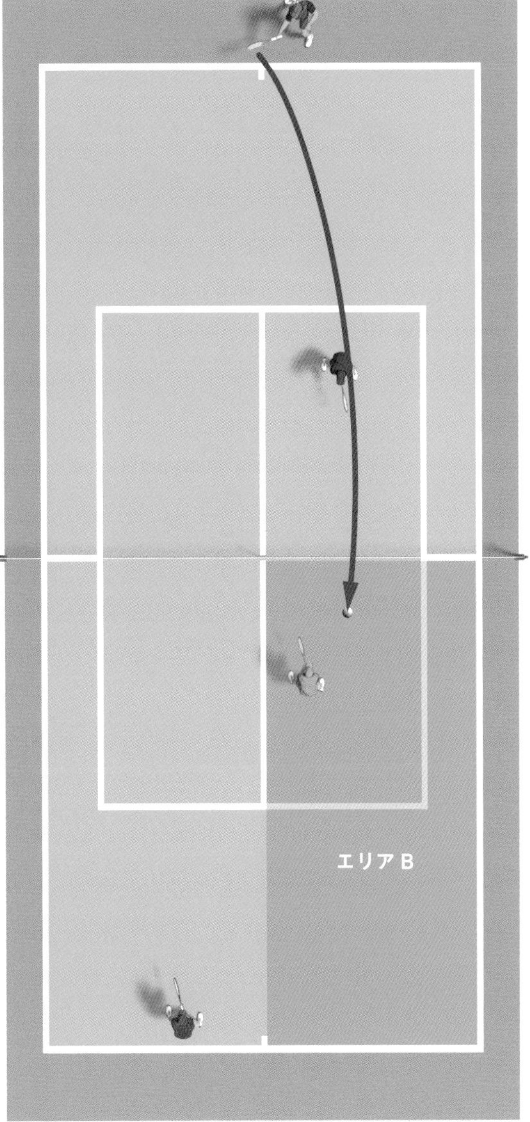

04　雁行陣 サービスからの攻撃パターン：逆クロス展開

ファーストサービスをセンターへ入れるときとは

逆クロス展開からのサービスでは、基本はワイドへのサービスということを紹介したが、もちろん、ポイント的に余裕があるときや勝負どころで一発サービスエースをねらうなど、奇襲的にセンターへ打つという作戦はある。ただ、クロス側と同じでワイドへ打つときはペアに伝えたほうがよい。

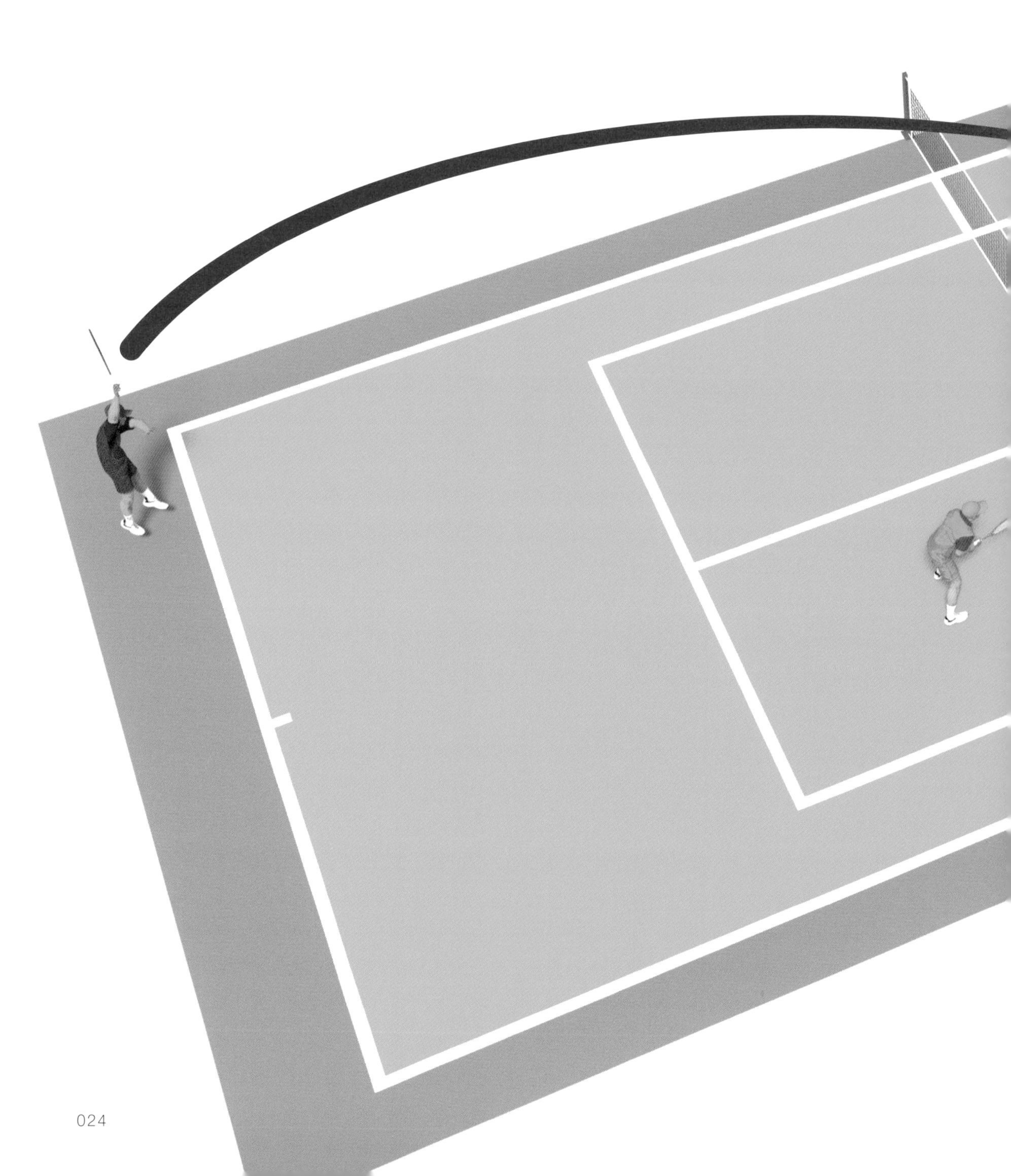

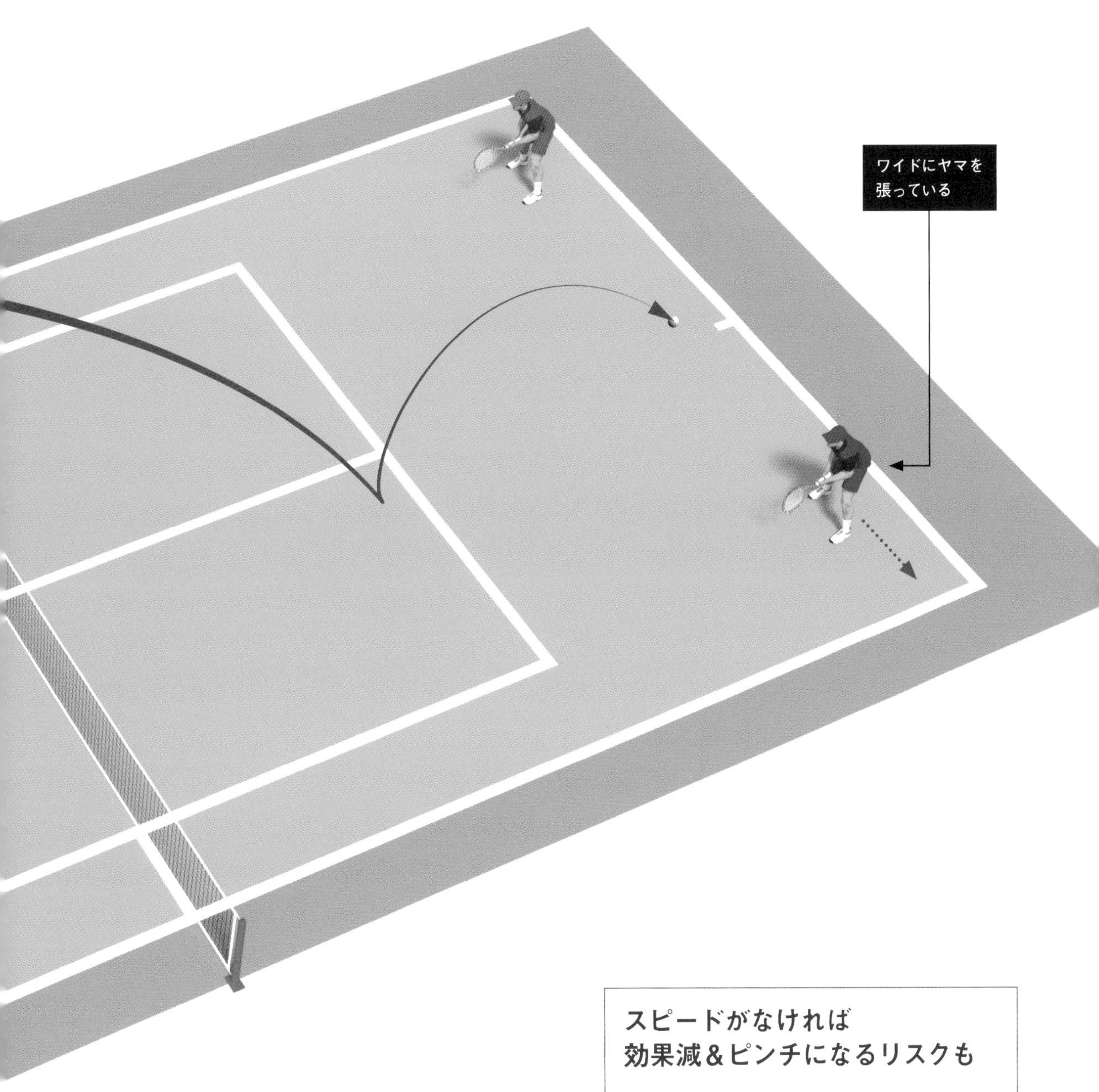

スピードがなければ
効果減＆ピンチになるリスクも

センターへのサービスは距離が短いため、スピードのあるフラットサービスが打てれば、相手が逆を張っていれば効果があるが、スピードのあるサービスが打てないなら、あまりその効果も期待できない。また、使いどころを間違うと、みすみす相手にチャンスを与えてしまうコースになるため気をつけよう。

05 雁行陣 前衛サービスでのポジショニング：クロス展開

サービス後にネットへ詰めることを優先する

サービスでは、サービスのコースよりもポジショニングを意識することが大切。そしてファーストサービスではしっかり振っていくことが大事。まずはダブルフォールトをしないことは大前提だ。そして、前衛はサービスを入れて前へ詰めることを優先して考えるべきだろう。もちろん、相手にバックハンドで打たせることができればミスの可能性も高まるため、クロスならばセンターへ入れていくのがいいが、それにとらわれてダブルフォールトをするようでは、意味はないだろう。

1本ローボレーでしのぐ意識でOK

サービスのあと前衛がネットへ詰める際、やみくもにベタ詰めするように出てしまうと、相手が鋭いレシーブをしたときに抜かれてしまうリスクがあるので注意。相手のレシーブがネットから浮いた場合は上からたたくなど、攻撃的なボレーをする。ネットの下に沈められるような返球であればローボレーでつなぐ。ローボレーでつないだあとに、体勢を整えてさらに前へ詰めていくくらいで十分。

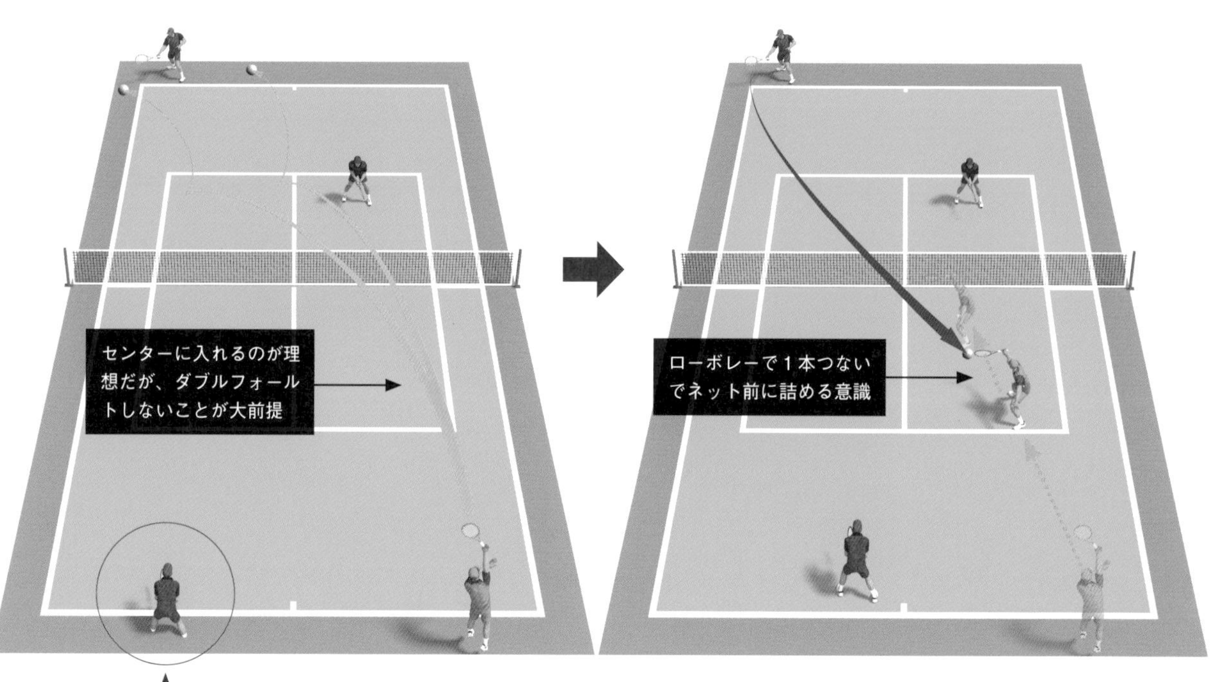

後衛のポジション：ベースラインのややうしろ、ショートボールに対して意識しておく

前衛サービスの際は、パートナーである後衛は次のラリーに備えて、ベースラインのうしろあたりにポジショニングしているが、ショートボールに対して意識しておくことで、相手がカットレシーブなどで前に落とした際にも十分に対応することができる。

06 前衛サービスでのポジショニング：逆クロス展開

前衛サービスの場合は、逆クロスコートからのサービスも考え方としては、クロスコートからの場合と同じ。雁行陣同士の対戦の場合には、相手前衛がレシーブすることになるため、相手もネットに出てくることがまずは優先事項になり、それほど強烈なレシーブが返ってくるということは考えにくい。

Point

前衛にとって つなぎのローボレーは必須

26ページのクロス展開でも述べたが、前衛サービスの場合に、前衛にとって鍵となるショットは、サービスというよりも1本目のつなぎのボレーになる。相手コートの2人は下がっているため、サービス後のボレーはローボレーになるケースがほとんど。このつなぎのローボレーをしっかりと練習しておきたい。

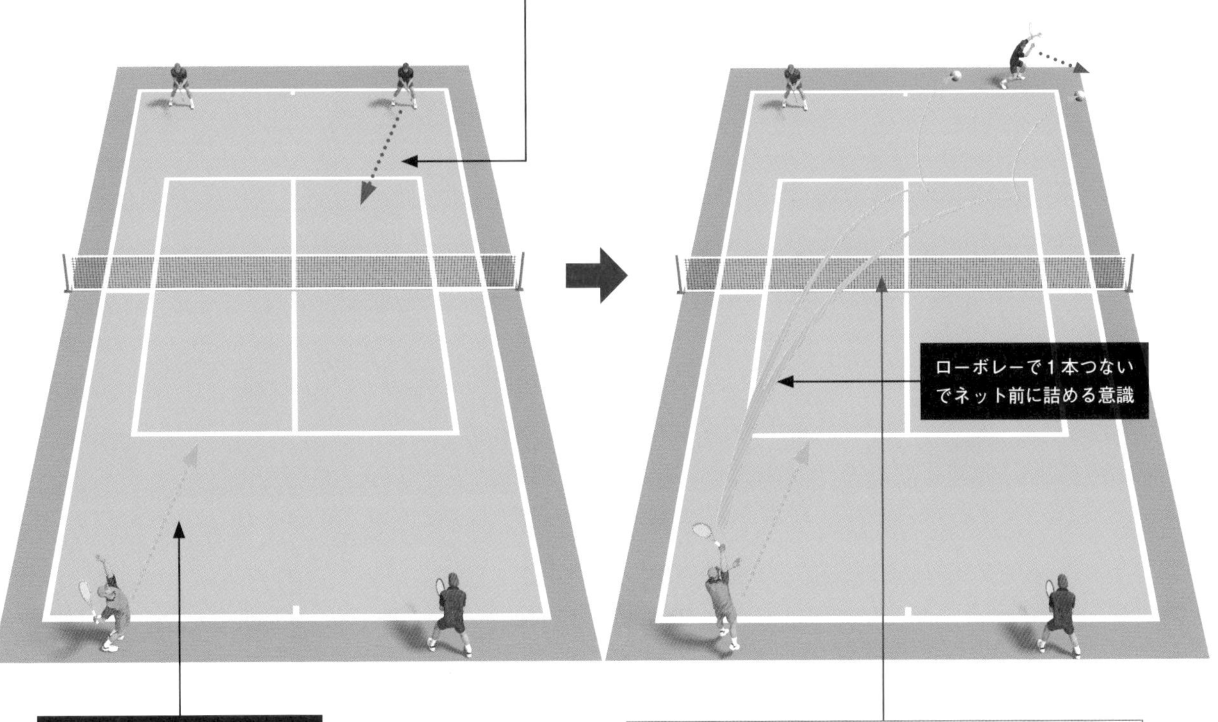

バックハンドで処理させるため、ワイド寄りをねらう

強烈なレシーブが返ってきにくいとはいえ、サービスは相手にフォアハンドで打たせるよりは、バックハンドで処理させたほうがいいのは言うまでもない。サービスエリアの中央からワイド寄りをねらっていけるといいだろう。

07 雁行陣 レシーブからの攻撃パターン：クロス展開

次に、レシーブからの攻撃パターンを考えていこう。サービスからの攻撃が、ファーストサービスをねらったコースに入れられたときの戦術だったのと同様に、レシーブゲームでの戦術でレシーブ側が攻撃パターンを優位に展開できるのは、相手がサービスを“入れる”ことを優先したセカンドレシーブの場合となる。

相手のファーストサービスに対しては、まずは「ミスをせずにレシーブする」という考え方になる。もちろん、相手のサービスがいい場合は、ロブで対応してもいい。その際にも簡単に相手にチャンスを与えないようにしっかり上げ、十分に深く打つことが大切。基本的に、リスクを負ってファーストレシーブで冒険は必要ない。

以上のことを前提に、セカンドレシーブからの攻撃パターンも考えていこう。

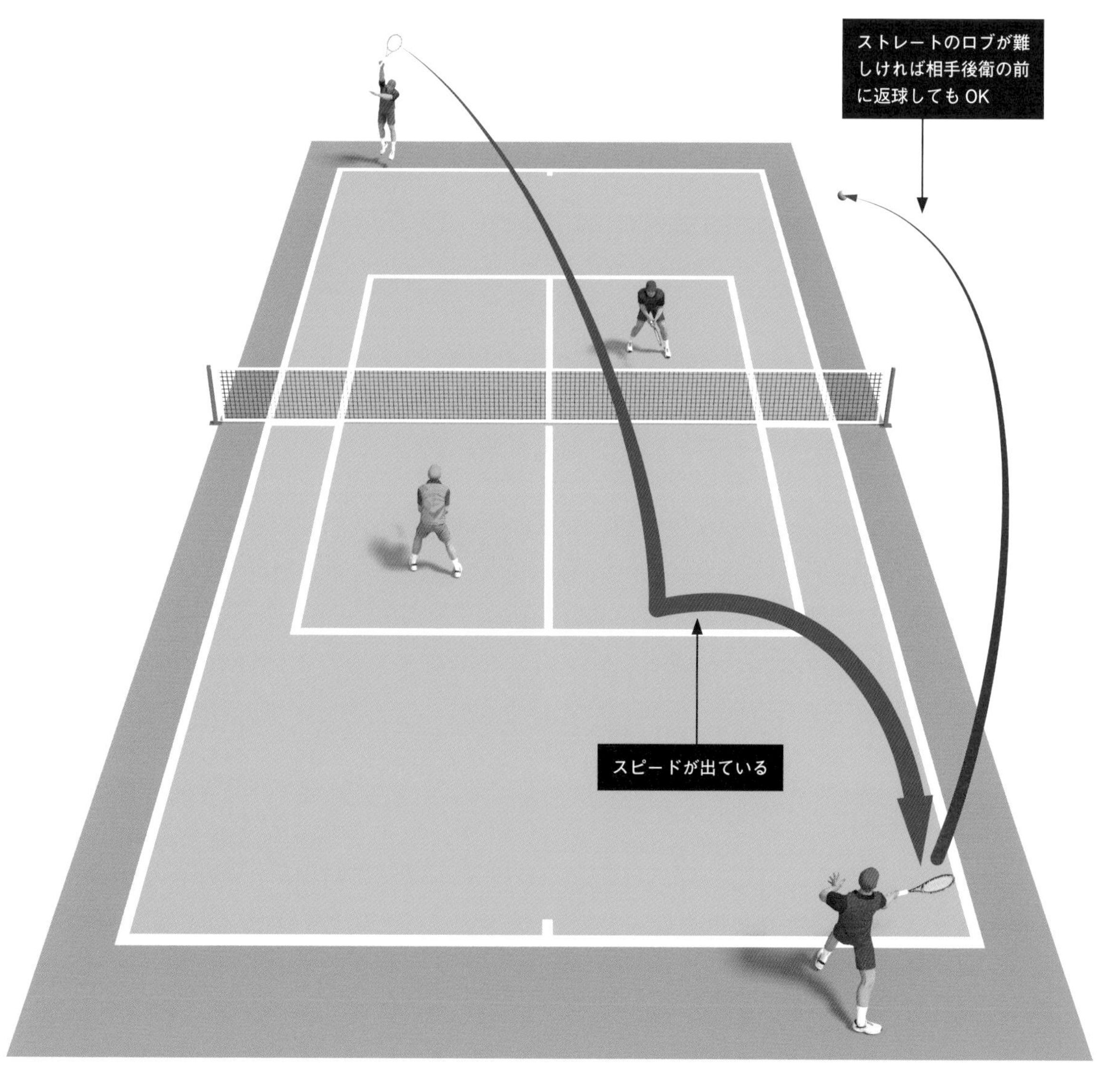

セカンドレシーブでサイドアタック（前衛アタック）

相手のセカンドサーブは「入れてくる」サービスになるため、基本的には回り込んでフォアで打つことが可能。攻撃という意味では、まずはサイドアタックが考えられる。相手前衛がこのアタックを意識してサイドに寄るようであれば、オプションとしてセンターへ攻撃的に強打していこう。

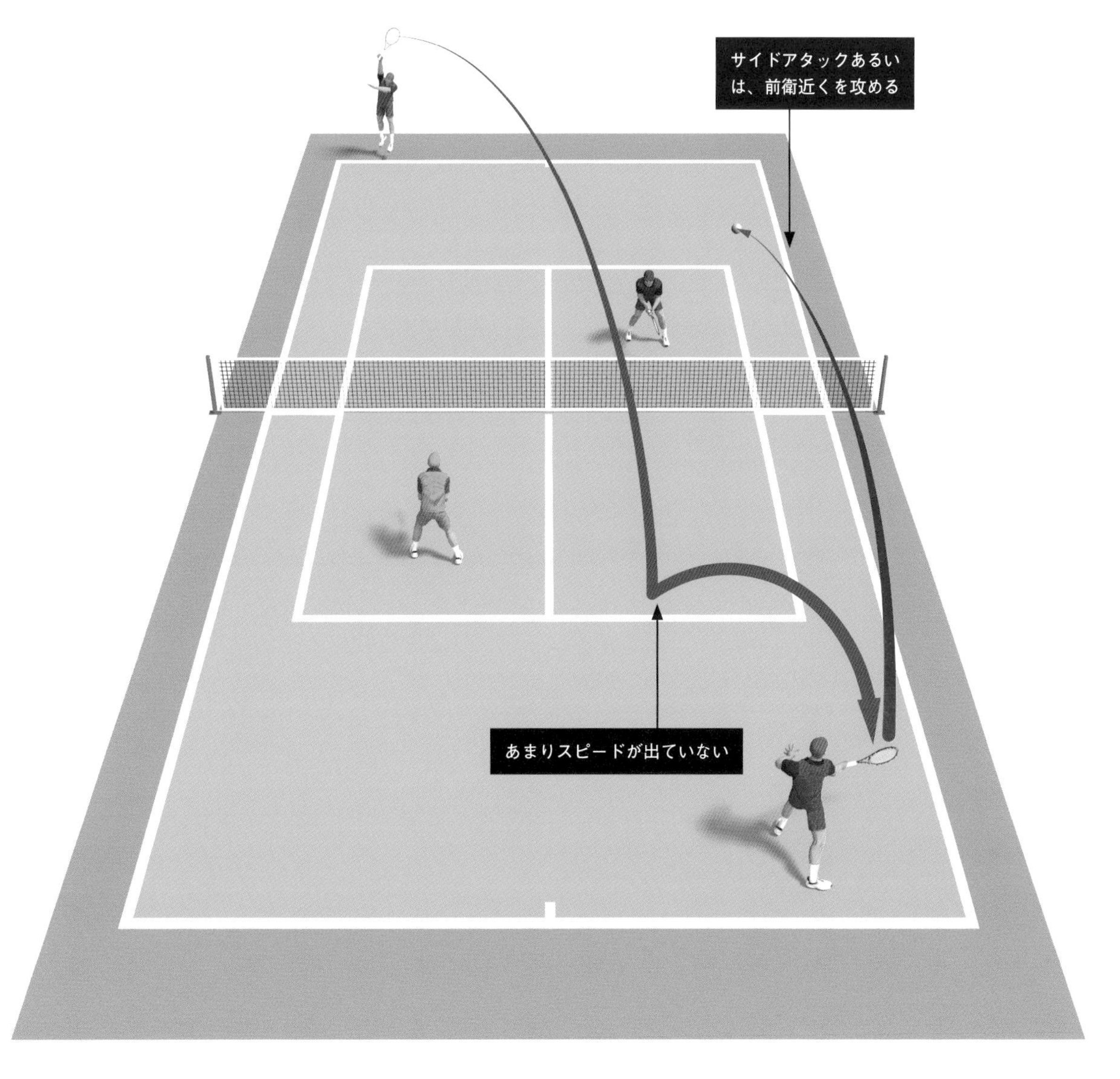

07　雁行陣 レシーブからの攻撃パターン：クロス展開

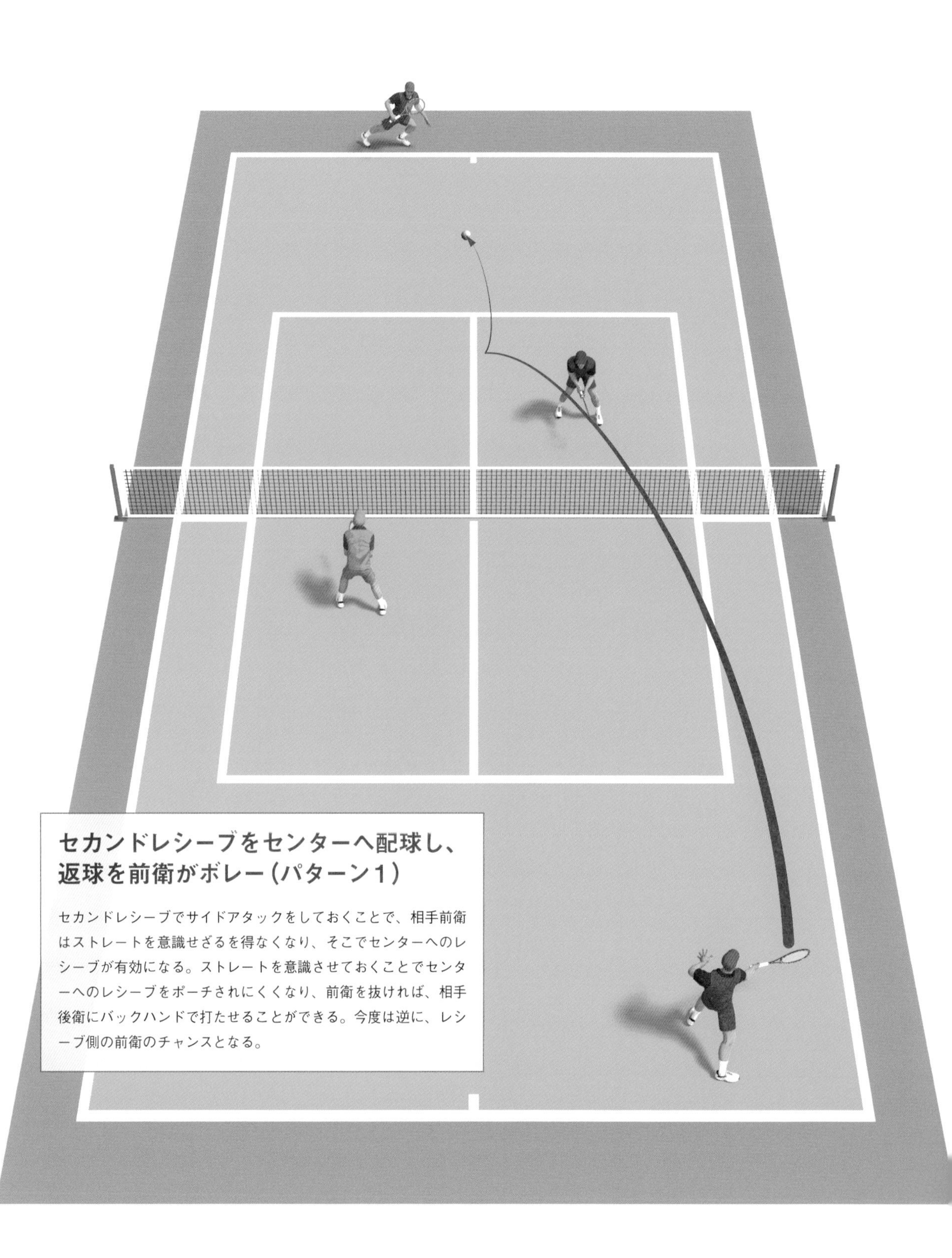

セカンドレシーブをセンターへ配球し、返球を前衛がボレー（パターン1）

セカンドレシーブでサイドアタックをしておくことで、相手前衛はストレートを意識せざるを得なくなり、そこでセンターへのレシーブが有効になる。ストレートを意識させておくことでセンターへのレシーブをポーチされにくくなり、前衛を抜ければ、相手後衛にバックハンドで打たせることができる。今度は逆に、レシーブ側の前衛のチャンスとなる。

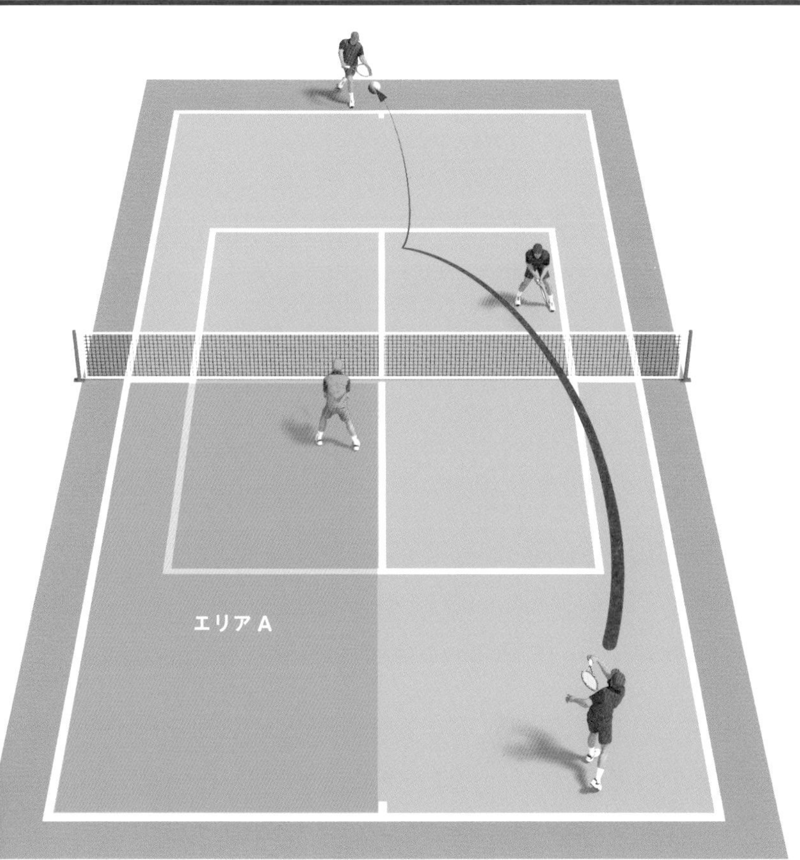

相手後衛がバックハンドで打つときには前衛は引っ張る

センターへのレシーブに対して、相手後衛がバックハンドで対応するという場合には、レシーブ側の前衛の引っ張りを誘う。バックハンドでは、引っ張るか流すかでいえば、引っ張りの方が打ちやすいのがその理由だ。センターからはコート図Aのエリアに引っ張りを誘う確率が高くなるため、前衛はややサイドを張っておく。

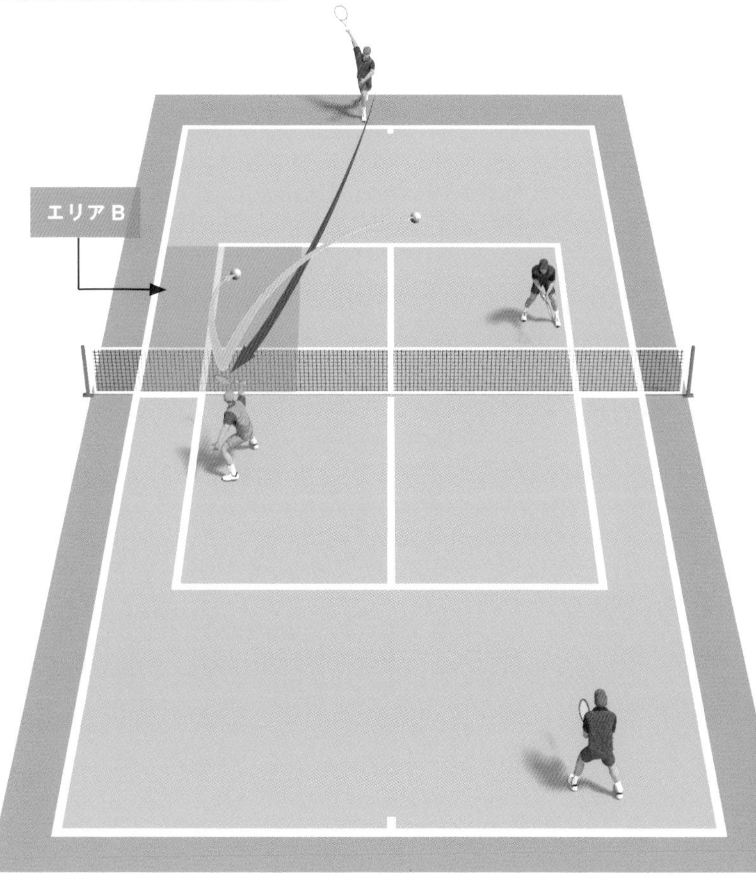

決め球はオープンコートまたは逆を突いてもう一度相手のバック側

前衛がねらうコースとしては、まずはオープンコートとなるコート図内Bエリア。ただし、相手後衛がバックハンドで対応したということを考えると、スイング後に体がフォアサイド側に流れるため、実は動きの流れとしては、このコースはフォローしやすいとも考えられる。そのため、その動きの逆を突いて、相手のバックハンド側をもう一度攻めるという手も考えられるだろう。このようにオープンコートだけでなく、相手の動きも含めて攻め方を考えていくと、攻め方のバリエーションが増えていく。

07　雁行陣 レシーブからの攻撃パターン：クロス展開

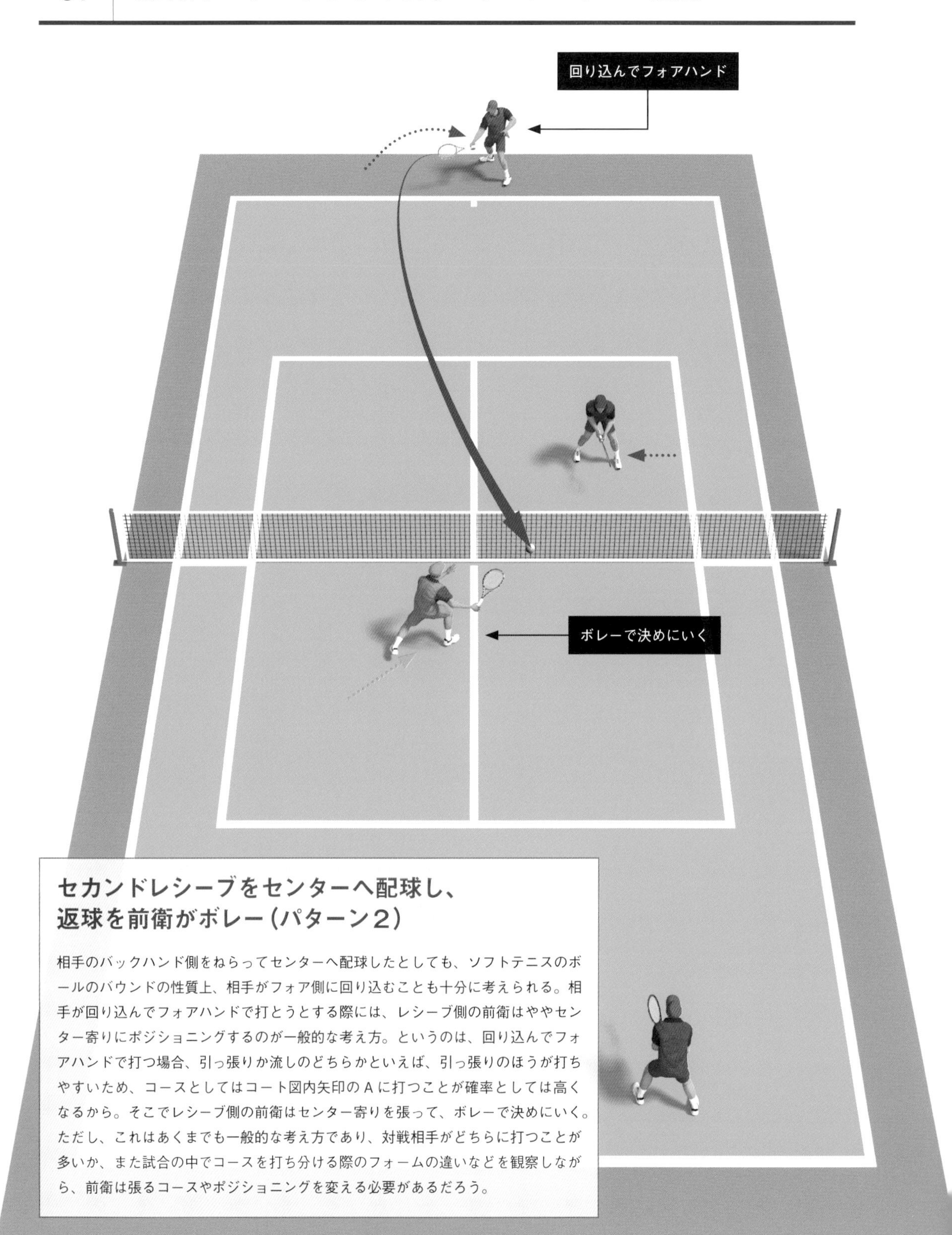

セカンドレシーブをセンターへ配球し、返球を前衛がボレー（パターン2）

相手のバックハンド側をねらってセンターへ配球したとしても、ソフトテニスのボールのバウンドの性質上、相手がフォア側に回り込むことも十分に考えられる。相手が回り込んでフォアハンドで打とうとする際には、レシーブ側の前衛はややセンター寄りにポジショニングするのが一般的な考え方。というのは、回り込んでフォアハンドで打つ場合、引っ張りか流しのどちらかといえば、引っ張りのほうが打ちやすいため、コースとしてはコート図内矢印のAに打つことが確率としては高くなるから。そこでレシーブ側の前衛はセンター寄りを張って、ボレーで決めにいく。ただし、これはあくまでも一般的な考え方であり、対戦相手がどちらに打つことが多いか、また試合の中でコースを打ち分ける際のフォームの違いなどを観察しながら、前衛は張るコースやポジショニングを変える必要があるだろう。

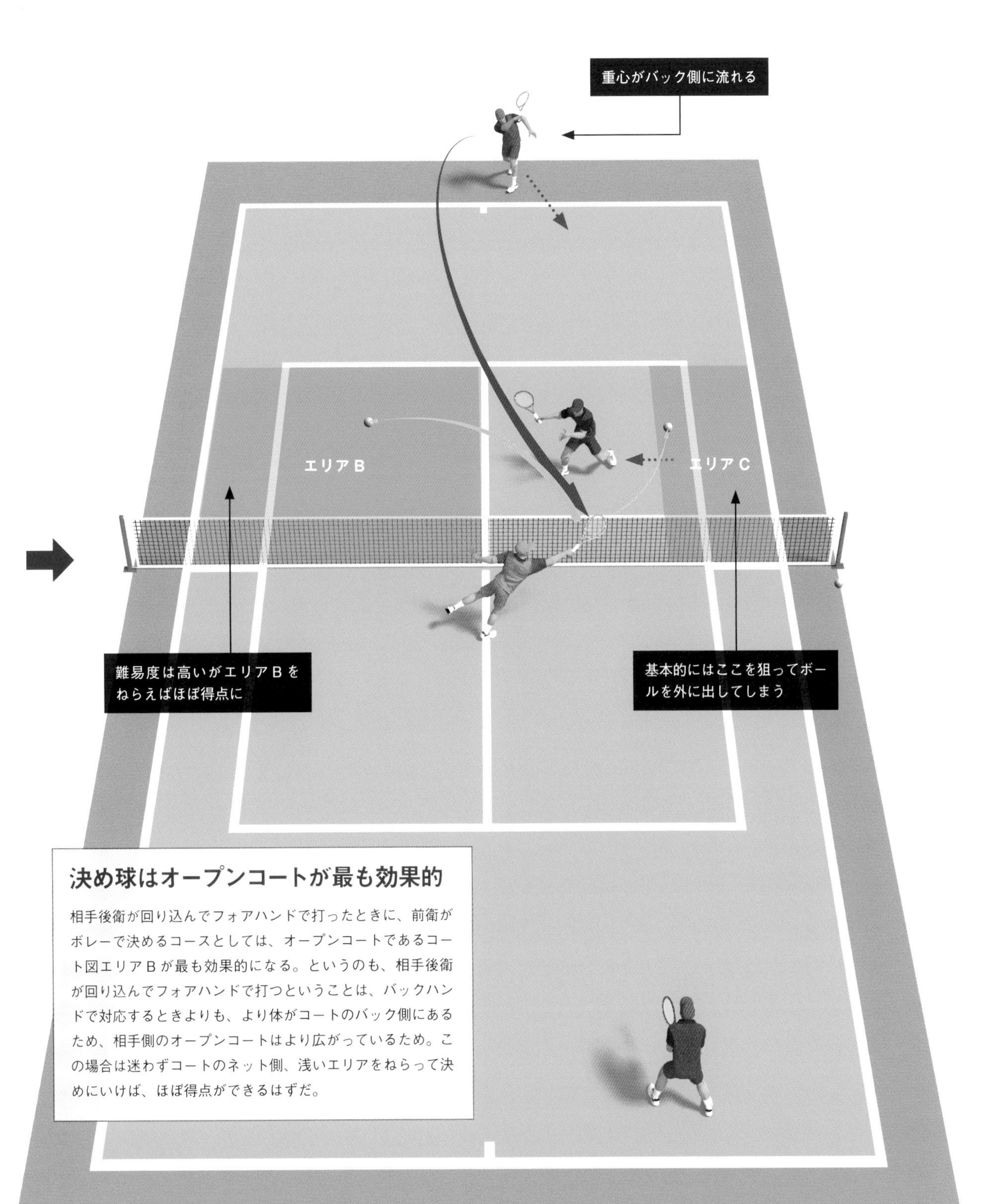

決め球はオープンコートが最も効果的

相手後衛が回り込んでフォアハンドで打ったときに、前衛がボレーで決めるコースとしては、オープンコートであるコート図エリアBが最も効果的になる。というのも、相手後衛が回り込んでフォアハンドで打つということは、バックハンドで対応するときよりも、より体がコートのバック側にあるため、相手側のオープンコートはより広がっているため。この場合は迷わずコートのネット側、浅いエリアをねらって決めにいけば、ほぼ得点ができるはずだ。

07　雁行陣 レシーブからの攻撃パターン：クロス展開

セカンドレシーブで選択しやすいのはセンター

　ここまでのセカンドレシーブからの攻撃パターンではセンターへの配球を紹介したが、セカンドレシーブで通しやすいのはセンター。次いで、クロス。そしてロブ、ストレートアタックといったところか。すでに解説したように、センターからの攻撃では、前衛が絡める確率が高くなるためだ。

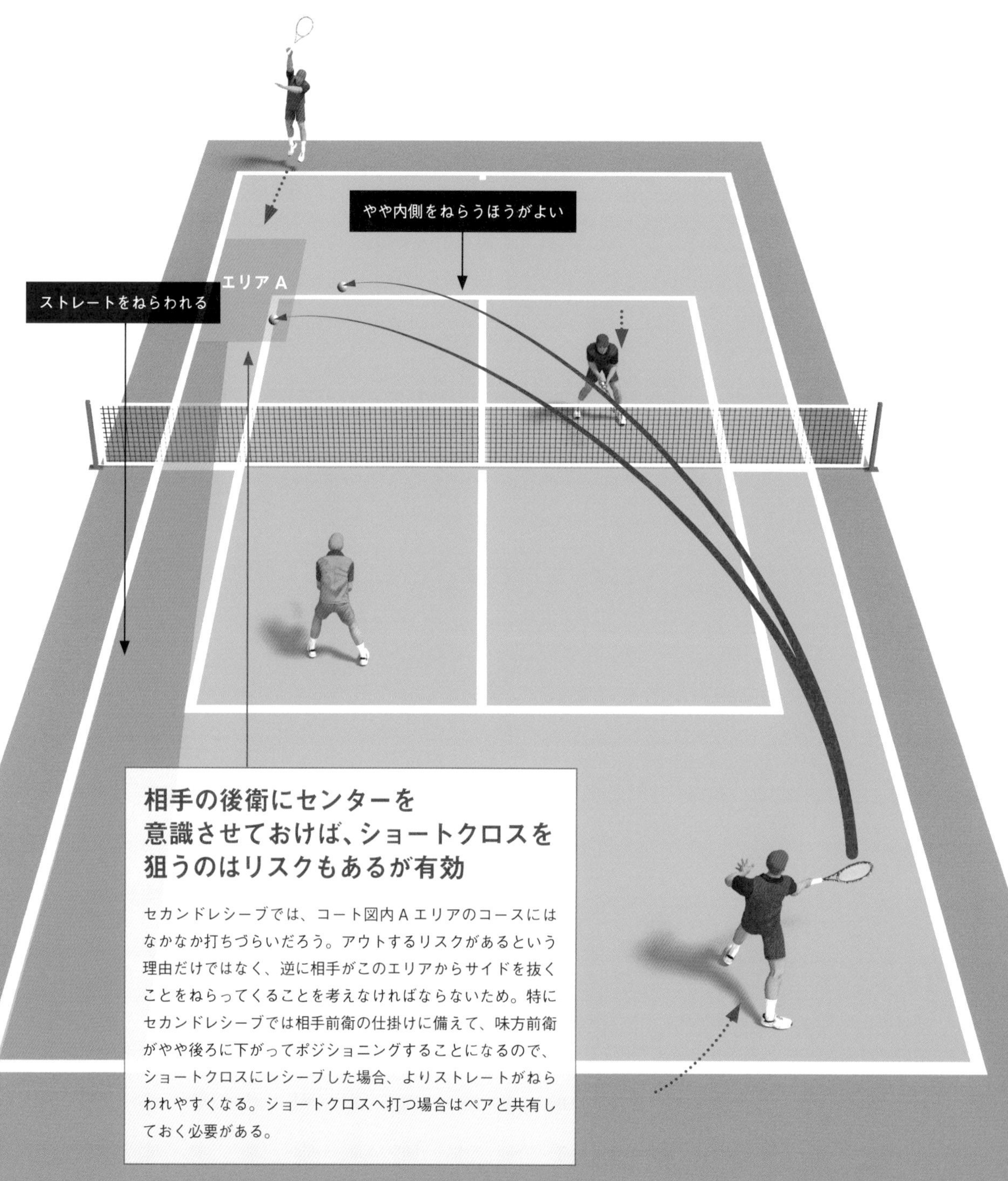

相手の後衛にセンターを意識させておけば、ショートクロスを狙うのはリスクもあるが有効

セカンドレシーブでは、コート図内Aエリアのコースにはなかなか打ちづらいだろう。アウトするリスクがあるという理由だけではなく、逆に相手がこのエリアからサイドを抜くことをねらってくることを考えなければならないため。特にセカンドレシーブでは相手前衛の仕掛けに備えて、味方前衛がやや後ろに下がってポジショニングすることになるので、ショートクロスにレシーブした場合、よりストレートがねらわれやすくなる。ショートクロスへ打つ場合はペアと共有しておく必要がある。

Point

クロスへのレシーブはやや内側をねらう

セカンドレシーブでクロスへのレシーブを選択する場合は、サイドの厳しいコースをねらうよりは、やや内側をねらったほうがいいだろう。「少し甘くなってもいい」くらいの気持ちでちょうどいいかもしれない。

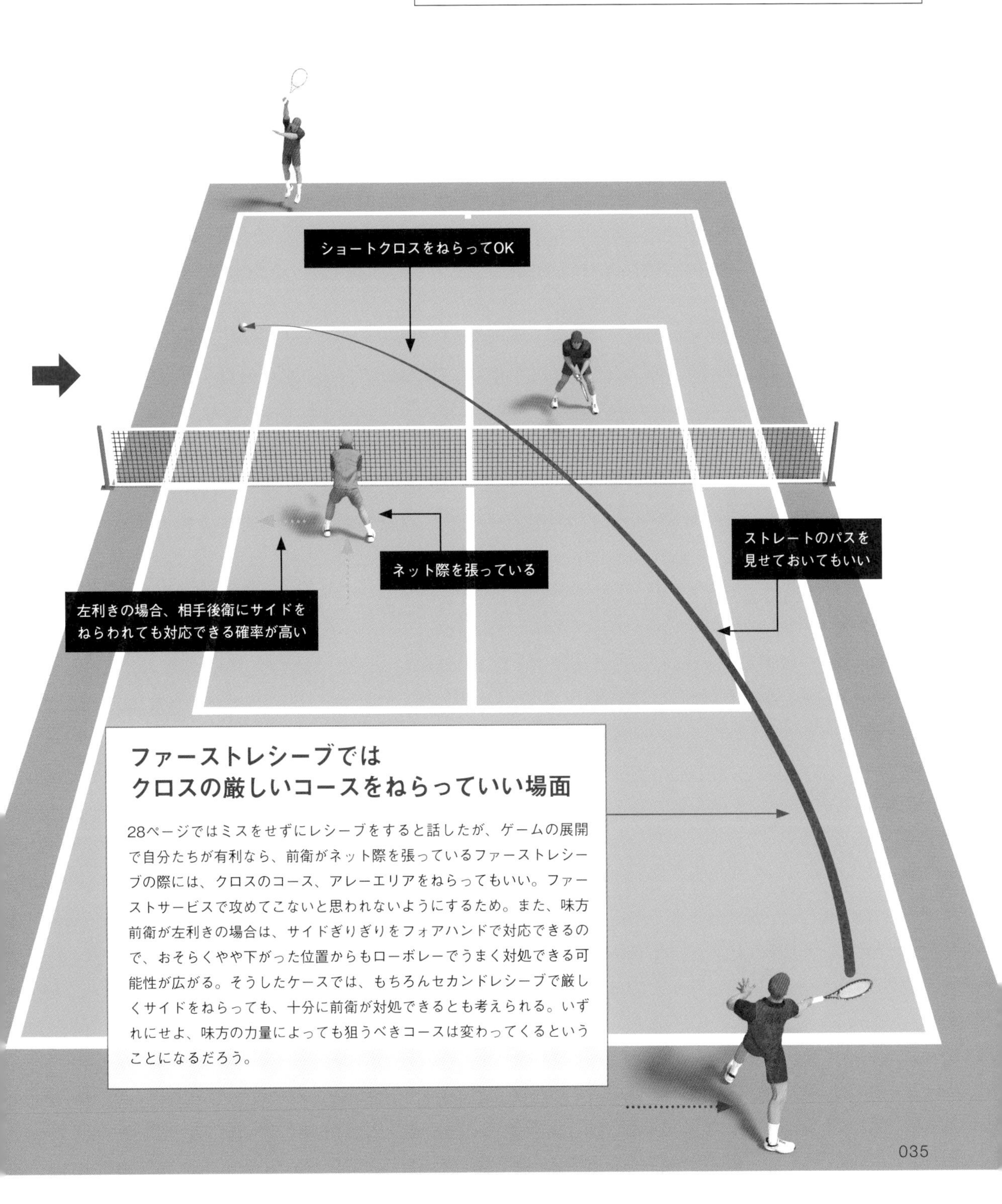

ファーストレシーブでは
クロスの厳しいコースをねらっていい場面

28ページではミスをせずにレシーブをすると話したが、ゲームの展開で自分たちが有利なら、前衛がネット際を張っているファーストレシーブの際には、クロスのコース、アレーエリアをねらってもいい。ファーストサービスで攻めてこないと思われないようにするため。また、味方前衛が左利きの場合は、サイドぎりぎりをフォアハンドで対応できるので、おそらくやや下がった位置からもローボレーでうまく対処できる可能性が広がる。そうしたケースでは、もちろんセカンドレシーブで厳しくサイドをねらっても、十分に前衛が対処できるとも考えられる。いずれにせよ、味方の力量によっても狙うべきコースは変わってくるということになるだろう。

07　雁行陣 レシーブからの攻撃パターン：クロス展開

セカンドレシーブをストレートロブ

レシーブでファーストレシーブ、セカンドレシーブのいかんにかかわらず、使えるコースとして考えられるのはストレートロブ。相手のサービスがよく押されたときにしのぐ場合でも、また、意表をついて相手後衛を動かす場合でも使えるショット。

前衛はストレートサイドへ寄って次の返球をどう抑えにいくか

前衛は、味方後衛がストレートロブで相手を動かしたらストレートサイドへ寄っていき、次の返球に対して自分がどう絡んでいくかを考えなければならない。相手が走らされて、やっと返球したボールが浅いロブになるようならスマッシュ。また、相手に十分な余裕があるようであれば、ストレートへの強打、また逆をついてクロスに強打してくる場合もある。相手の体勢によって次の返球が変わってくるため、ポジショニングを変えていく必要がある。

08 雁行陣 前衛レシーブからの攻撃パターン：逆クロス展開

クロス深くのレシーブを意識させながら、センターへレシーブ

　最も効果的なクロス深くへのレシーブをしっかりと使うことで、相手にサイドへの意識を植えつけさせれば、相手をサイド寄りにポジショニングさせることができ、そうなればセンターへのレシーブも効果的になってくるだろう。

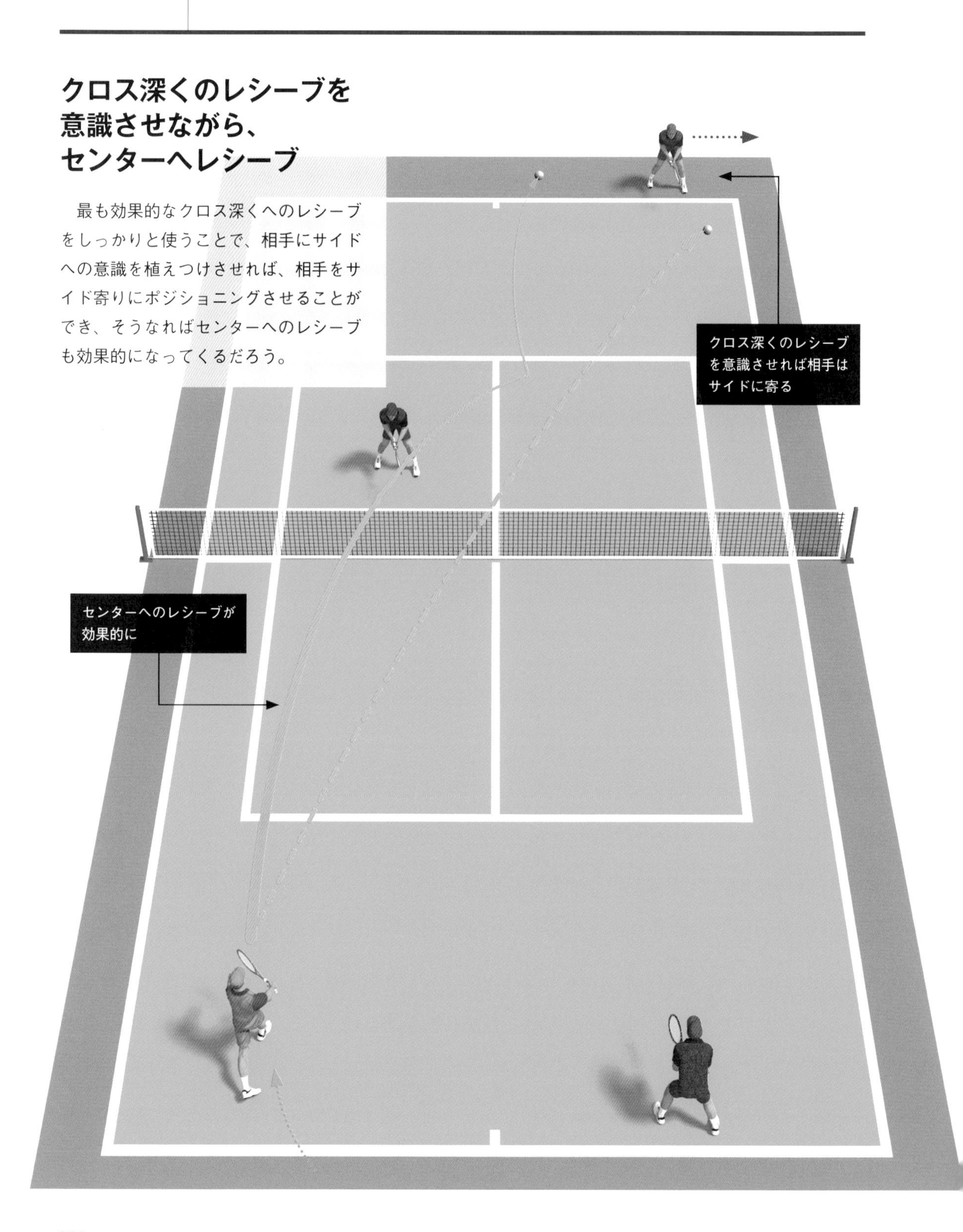

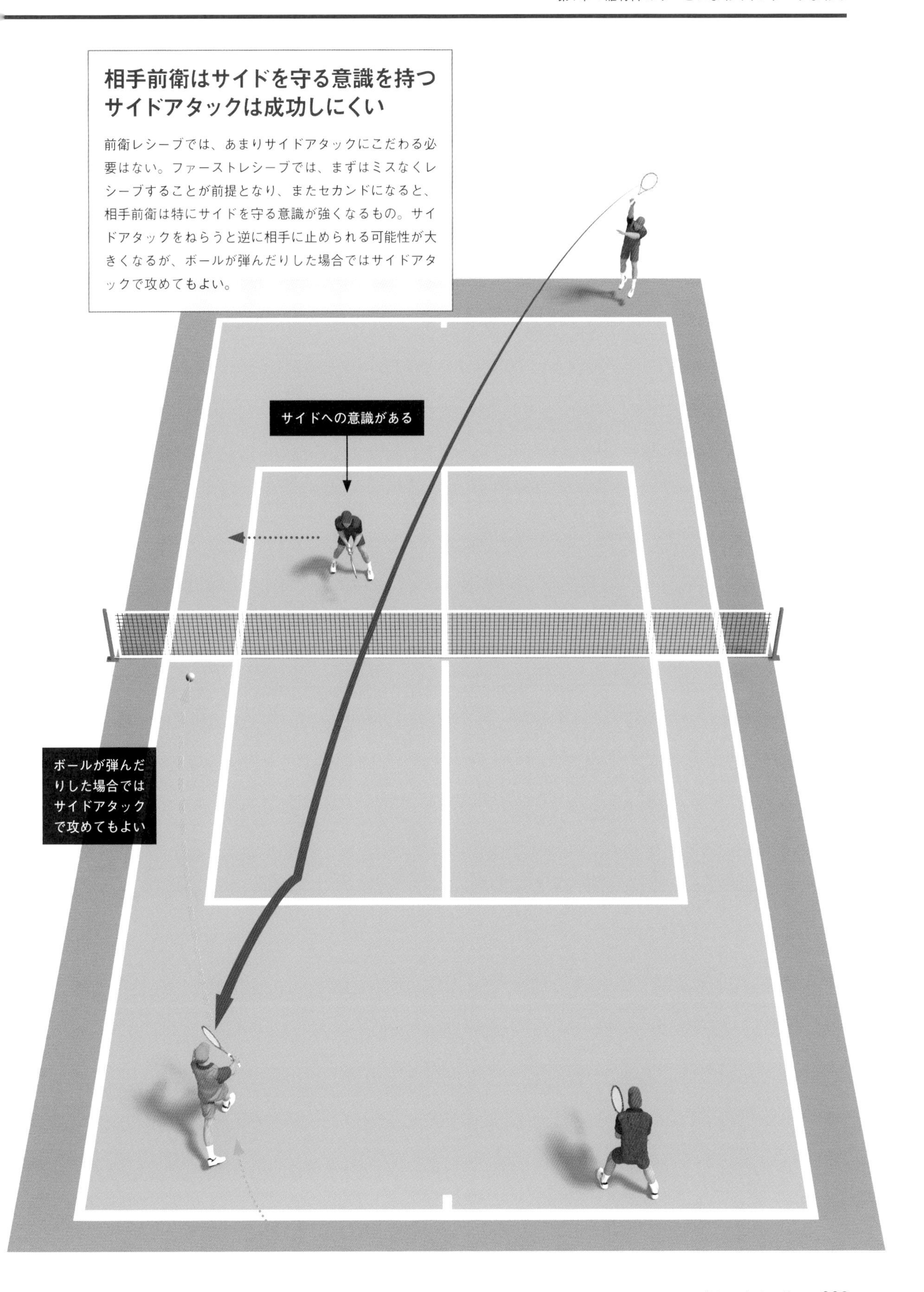

相手前衛はサイドを守る意識を持つ サイドアタックは成功しにくい

前衛レシーブでは、あまりサイドアタックにこだわる必要はない。ファーストレシーブでは、まずはミスなくレシーブすることが前提となり、またセカンドになると、相手前衛は特にサイドを守る意識が強くなるもの。サイドアタックをねらうと逆に相手に止められる可能性が大きくなるが、ボールが弾んだりした場合ではサイドアタックで攻めてもよい。

08　雁行陣 前衛レシーブからの攻撃パターン：逆クロス展開

セカンドレシーブを クロス深くに打ち、 センターに オープンコートをつくる

逆クロス展開となる前衛レシーブ。まず相手のファーストサービスに対しては、ミスをしないことを優先してレシーブすることが大切。では、攻撃を組み立てられるセカンドレシーブではどうだろうか。セカンドレシーブではクロス深くへの配球で、相手のバックハンド側をねらっていくのがオーソドックスな考え方。相手にバックハンドで打たせるというのも目的になるが、相手が回り込んでフォアで打ったとしても、レシーブ側としては狙い通り。相手が回り込むということは、センターにオープンコートができるということ。次の４球目でここをねらって攻撃していくことが可能だ。

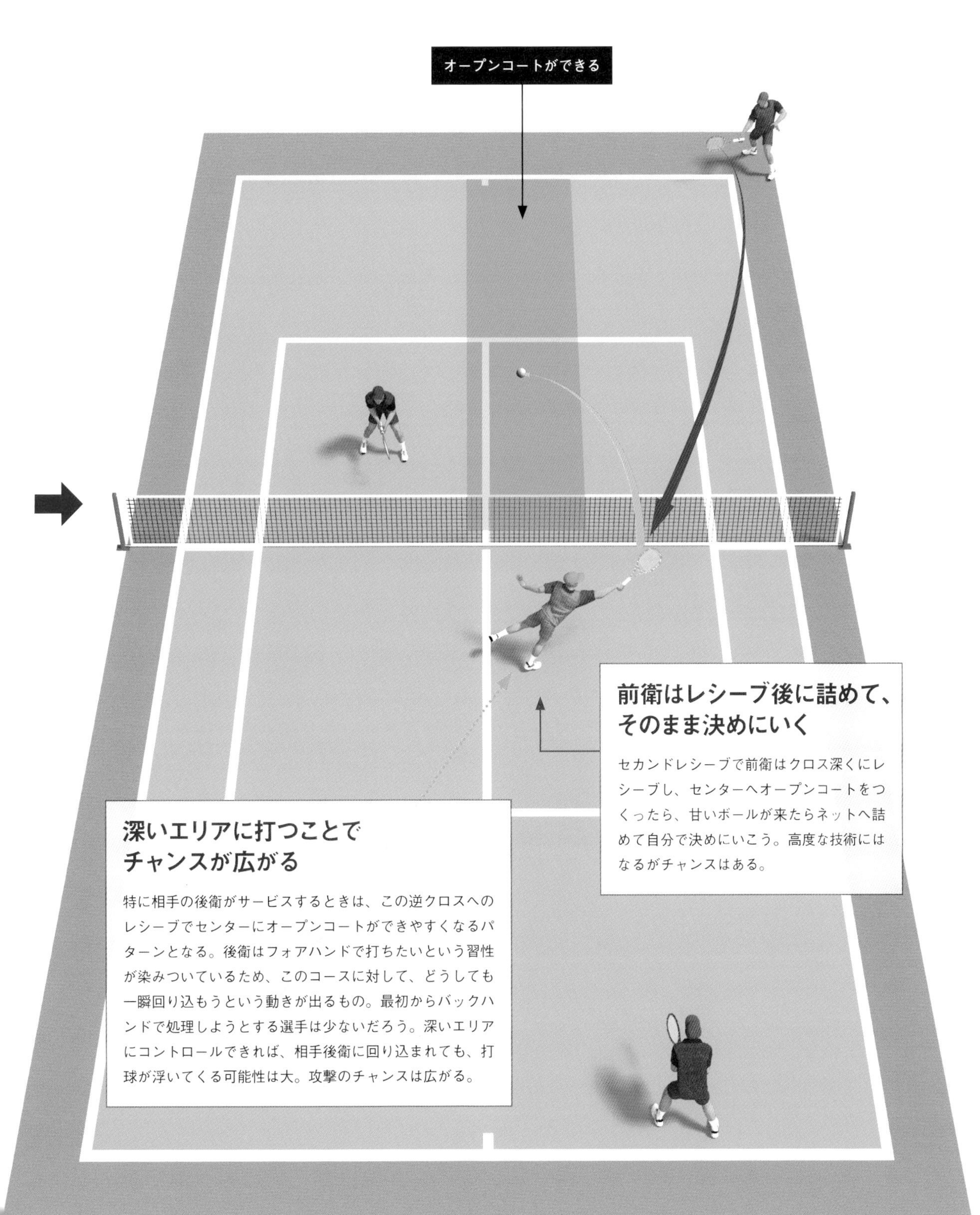

前衛はレシーブ後に詰めて、そのまま決めにいく

セカンドレシーブで前衛はクロス深くにレシーブし、センターへオープンコートをつくったら、甘いボールが来たらネットへ詰めて自分で決めにいこう。高度な技術にはなるがチャンスはある。

深いエリアに打つことでチャンスが広がる

特に相手の後衛がサービスするときは、この逆クロスへのレシーブでセンターにオープンコートができやすくなるパターンとなる。後衛はフォアハンドで打ちたいという習性が染みついているため、このコースに対して、どうしても一瞬回り込もうという動きが出るもの。最初からバックハンドで処理しようとする選手は少ないだろう。深いエリアにコントロールできれば、相手後衛に回り込まれても、打球が浮いてくる可能性は大。攻撃のチャンスは広がる。

08　雁行陣 前衛レシーブからの攻撃パターン：逆クロス展開

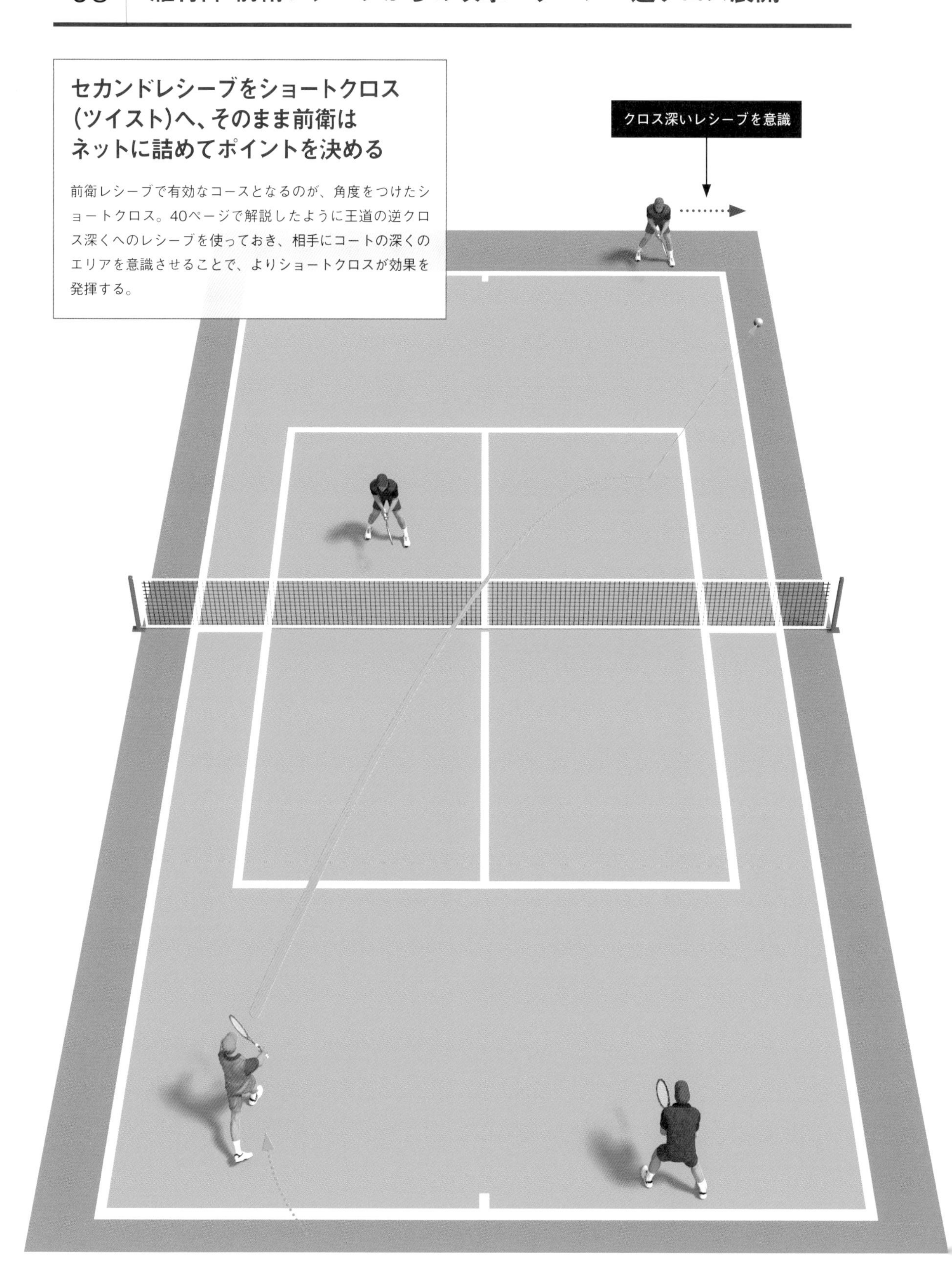

セカンドレシーブをショートクロス（ツイスト）へ、そのまま前衛はネットに詰めてポイントを決める

前衛レシーブで有効なコースとなるのが、角度をつけたショートクロス。40ページで解説したように王道の逆クロス深くへのレシーブを使っておき、相手にコートの深くのエリアを意識させることで、よりショートクロスが効果を発揮する。

味方が後ろにいる前衛レシーブ時こそショートクロスが打ちやすい

ショートクロスへのレシーブは、後衛レシーブでも前衛レシーブでも使えるコースだが、相手がバックハンドでの処理となり、また味方が後方にいる前衛レシーブ時こそ打ちやすいとも言えるだろう。相手からチャンスボールが上がってきたら、レシーブを打った前衛はそのままネットへ詰めてボレーで決めにいくため、ポイントにもなりやすいパターン。

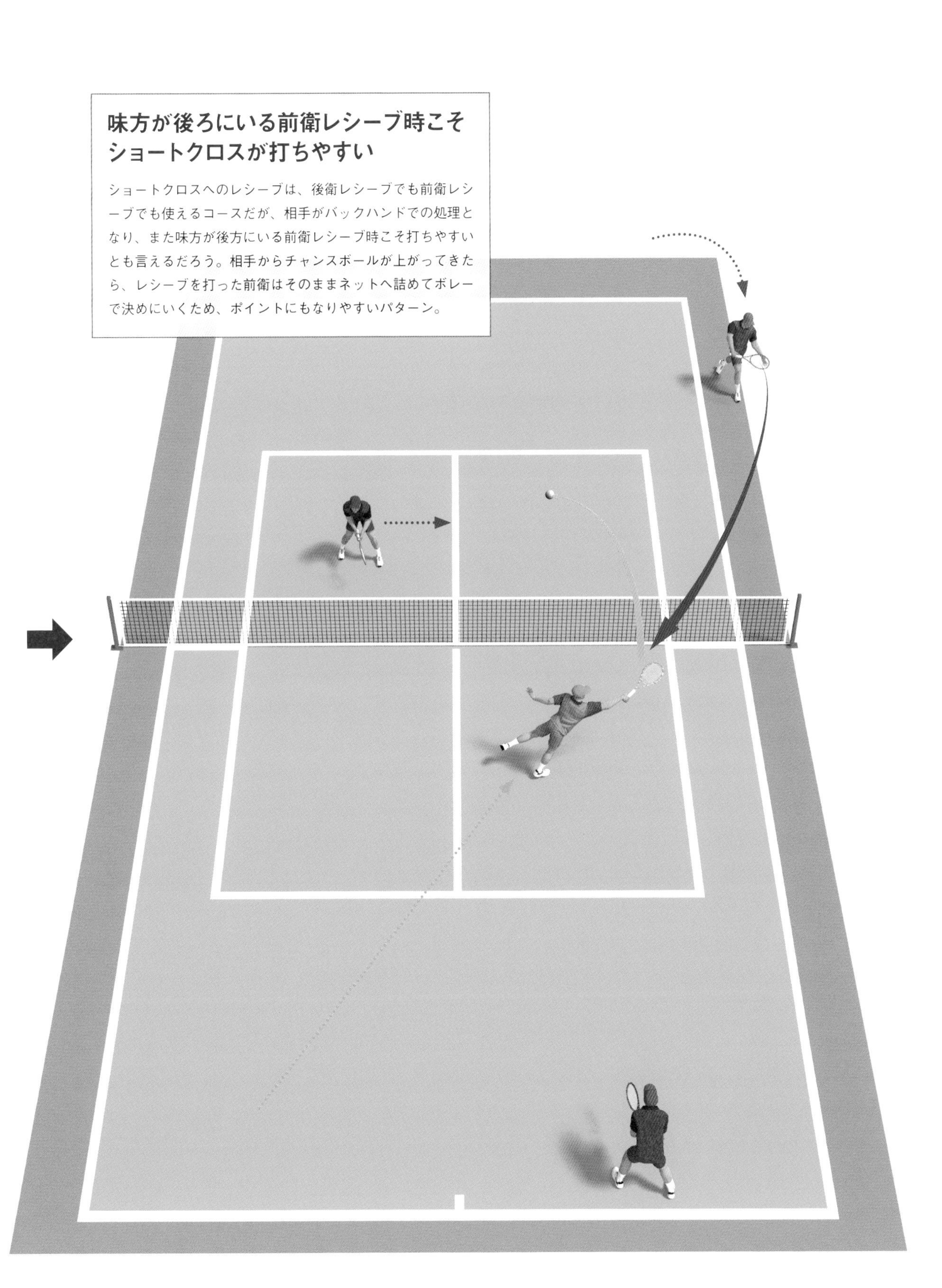

08　雁行陣 前衛レシーブからの攻撃パターン：逆クロス展開

前衛レシーブでの
ストレートへのロブは有効

前衛レシーブでのサイドアタックはあまり効果的ではないという解説をしたが、ストレートへの中ロブは効果的だ。右利きの選手は特に回り込む意識が強く、普段から左方向へのフットワークを意識していることが多いからか、右方向への動きは一瞬遅れることが多いように感じる。実際にサービスを打ったあとに後衛は１歩ステップバックしてストロークに備えようとするため、横への動きが出遅れがち。そのため、逆クロス展開での中ロブは、相手の一歩が遅れ、相手の体勢を崩しやすいショット。ここから相手の体勢、陣形を崩して攻撃につなげていくというのも、前衛レシーブからのパターンのひとつと考えられるだろう。

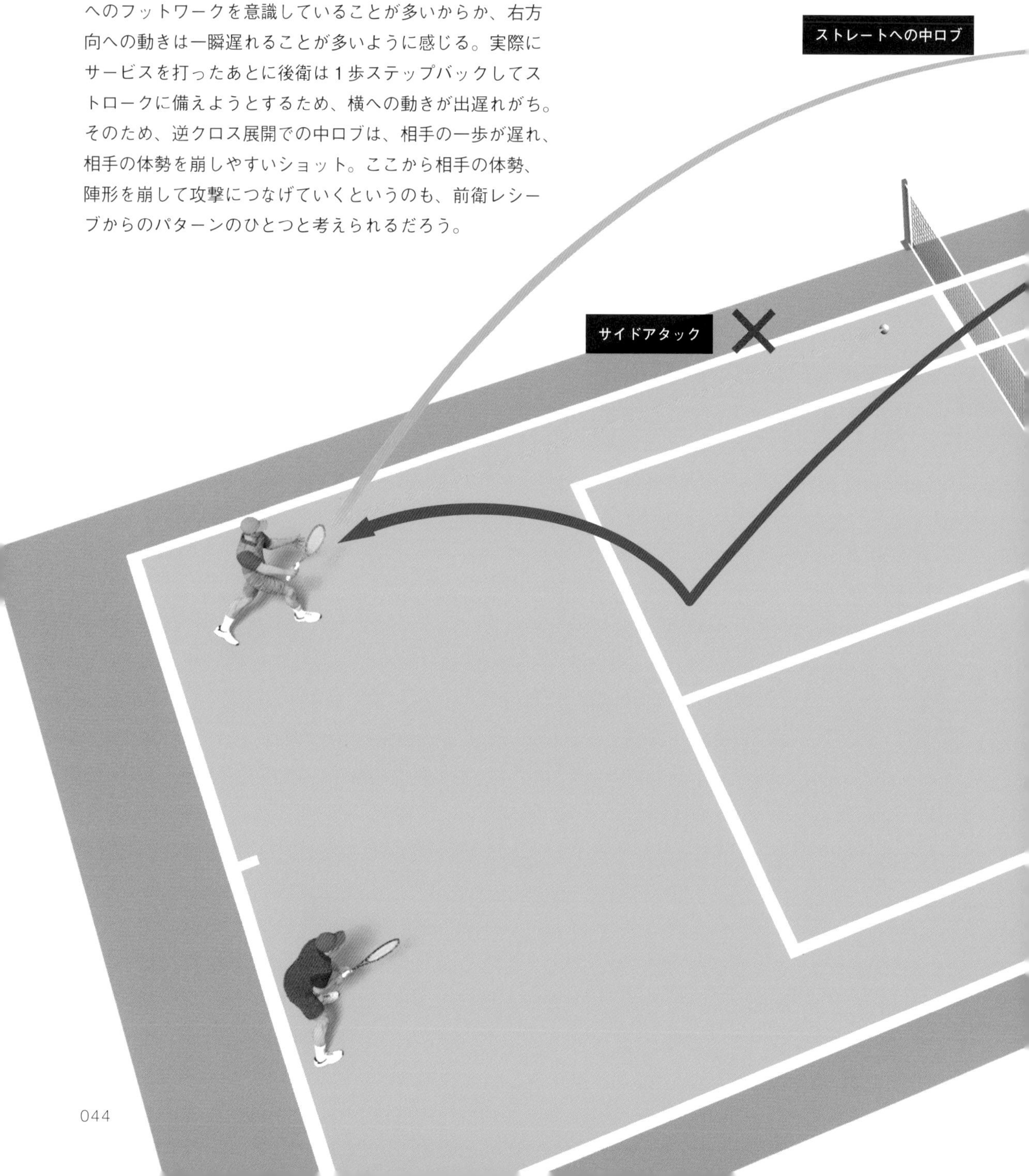

ストレートへの中ロブ

サイドアタック

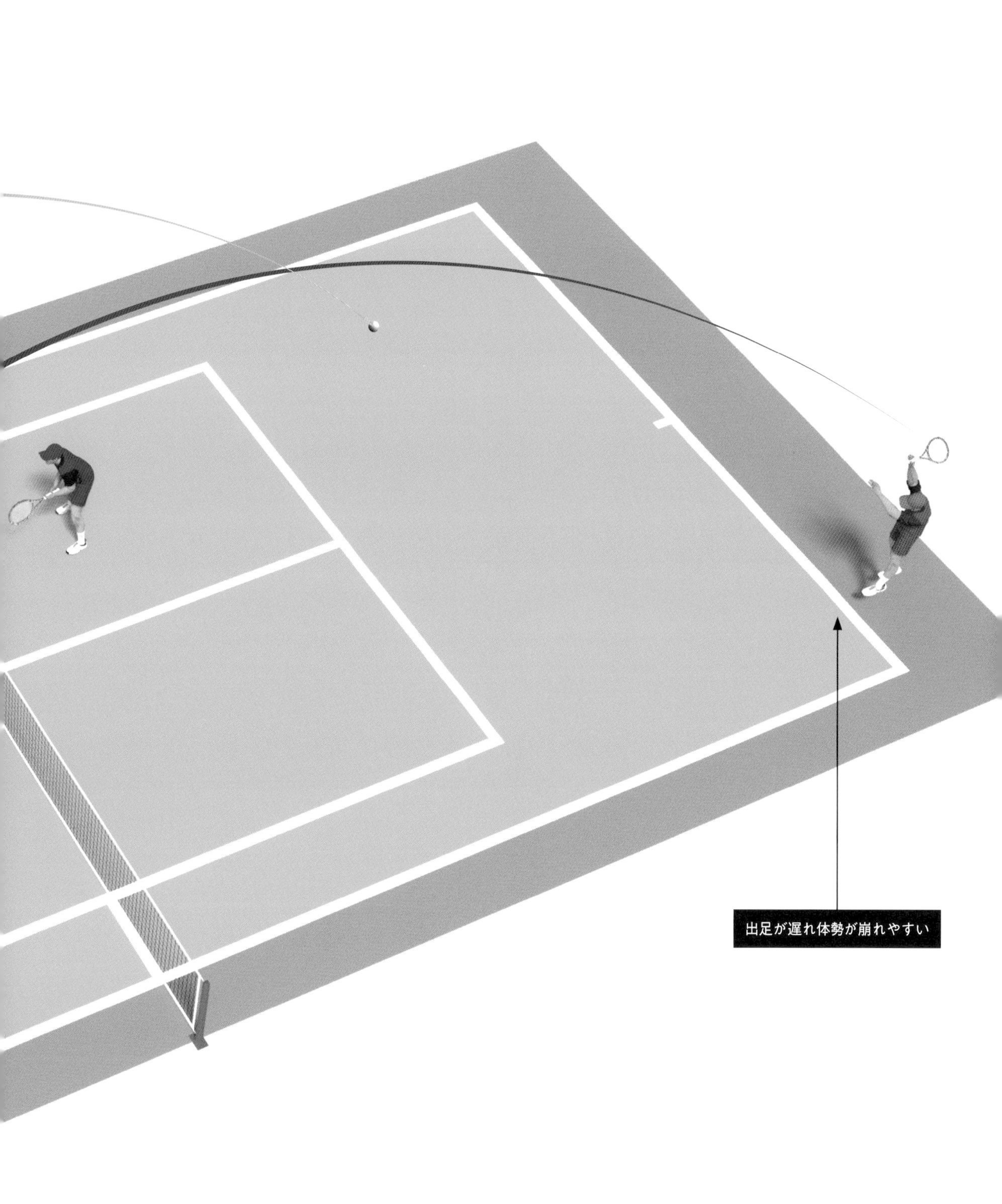
出足が遅れ体勢が崩れやすい

第2章

展開の駆け引き

09 展開の駆け引き

同じ雁行陣のペアでも、どの展開が好きかはペアによって異なる。自分たちがどの展開を得意としているか、また対戦相手がどの展開を得意としているかを知ることは非常に大切。相手の好きな展開にしないように、また自分たちの得意な展開に持っていけるようにポイントを組み立てるのだ。

正クロス展開が得意なペア

一般的に、後衛プレーヤーの打つ球が速い、後衛プレーヤーが引っ張りを得意としているペアは正クロス展開を得意としていることが多いだろう。後衛がシュート系のボールを打つことが多いのも特徴。正クロスの展開では、前衛もフォアボレーでポーチに出られるというメリットもある。

逆クロス展開が得意なペア

一般的に、後衛プレーヤーの打点の幅が広く、打点が後ろになってもうまくしのげるというようなペアは逆クロス展開を得意としている。実は逆クロス展開を得意としている後衛は意外に多く、特にインドアでロビング合戦になるような展開では、正クロスよりも逆クロス展開のほうが圧倒的に多い。正クロス展開ではロブが少しでも甘くなるとすぐに前衛のスマッシュの餌食になってしまうが、逆クロス展開では前衛がスマッシュを追いにくいため、より安全な展開ということもその理由だろう。

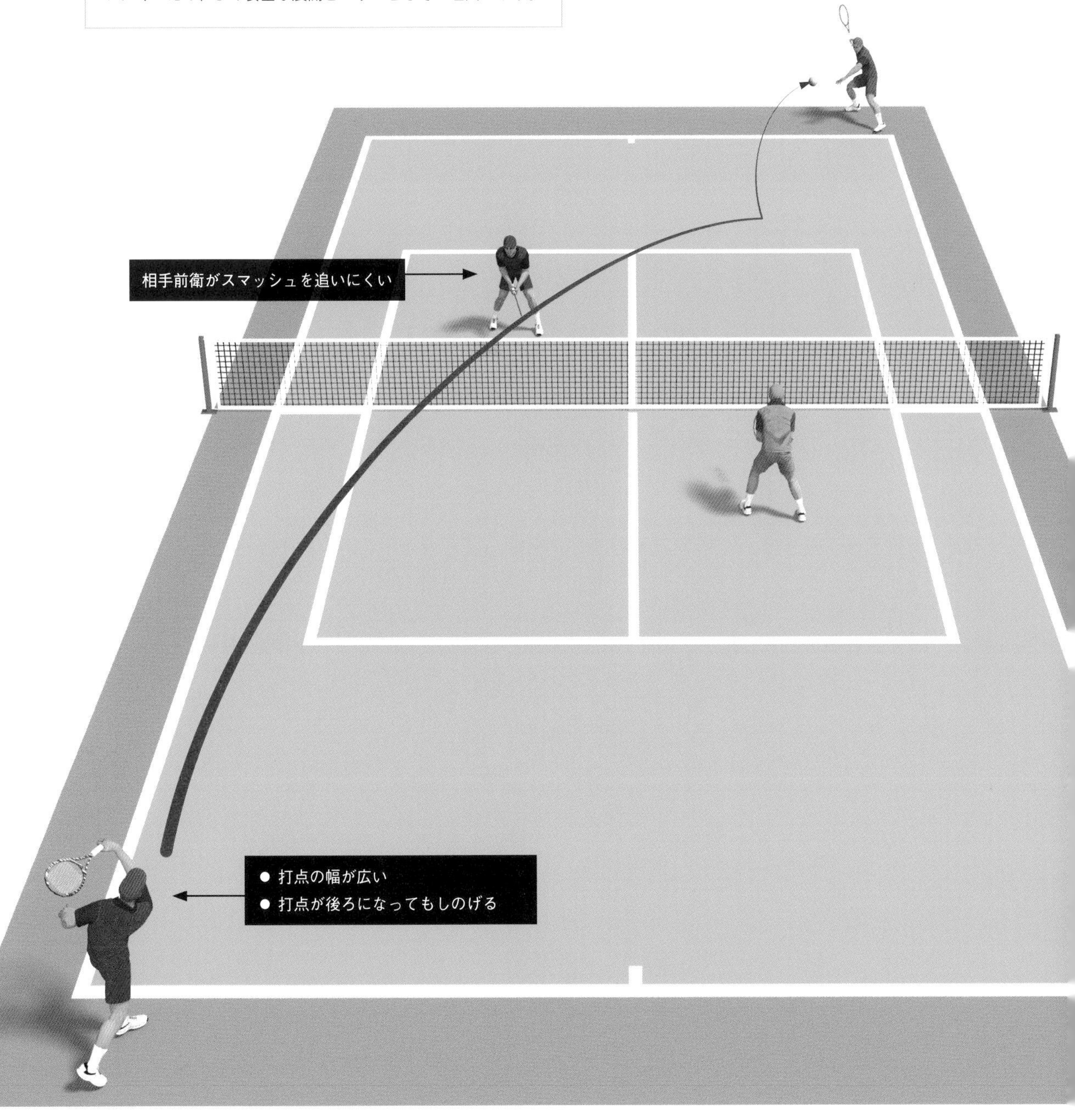

10 ロブを使って得意な展開に持ち込む

自分たちの得意な展開を理解したら、どうすればその展開に持ち込めるかを考えてみよう。そのための手段の一つがロビング。ここではロブの使い方について考えていく。

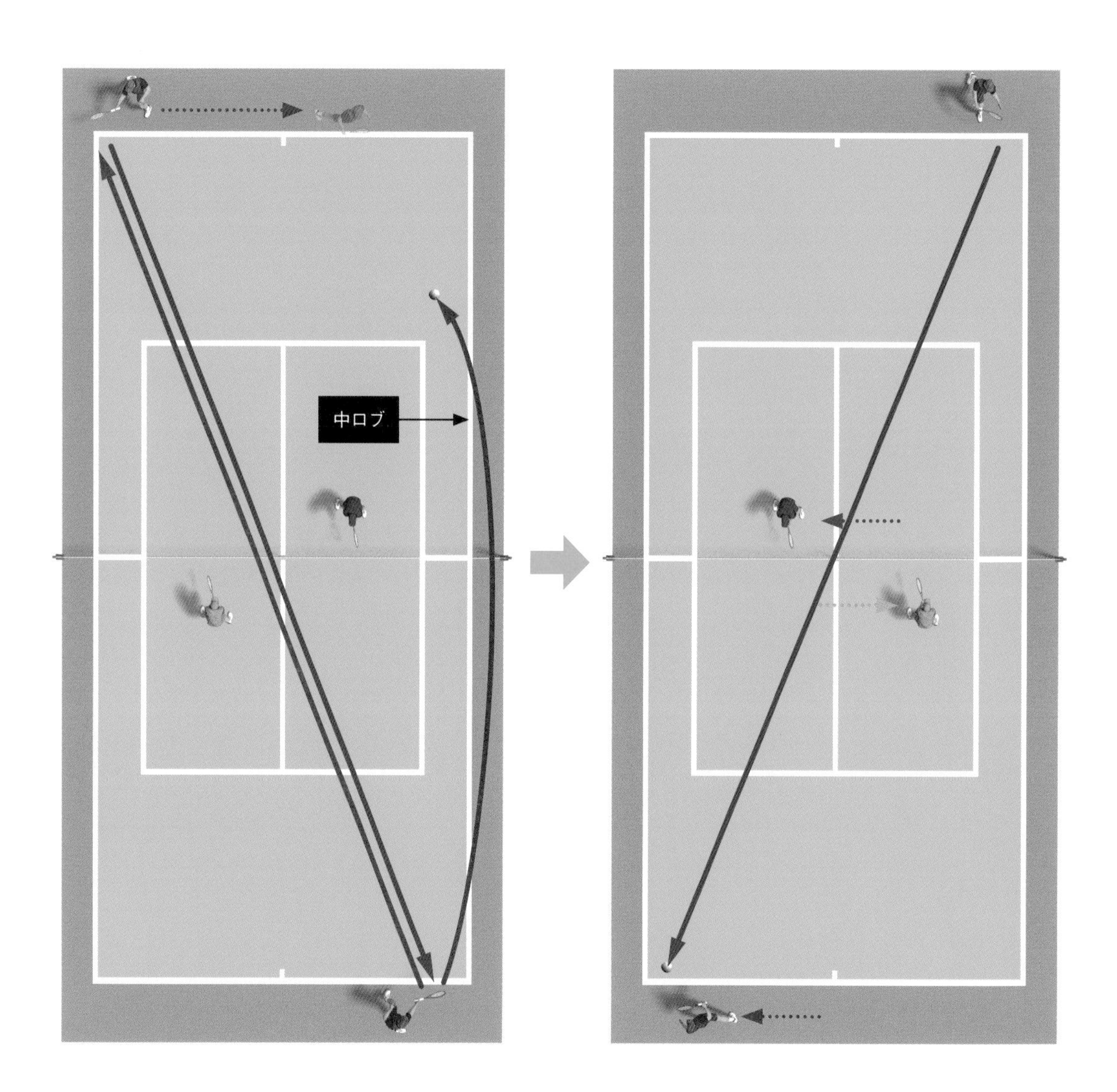

① 正クロス展開でのストレートへの中ロブ

最初のフォーメーションが正クロスの雁行陣同士での打ち合いだった場合、逆クロス展開に持っていくためには、どちらかの後衛がストレートの中ロブを使って、相手を逆サイドに走らせ、ここで相手後衛が逆クロスにストロークを打ってくれれば、逆クロス展開になる可能性が生まれる。

② ストレート展開でのクロスへの中ロブ

①で逆クロスの展開に持っていこうとしたとき、相手後衛がストレートに打てば、逆クロス展開ではなく、ストレート展開になる。ストレート展開にするのが相手のねらいであれば、もう一度クロスで中ロブを打って、クロス展開に戻すなど相手ペアを揺さぶる必要があるだろう。

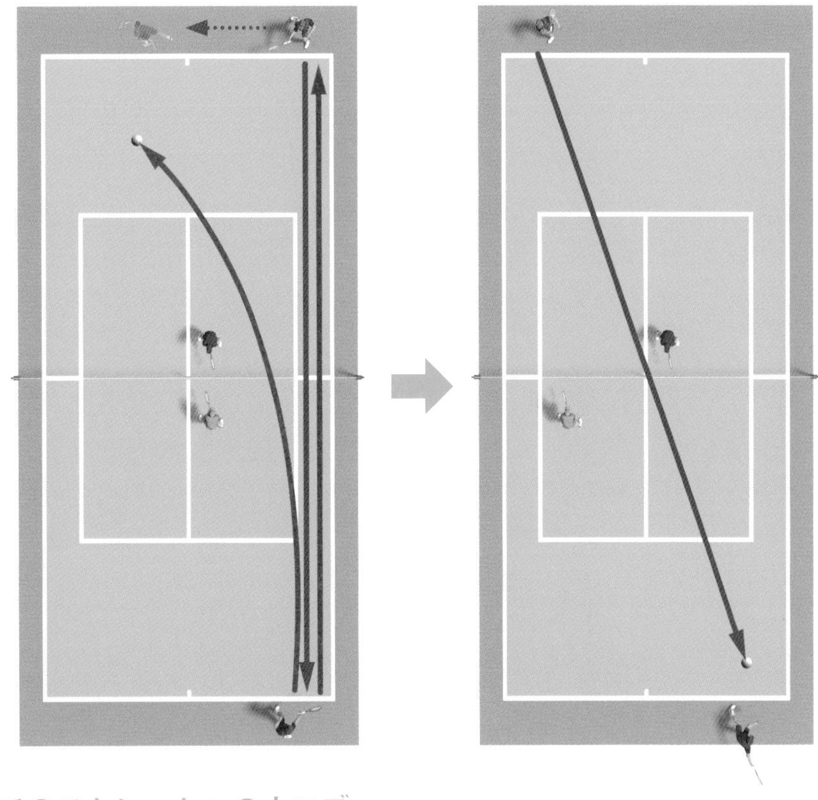

③ 逆クロス展開でのストレートへの中ロブ

①とは逆のパターンも考えられる。逆クロス展開からフォーメーションを変えたい場合も、同様に中ロブでストレートへ。ここからストレート展開にして、甘い球を出して攻撃されないようにしながら、クロス展開に持ち込むタイミングをうかがう。

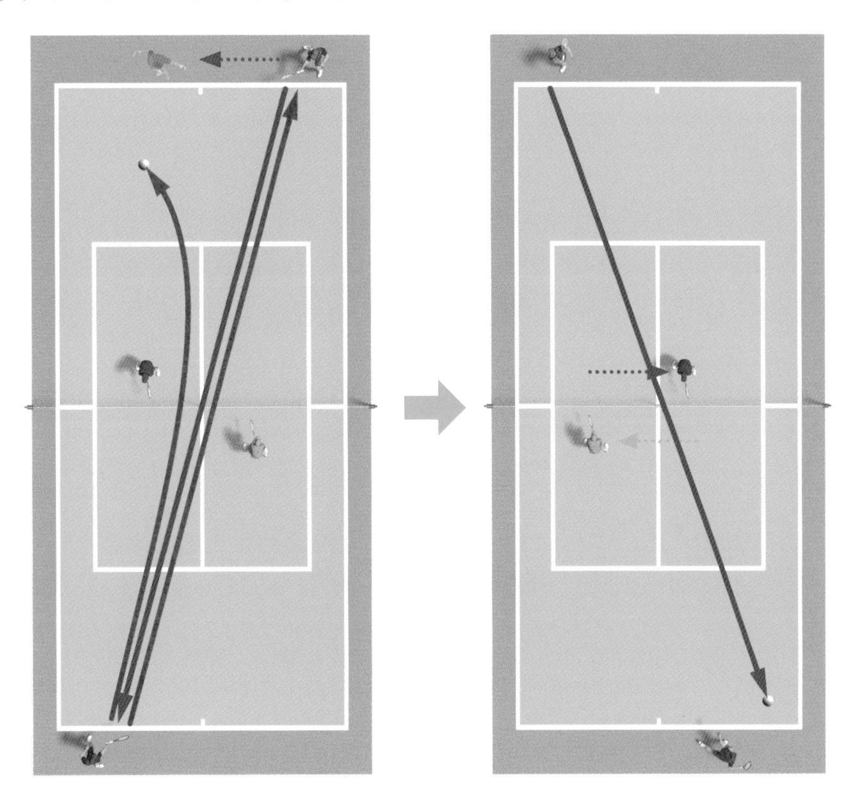

11 逆クロス展開にして ロビングとショートクロスを織り交ぜる

逆クロス展開を得意とするペアが多いのには、ロビングが使いやすいというのはすでに述べた通り。相手の前衛に捕まりにくいという要因のほかに、技術的な理由もあるだろう。正クロスで引っ張り方向へ、ロブをコートの深いエリアにコントロールするのは意外に難しいものだが、これが逆クロス方向となると、ラケット面をボールに押しつけてインパクトできるからか、深い位置にコントロールしやすくなる。

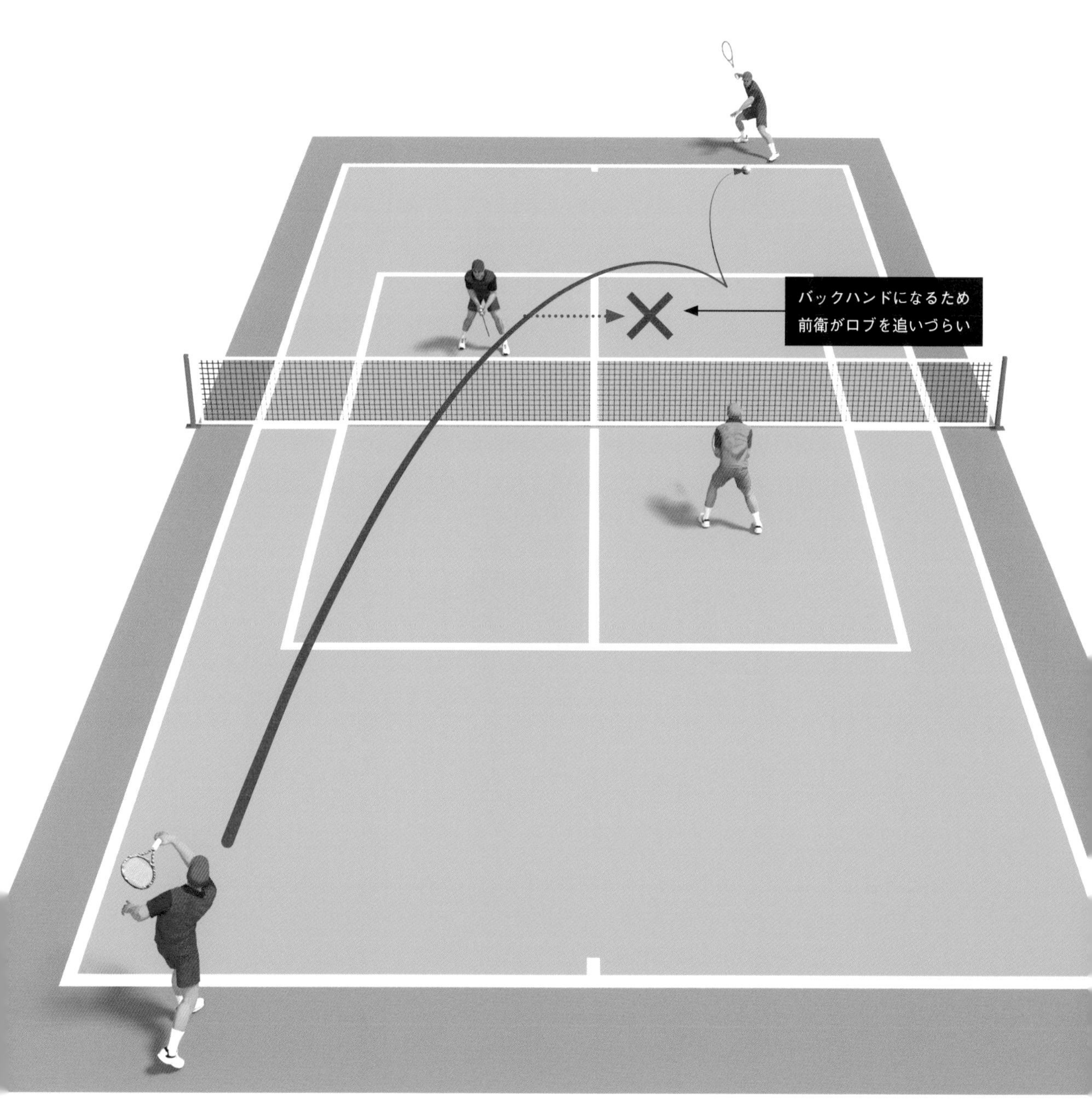

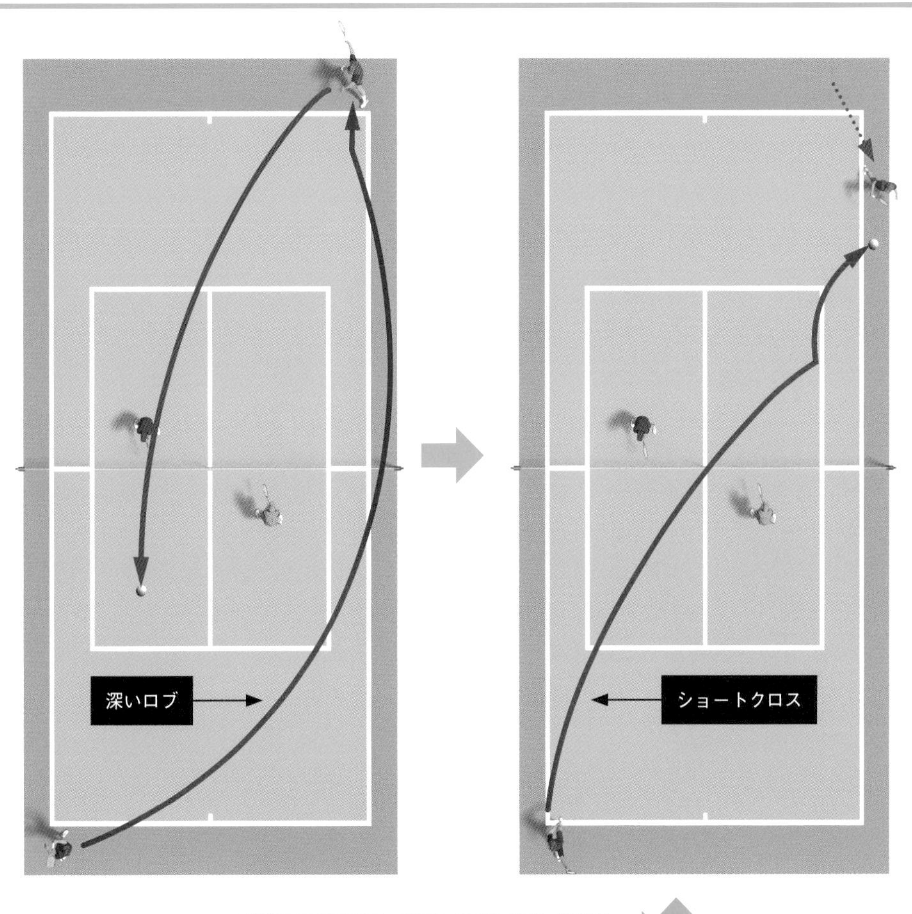

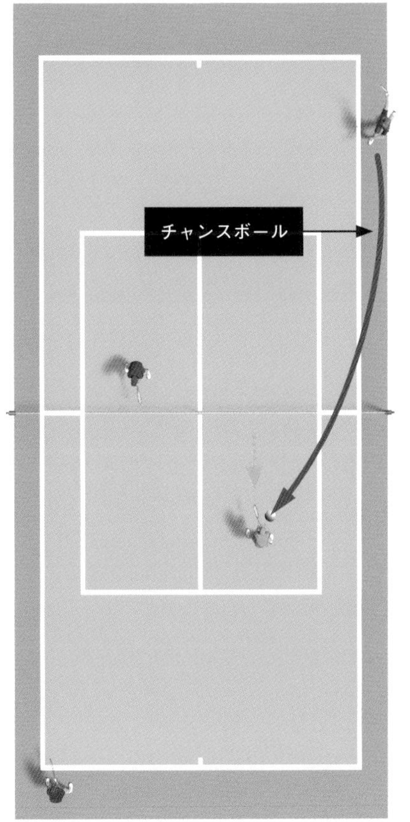

深いロビングからのショートクロス

逆クロス展開で深いロビングを打って、相手をコート深くに押し込めておき、そこから角度をつけたショートクロスを打つというパターンも非常に効果的。相手にとってはバックハンドで追いかけなくてはいけなくなるため、追いついたとしても甘いチャンスボールが返ってくる可能性が大。

12 ストレート展開では相手前衛をサイドに誘って、さらに厳しいコースへ（上級者向け）

ストレート展開は、相手前衛も味方前衛もかなりサイドへ寄ってきているため、後衛の打つコースとしてはかなり限定される。後衛としては厳しい打ち合いであっても、だいたいサービスサイドラインとサイドラインの真ん中くらいで打ち合うことが基本となる。

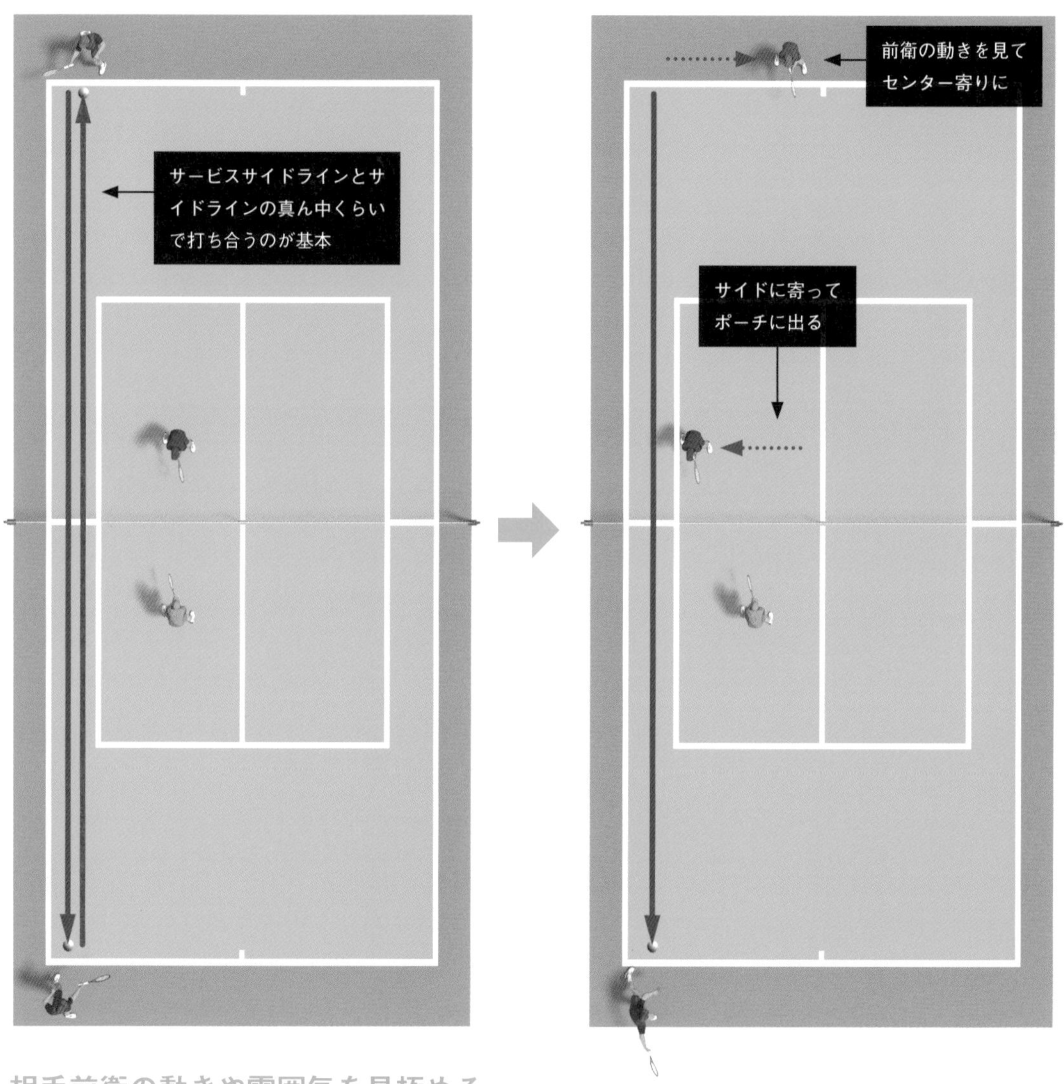

相手前衛の動きや雰囲気を見極める

ストレート展開での打ち合いは、すべてのボールをオンラインに打たなくてはいけないと思う必要はない。ただし、サービスサイドラインとサイドラインの真ん中あたりにきた打球に対しては、前衛も手を伸ばしてポーチに出ようと思えば触れるくらいのコースだ。後衛は、相手前衛の動きや雰囲気を見極めて、ストレートラリーの中でいつ前衛がポーチに出そうか判断する必要がある。

相手前衛がポーチに出てくると判断したら、厳しいコースへ

ストレート展開の中で、相手前衛がさらにサイドに寄っていって「ポーチに出る」と判断したら、後衛はその瞬間にさらに厳しいコースに打つ必要がある。このときこそ、オンラインをねらうくらいの気持ちでいいだろう。これは技術的にも高度なものだが、相手前衛にとっては、オンラインくらい厳しいコースにきた打球を触るのはかなり難しいもの。相手前衛がさらにサイドに寄っていったこのとき、相手後衛はセンター寄りにポジショニングする。そのため、厳しいストレート方向への打球に対してはカバーが遅れ、次に相手後衛から甘いボールが返ってくる確率が高くなる。
この展開をつくったら、味方前衛はスマッシュで得点を決めにいこう。コート図の逆サイドのストレート展開でも、同様の考え方ができる。

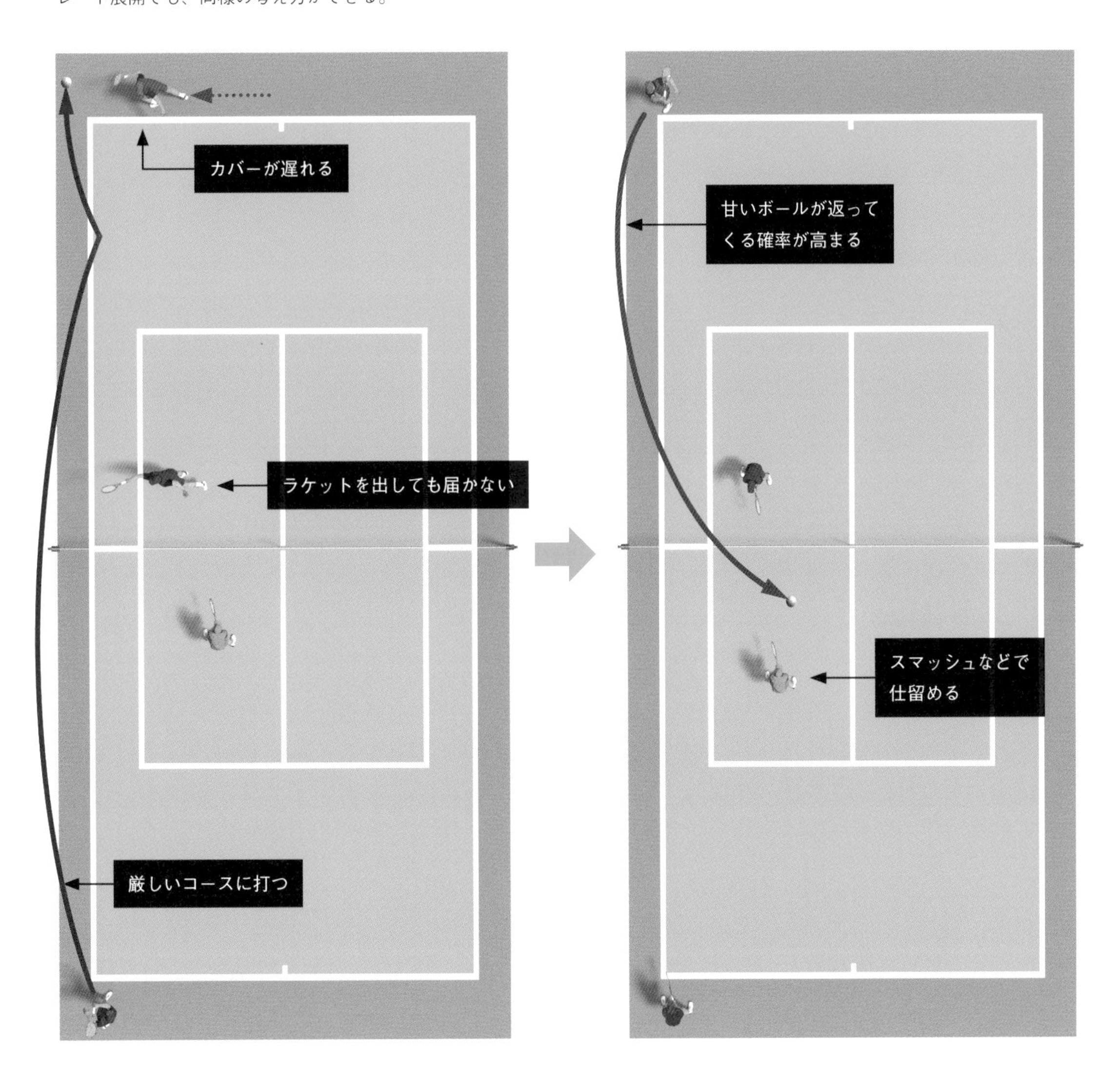

13 センターの有効性

クロス展開でも逆クロス展開でも、レシーブに限らずラリー中は少し短いボールやチャンスボールは、センターが通しやすい。サイドアウトがないという安全なコースであり、またセンターは相手前衛にとられやすいと思いがちだが、むしろ逆。前衛はサイドを通したくないという意識が強く、ややサイドを張ることが多いことから、センターも有効なコースの一つ。できれば、相手前衛の脇を通すくらいのコースに打てれば、相手の後衛にとっては厳しいボールになるだろう。ただし、低いボールは相手前衛も怖がらないので、センターはねらわない。もし、打つコースに迷ったら、センターへのロビングも有効に使っていけばいい。それも一つの手段。角度をつけづらくなるため味方前衛が勝負する距離が短くなり動きやすいからだ。

クロス展開

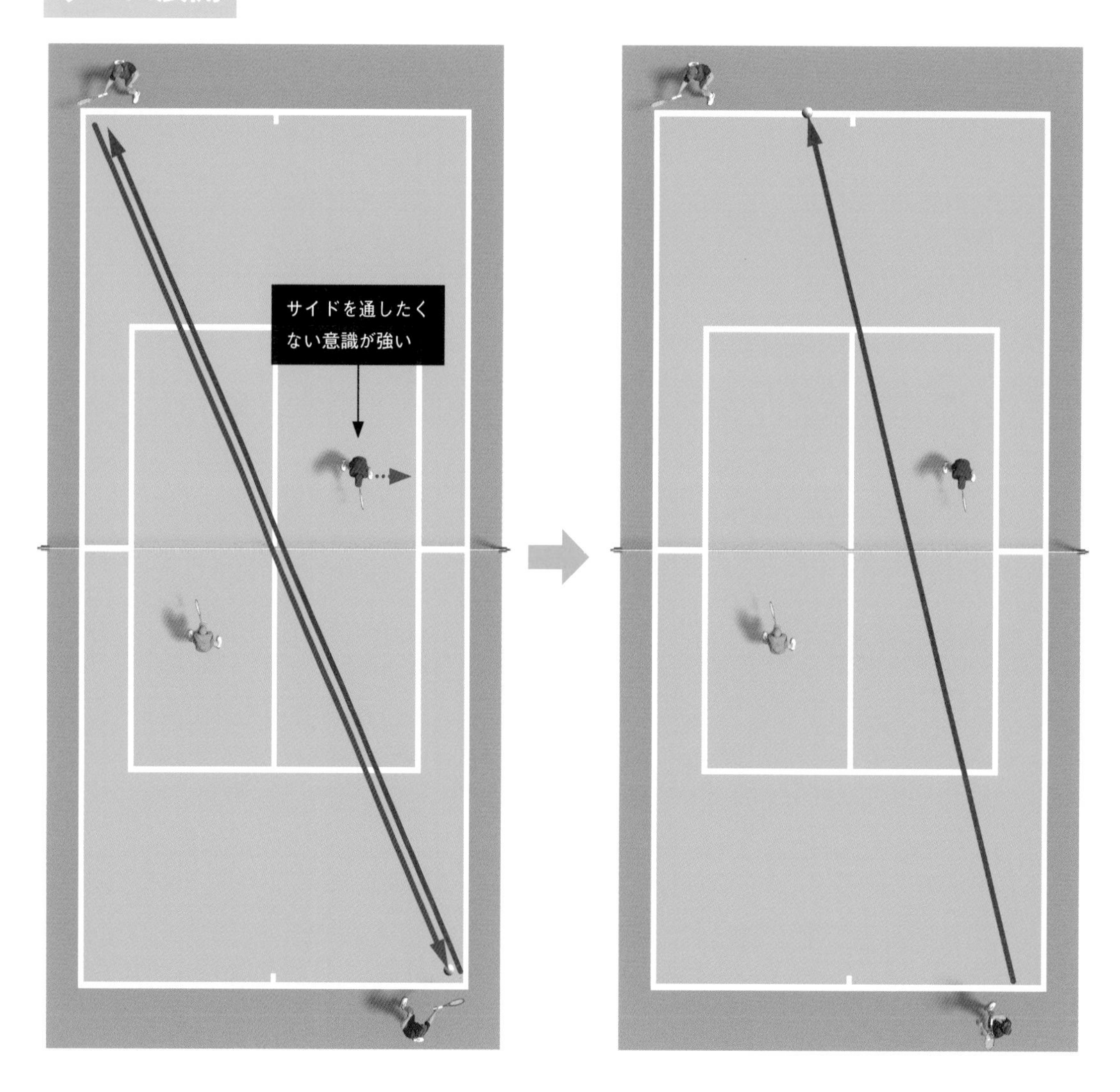

逆クロス展開

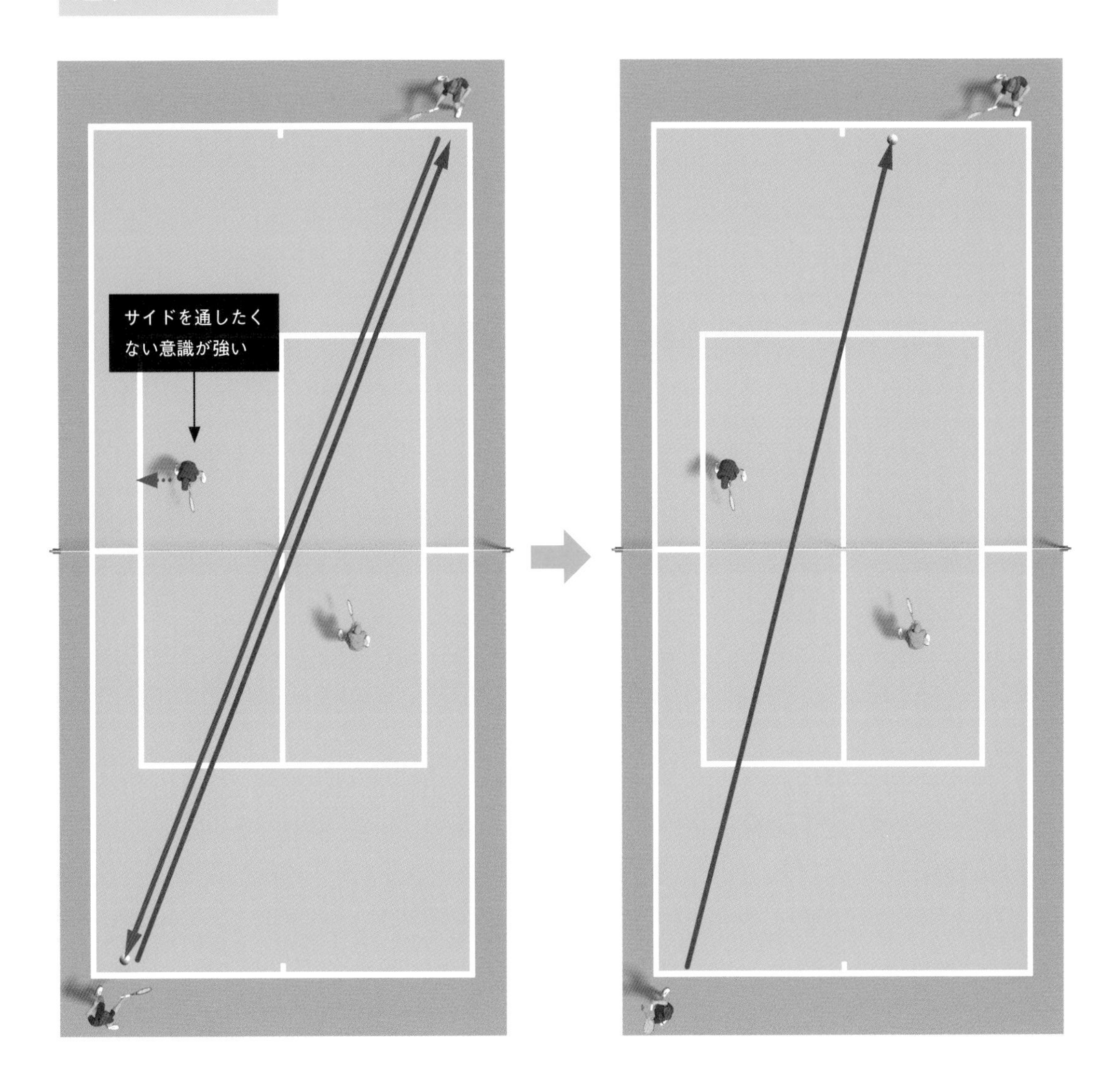

14 センターに打たれたときはロブでしのぐ

逆に相手後衛にセンターへ攻められたときは、まずはロブを打って体勢を整えるのが、この場面での乗り切り方。特にクロス展開からセンターに強打された場合は、回り込む時間がなければバックハンドで対応しなくてはならない。しっかりと深いボールを打って、体勢を整えよう。

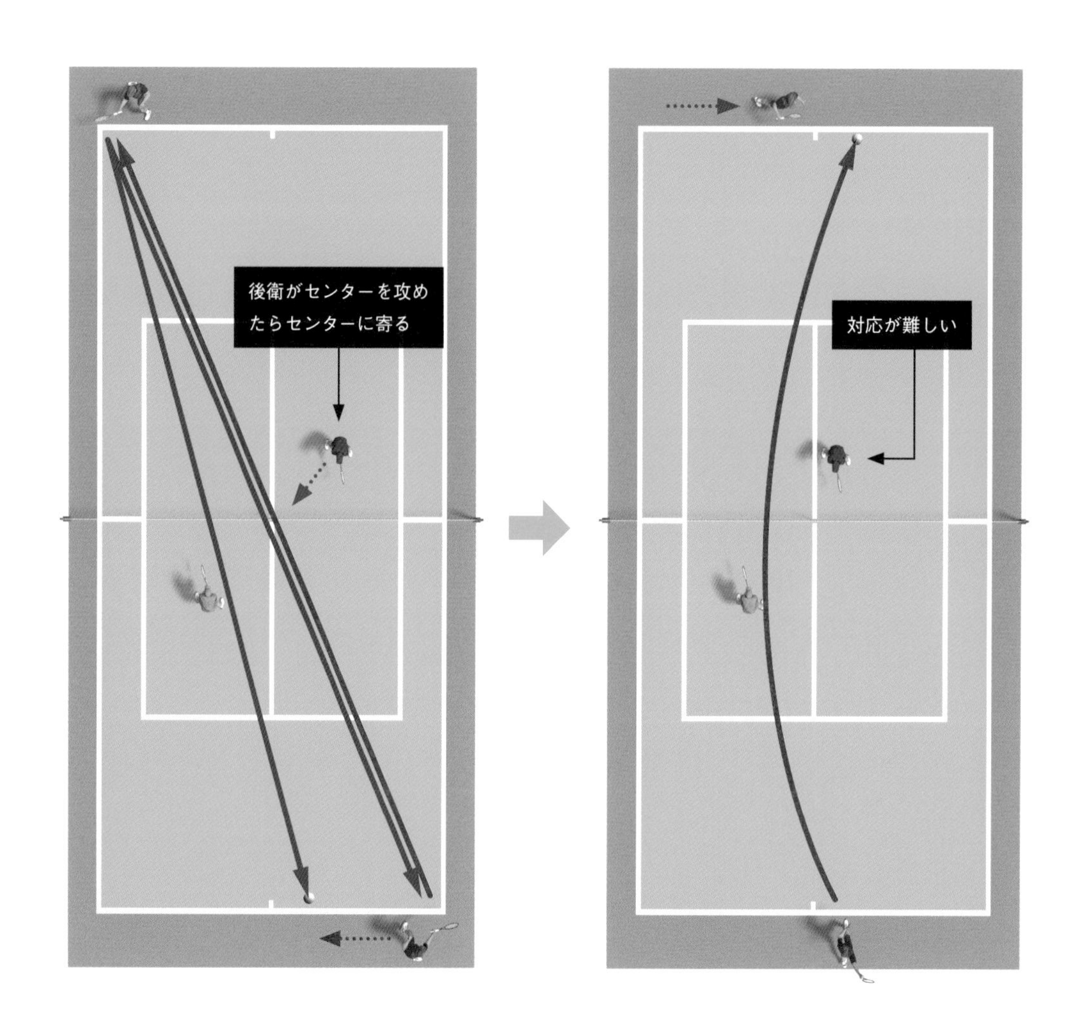

ストレートロブが打てれば、逆にチャンスをつくることができる

ロブでコースを打ち分けられるレベルなら、センターに強打されて体勢が崩れたところから、ストレートにロブを上げて形勢逆転をねらいたいところ。自分自身の体勢が崩れているため、ロブをコントロールすること自体が難しいが、うまくストレート深くに切り返すことができれば、体勢を整える時間をつくることができるだけでなく、相手後衛を走らせることができる。
特に、相手前衛がその前のショットで前に詰めているようなときは効果的。相手は前に詰めてきているぶん、後方へ下がって逆サイドを追わなくてはならない。相手にとっては、かなり厳しいボールになるだろう。

15 攻撃側は前衛の動きでロブを思い通りに打たせないようにする

センターへ攻撃を仕掛けた側としては、逆に、相手に簡単にストレートロブを打たせないように警戒しなくてはならないだろう。そこで鍵となるのが、前衛の動き。

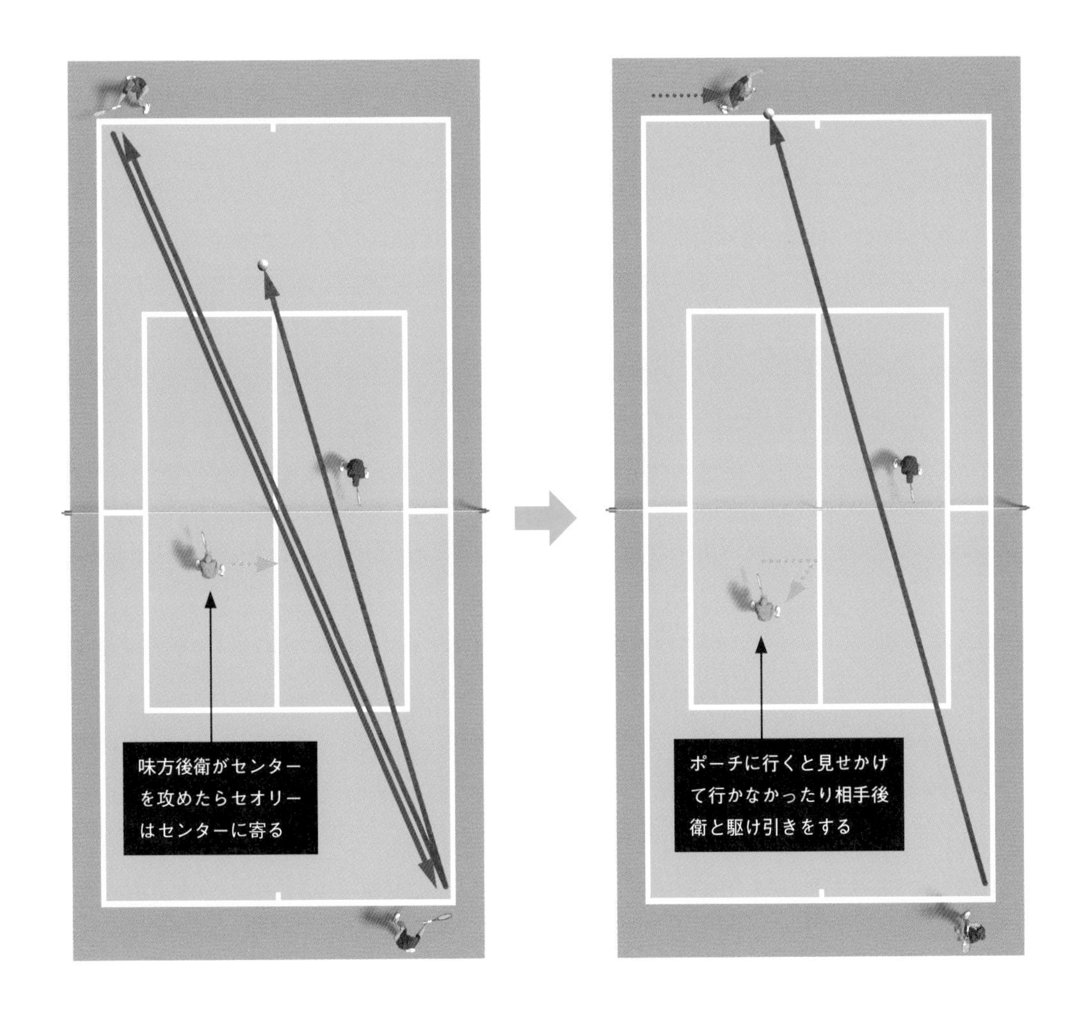

相手にポジショニングを読ませないような駆け引きを

味方後衛がセンターへ攻めたときの一般的な前衛の動きとしては、ややセンターへ寄ってポーチをねらうのがセオリー。ただし、このようにセンターに寄ると、当然、逆サイドの後方に大きくオープンコートをつくることになってしまう。相手後衛の態勢だったり、ポジションを見極めて、予測も必要になってくる。
相手を追いつめたところで、このオープンコートを突かれると一気に形成が逆転してしまうため、前衛は素直にセンターに寄るばかりではなく、ポーチにいくと見せかけていかなかったり、いかないと見せて一気に動いたりと、相手にポジショニングを読ませないようにする必要がある。これも前衛の駆け引きと言える。

16 ダブルフォワードと対戦する

ダブルフォワードは、ダブルスペアの２人がネットプレーを行う攻撃型並行陣のこと。ペアの両プレーヤーがボレーやスマッシュなどテンポよくネットプレーをすることから、攻撃的なプレースタイルと言えるだろう。国内のトッププレーヤーでも取り入れているペアがいるが、この陣形を取り入れていることからも、攻撃力が高く、雁行陣にとっては打ち崩すのが難しいと思われているが、ここでは雁行陣ペアがいかにダブルフォワードを崩していくかを考えていこう。

雁行陣vsダブルフォワード

両サイドのネット前に落とす

王道の考え方としては、いかに下の左図のような部分に打球を落とすことができるかだろう。ショートクロスに打つにしても、ストレートに打つにしても、相手にいかにこのエリアを意識させるかが重要。ここを意識させると、次第にセンターがスペースをつくることにもつながる。しつこくここに落としてセンターをこじ開けたら、センターへ攻めていこう。そのためにも、ストレートとセンターへの打ち分けが大切。打ち分けられるようにしっかり練習しなければならない。

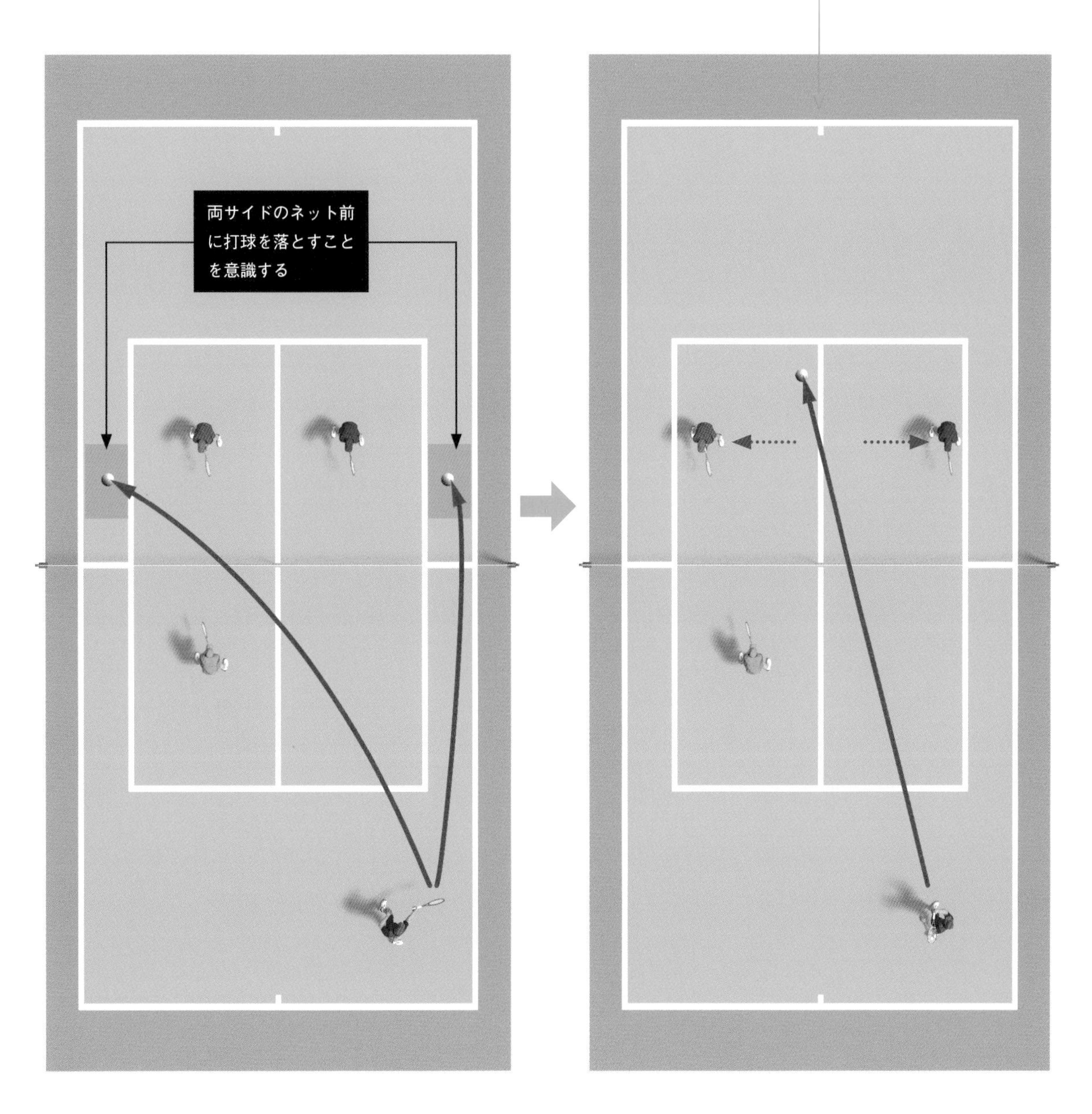

両サイドに落としてチャンスメーク

両サイドのライン間をねらうとアウトする確率もあるので、打つときは「落として」チャンスメークするイメージ。強打でウィニングショットをねらうなら、センターへ打つほうが安全だ。引っ張りでショートクロスに打つという考えもあるが、角度のあるショットは強打しようとすると、ロングしてアウトすることが多い。

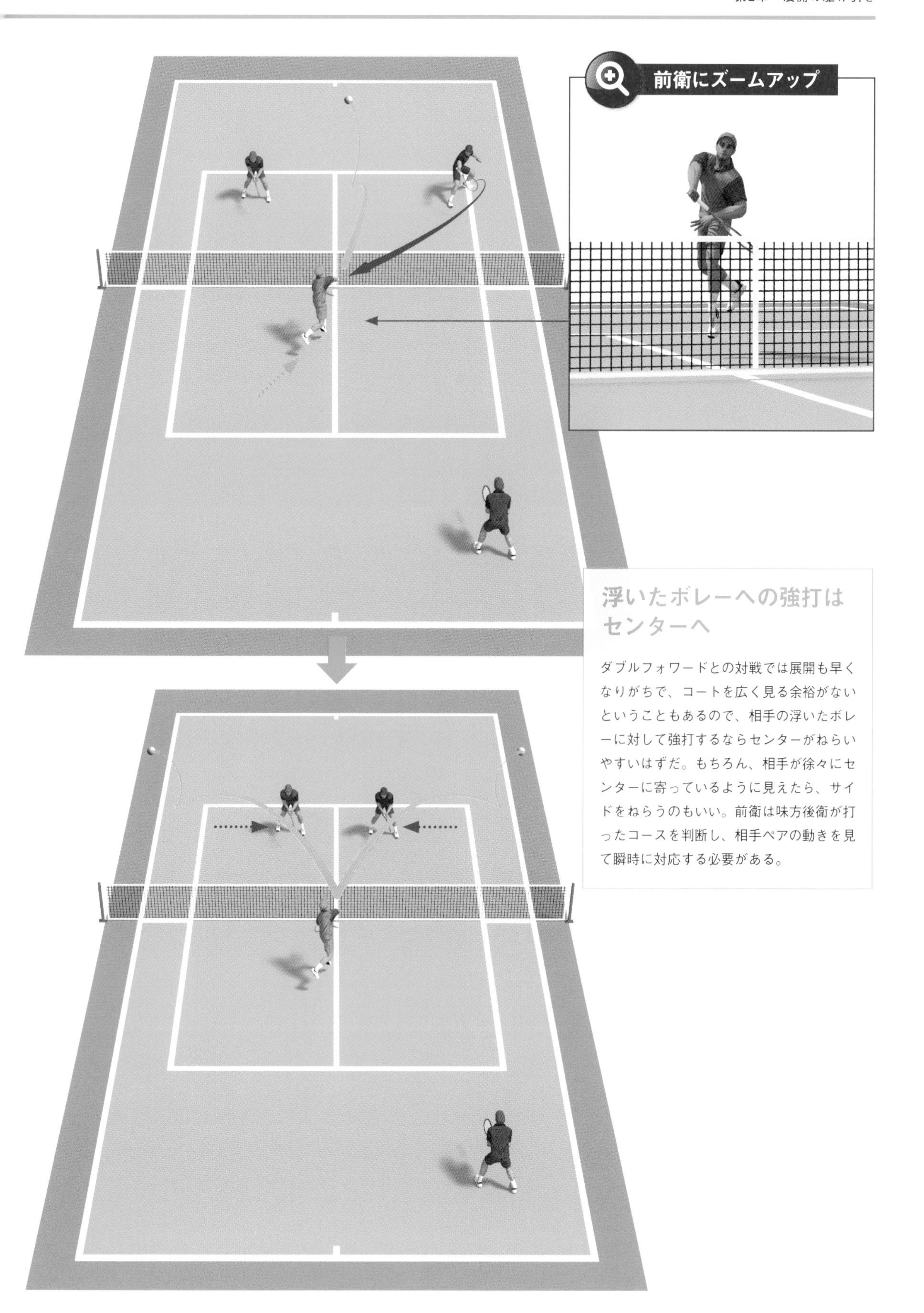

浮いたボレーへの強打はセンターへ

ダブルフォワードとの対戦では展開も早くなりがちで、コートを広く見る余裕がないということもあるので、相手の浮いたボレーに対して強打するならセンターがねらいやすいはずだ。もちろん、相手が徐々にセンターに寄っているように見えたら、サイドをねらうのもいい。前衛は味方後衛が打ったコースを判断し、相手ペアの動きを見て瞬時に対応する必要がある。

17 対ダブルフォワードの戦術

味方前衛が機能する配球パターン

雁行陣がダブルフォワードと対戦する場合、テンポが早くなり、なかなか配球を意識する余裕がなくなるが、できるだけレシーブから早い段階で、後衛と前衛のコンビネーションでパターンをつくると、得点の確率が上がるだろう。そのときに考えられる配球パターンをいくつか紹介していく。

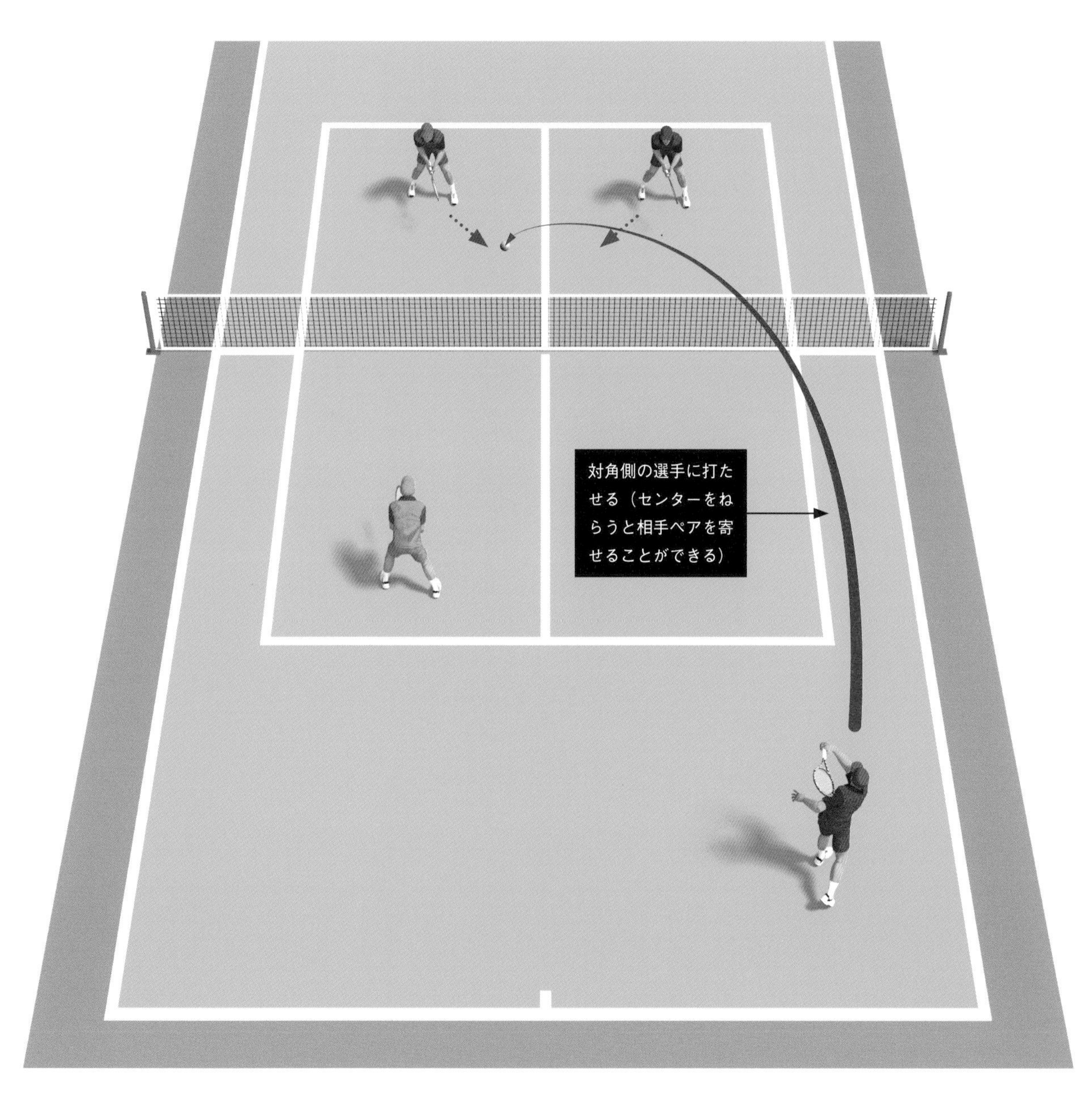

① 後衛が対角のセンターをねらい 上がってきたボールを前衛が空いたサイドへ

まず、後衛は自分の対角側の選手に打たせるようにコースをねらう。もちろん相手にたたかれないように足元へ。できればセンターをねらうと、相手ペアをセンターに寄せて、このあとサイドにオープンコートをつくることができる。相手にローボレーをさせ、上がってきたボールを、味方前衛がやや空いたサイドをねらって決めにいく。前衛の反応が重要になるため、練習からダブルフォワードと対戦して反応を磨いておくといいだろう。

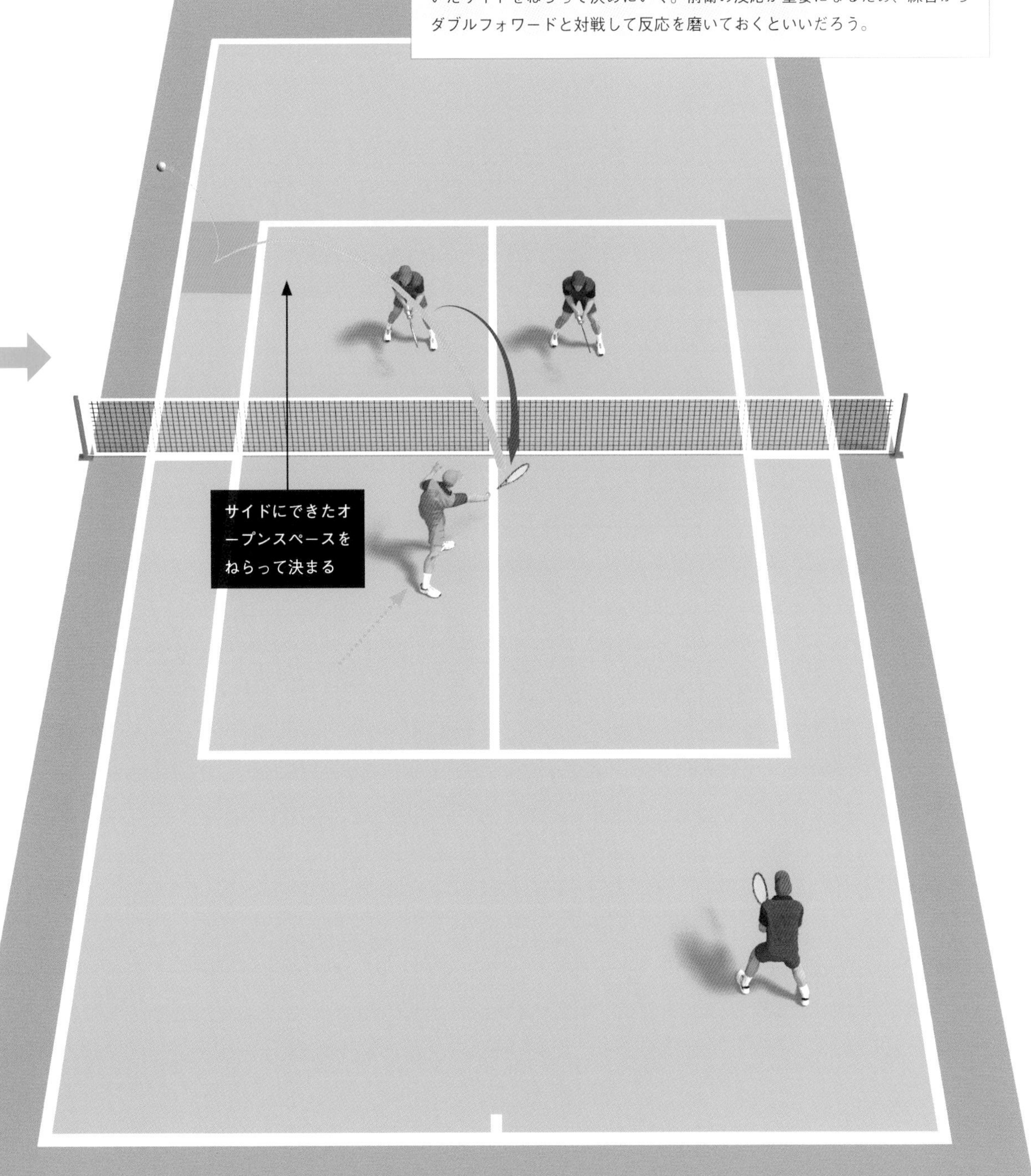

対ダブルフォワードの戦術～味方前衛が機能する配球パターン

②レシーブをショートクロスに落として上がってきたボールを前衛がオープンコートへ

雁行陣側のレシーブで安全かつ、ねらいやすいのはセンターであるのは前述の通りだが、もちろんリスクを承知でクロス側のサイドをねらってもいい。この際も、できるだけ浮かせずに沈む打球を打とう。そこで上がってきた打球を、味方前衛がオープンコートへ。レシーブだけでなく、ラリー中でもこのパターンに持っていければいいだろう。

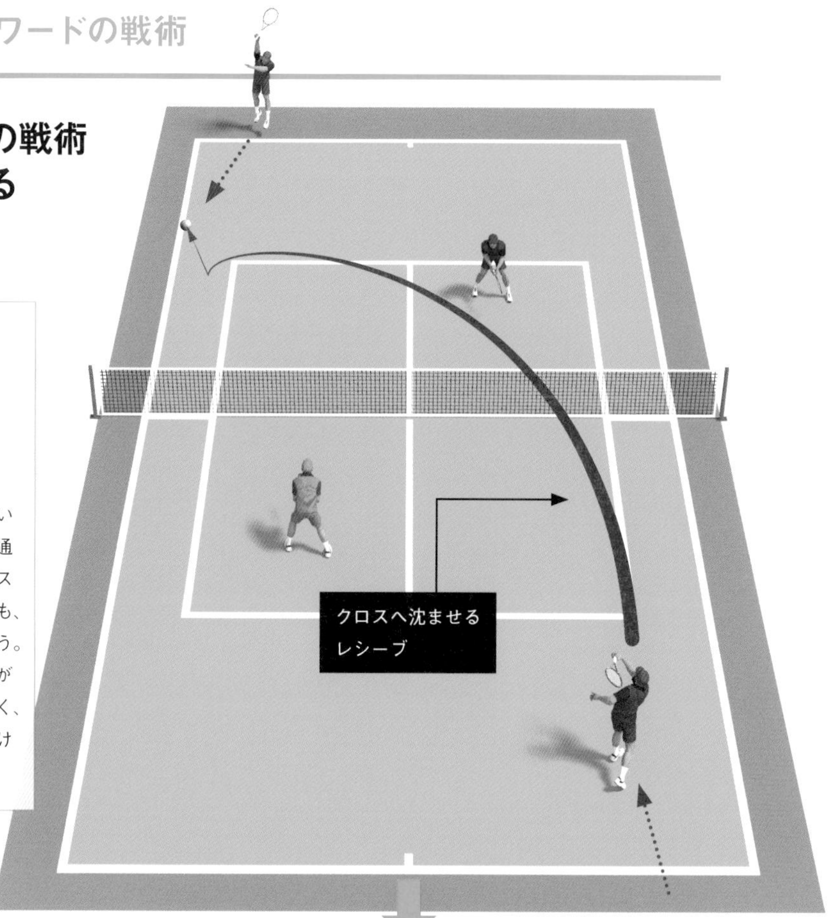

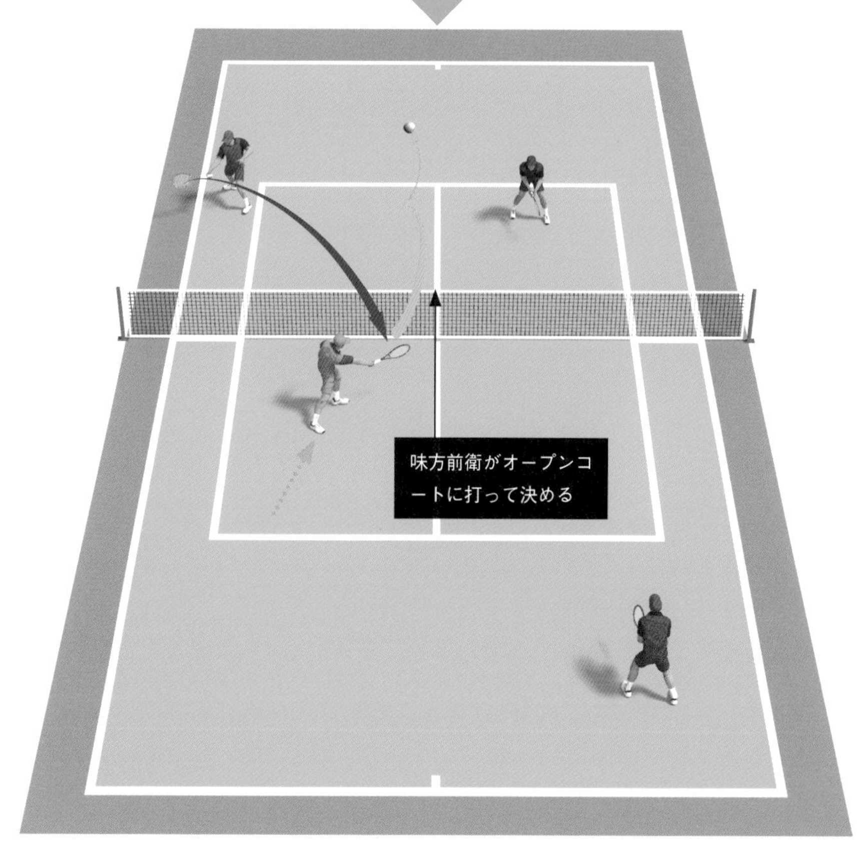

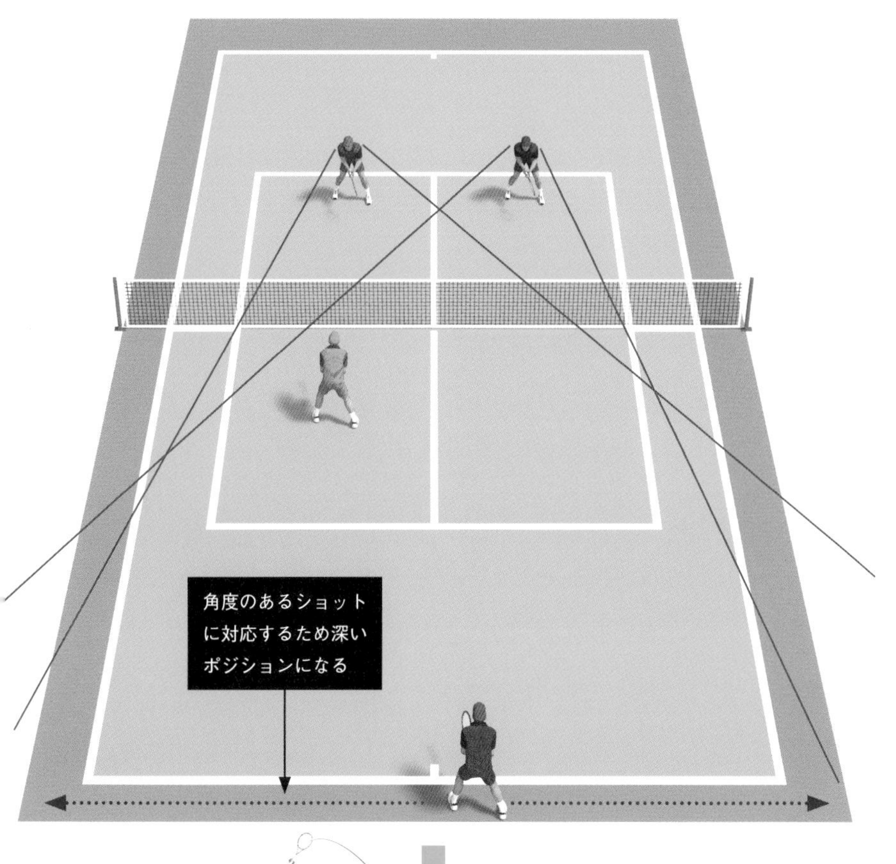

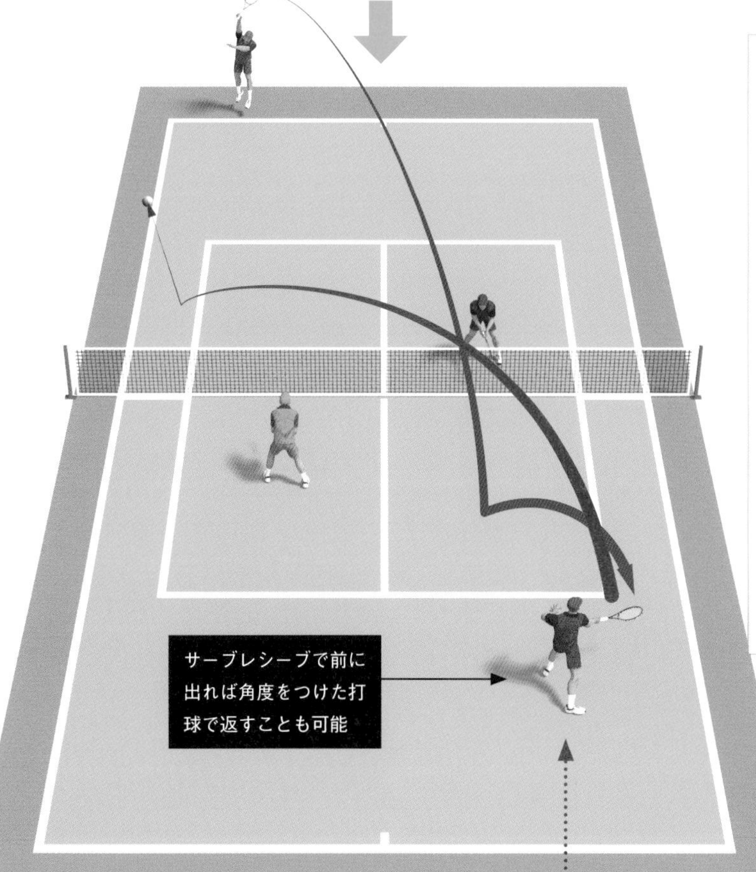

ラリーが長くなると雁行陣は不利になる

ラリーが長くなると、雁行陣側は返球するので精一杯となり、追い込まれることが多くなる。というのも、後衛はダブルフォワードの角度のあるボレーや深いスマッシュなどを追いかけなければならないため、コート深くにポジショニングせざるを得なくなるから。相手がサービスエリアに打ってくるとわかっているレシーブ時には、コートの前方から打つことができるため、レシーブ時には角度をつけた打球でボールを落とすこともできるので、仕掛けるタイミングとしてはレシーブ時がチャンス。ダブルフォワードと対戦する雁行陣側は、できるだけ早く仕掛けたいところ。

18 対ダブルフォワードの戦術～ロブで頭上を抜く

意外と難しい対ダブルフォワードへのロブテクニック

対ダブルフォワードというと、相手の頭上を抜いていくロブが効果的かと思いがちだが、ダブルフォワードのポジションにいる相手に取られないように、さらにコート内にきっちり収めるロブを打つのは実はかなり難しいもの。雁行陣の前衛はネットにかなり近い位置にポジショニングしているため、その前衛の頭上を抜くロブとしてはネット上に軌道の頂点がくるような曲線のロブを打てばOKだが、ダブルフォワードの陣形ではネットプレーヤーの２人はネットからやや離れて立っている。そのため、対雁行陣と同じようなロブでは簡単にたたかれてしまうのだ。ロブでしっかり高さを出し、一度相手を後ろへ追いやるのも一つの手段だ。その場合は、必ずしもベースライン手前１mに収める必要はない。

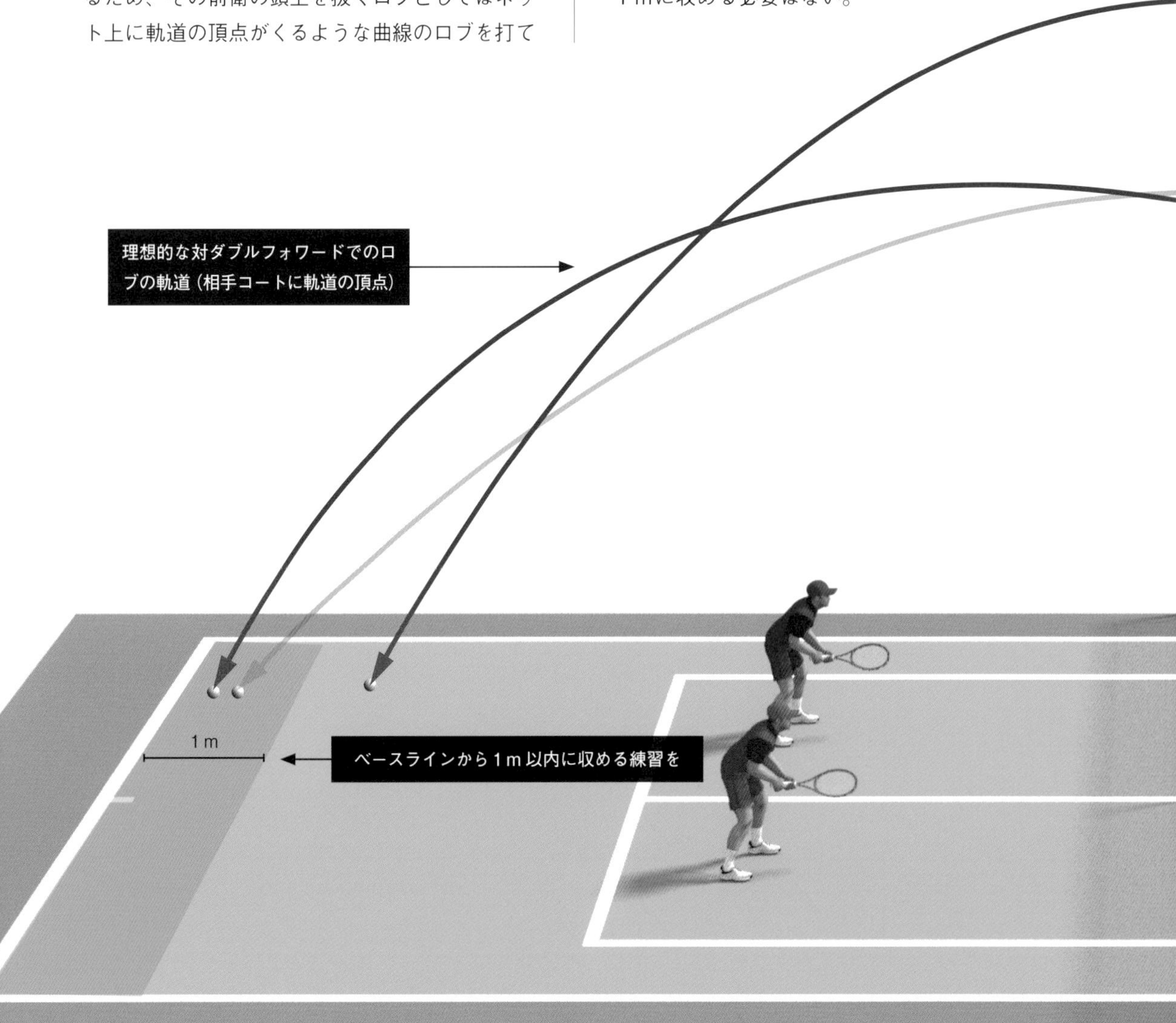

軌道の頂点を相手側のコートに作るイメージ

対ダブルフォワードのロブでは、山の頂点を相手側のコートにつくり、かつアウトしないように頂点までいったあと、ストンと落ちるような軌道になるのが理想。物理的にこの起動は難しいとしても、イメージはこのようなロブならダブルフォワードでも決めることは難しい。

高さを出すロブ。ベースライン1m以内に収めなくてもよい

対雁行陣でのロブの軌道（ネット上に軌道の頂点）

19 対ダブルフォワードの戦術〜足元をねらう

足元に沈めることで、相手ボレーが浮きやすくなる

頭上をねらうロブと織り交ぜて使いたいのが、足元に沈むショット。ダブルフォワードに対して、上か下か的を絞らせないように散らせることが大切。ドライブ回転をかけて足元に沈める、相手の足元に沈めることで相手のボレーが浮きやすくなり、次にチャンスがやってくる。浮いたボールに対しては、すかさず前衛が決めにいこう。

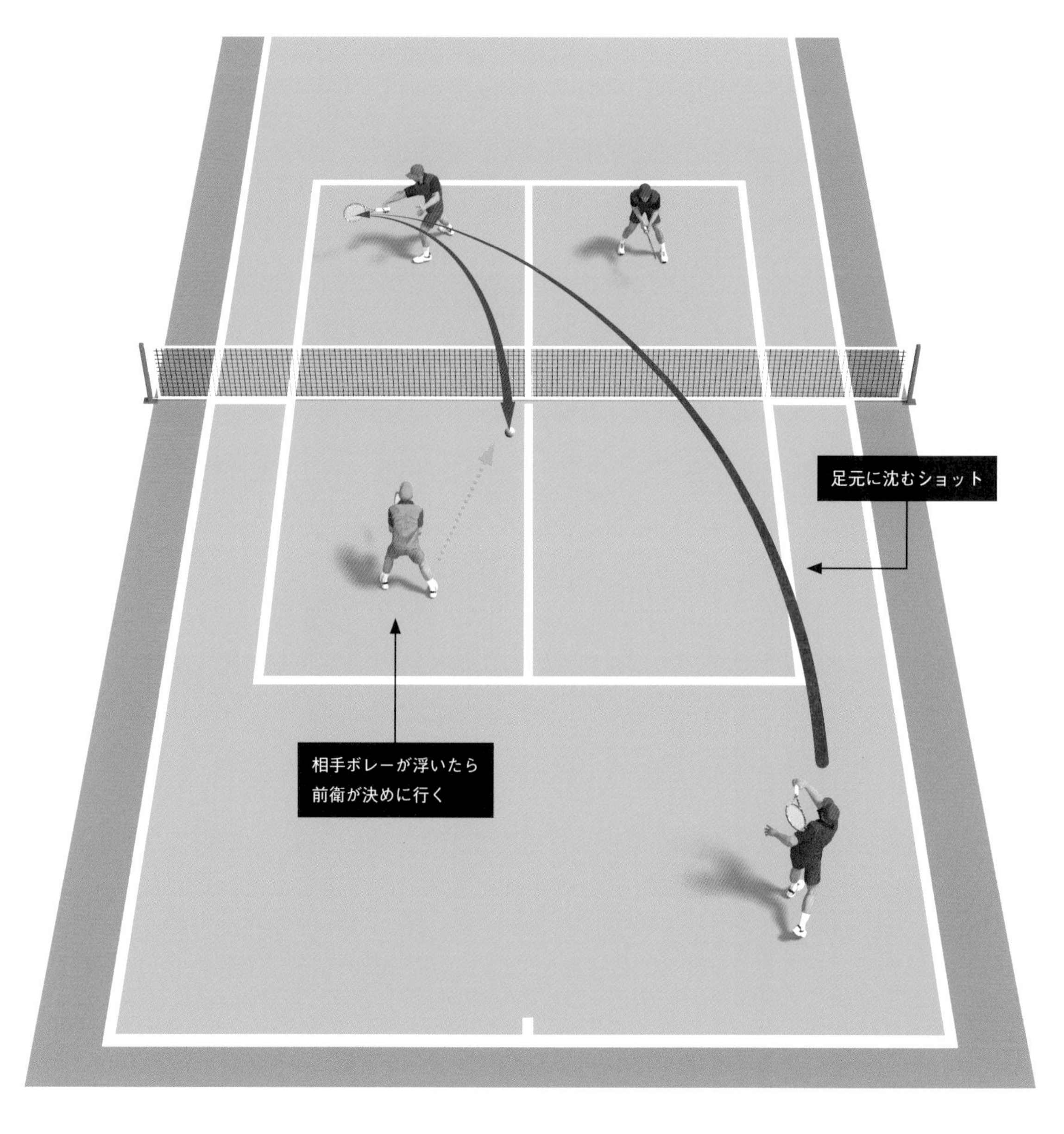

さまざまな陣形を取る相手に、柔軟に対応してきた
中堀／高川経生のペア。常に進化を遂げてきた

20 対ダブルフォワードの戦術〜その他

前衛が下がって、ダブル後衛の形でしのぐ

２人のプレーヤーがネットへ詰めて決めにくるダブルフォワードに対して、１人の後衛で対応するのが難しい場合は、前衛もベースラインに下がって2人で、ともにストロークで対応するダブル後衛のスタイルを取るのが一般的な対策だろう。ロブを打ったりストロークでしのいだりと、我慢強さが必要になる。ただし、この場合は前衛側にボールを集められやすいため、前衛もストローク力が必要とされるだろう。

後衛がネットへ詰めて、あえてダブルフォワード対決に

一般的に雁行陣ペアがダブルフォワードと対戦する場合、ダブル後衛になってしのぐという作戦をとることが多いように思うが、あえて後衛が前へ詰めて、自分たちもダブルフォワードに近い陣形にすることで勝機を見出せることもある。ダブル後衛をした場合、相手のダブル前衛に対して距離が遠い分だけ時間的余裕を与えてしまうことが考えられる。そこで自分たちもダブル前衛のスタイルを取ればラリーのテンポが速くなり、相手が対応しづらい（慣れていない）ことがあるので作戦の一つとなる。

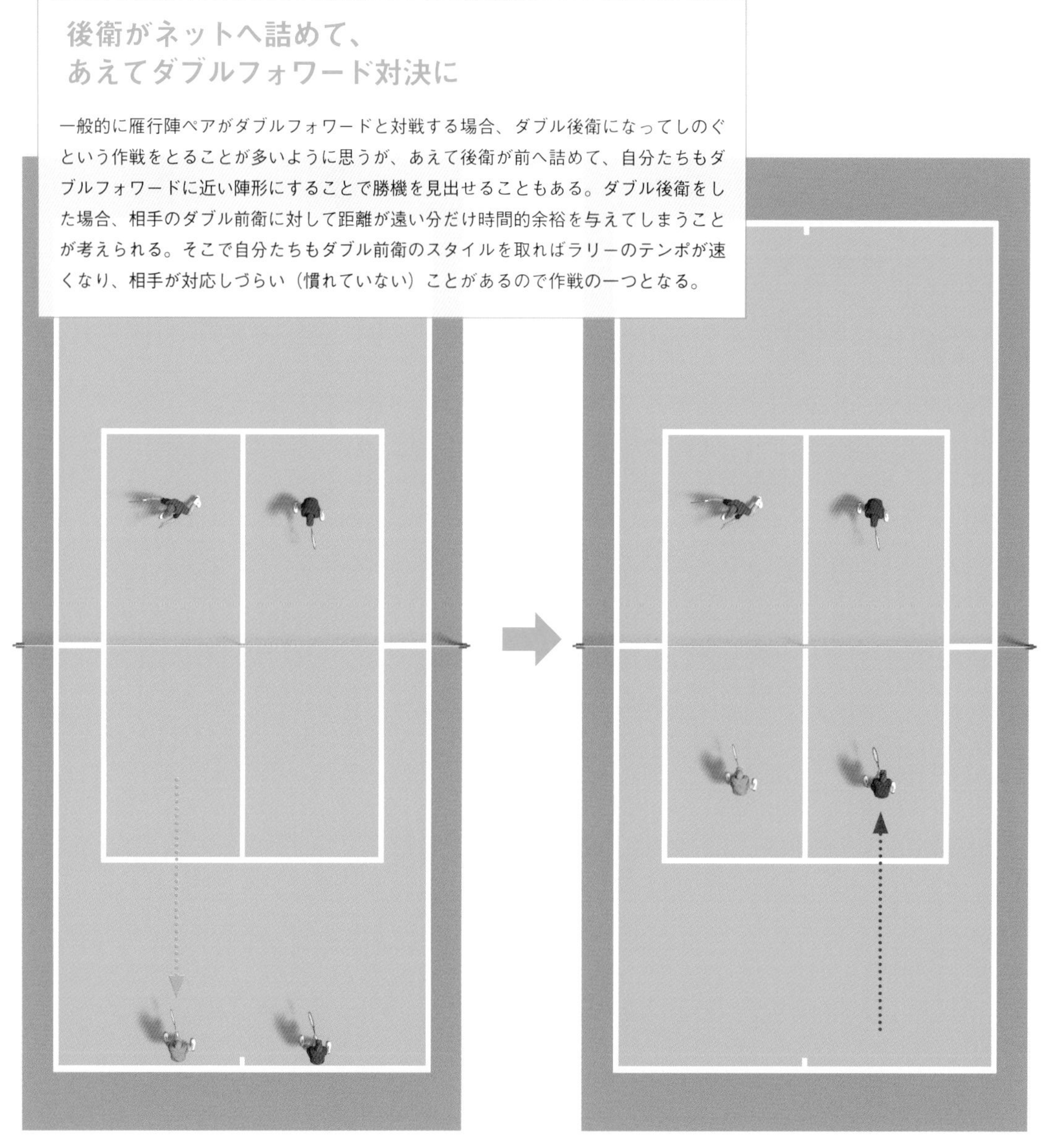

中に寄せて、サイドに オープンコートをつくる

ダブルフォワードに対して、ダブル後衛がストロークで揺さぶるとしたら、基本的にはセンターに配球し、相手ペアを寄せておいて、外（両サイド）をあけさせるというのが一般的な考え方になるだろう。

緩急をつける

攻撃的にプレーするダブルフォワードに対して、ダブル後衛はどうしても“打たされる”感が強くなり、相手に主導権を握られがち。できるだけ単調にならないように、ボールの高低とともに緩急もつけられるといいだろう。ドライブで打ち込むだけでなく、ツイストで落とすなど回転も変えられると、相手に的を絞らせにくい。

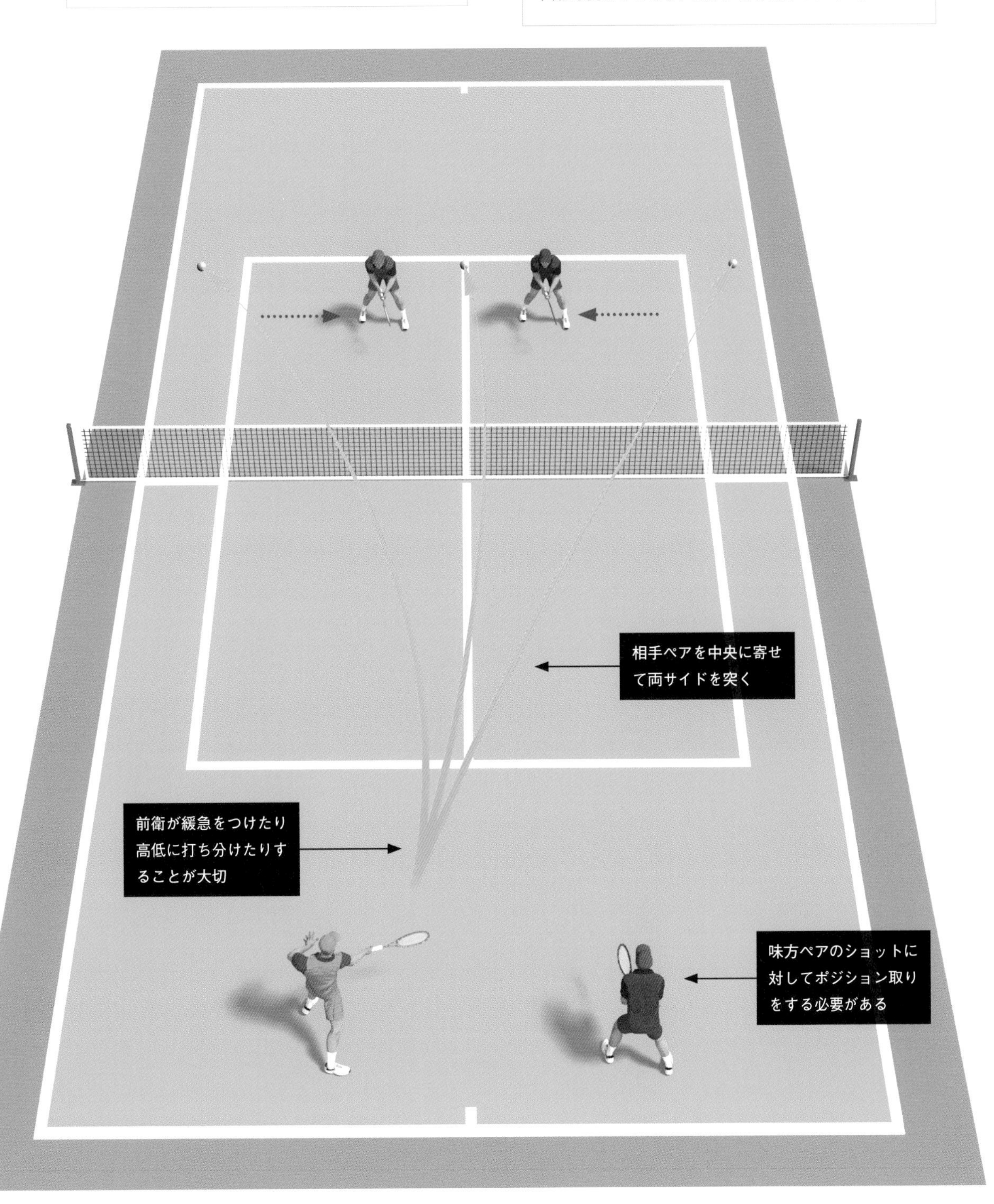

20 対ダブルフォワードの戦術～その他

相手がダブルフォワードになった場合、雁行陣はダブル後衛になってしのぐことが多くなるが、この場合でもロブだけでなく、シュートボールを打つことが必要になってくる（P66～69参照）。クロス側の選手へシュートボールを打って、相手にローボレーで返球させる。浮いたボールが返ってきたら、すかさず前衛がねらいにいこう。

クロス側の選手へシュートボールを打ってローボレーで返球させる

シュートボール

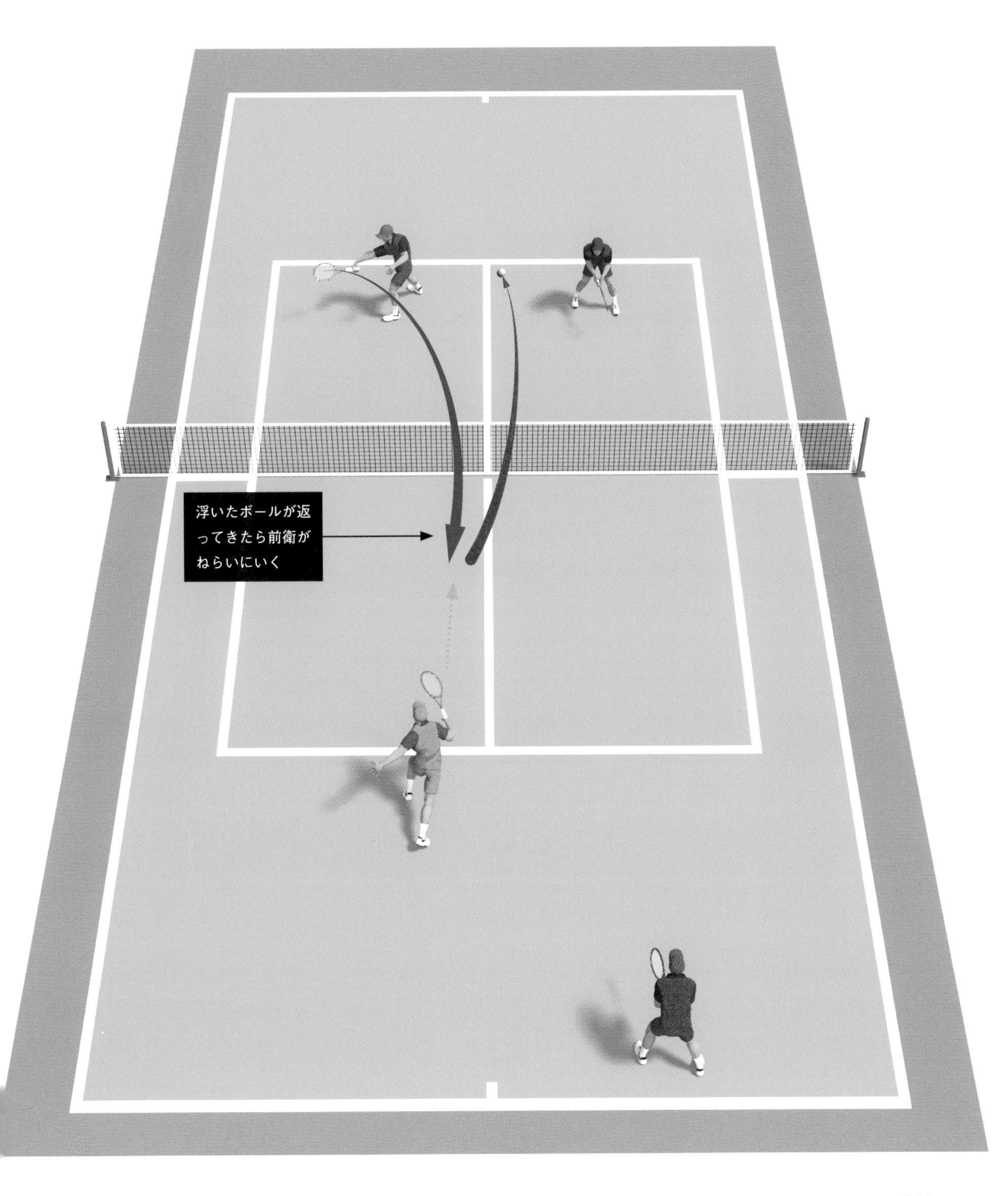
浮いたボールが返
ってきたら前衛が
ねらいにいく

21 ダブル後衛と対戦する

ダブル後衛は、ダブルスペアの２人がベースラインに下がってストロークを打つ陣形。ペアの両プレーヤーともグラウンドストロークを打つため、粘り強さが武器である一方、ポイントを決めきる決定力に欠けるという側面がある。このため、ラリーが長くなるのが特徴だ。一般的に前衛のテクニックやパワーがまだ未熟な小・中学生など、低年齢の女子ペアはこのスタイルを使うことが多くなるが、もちろん男子もダブルフォワード対策の一つとして使うこともある。

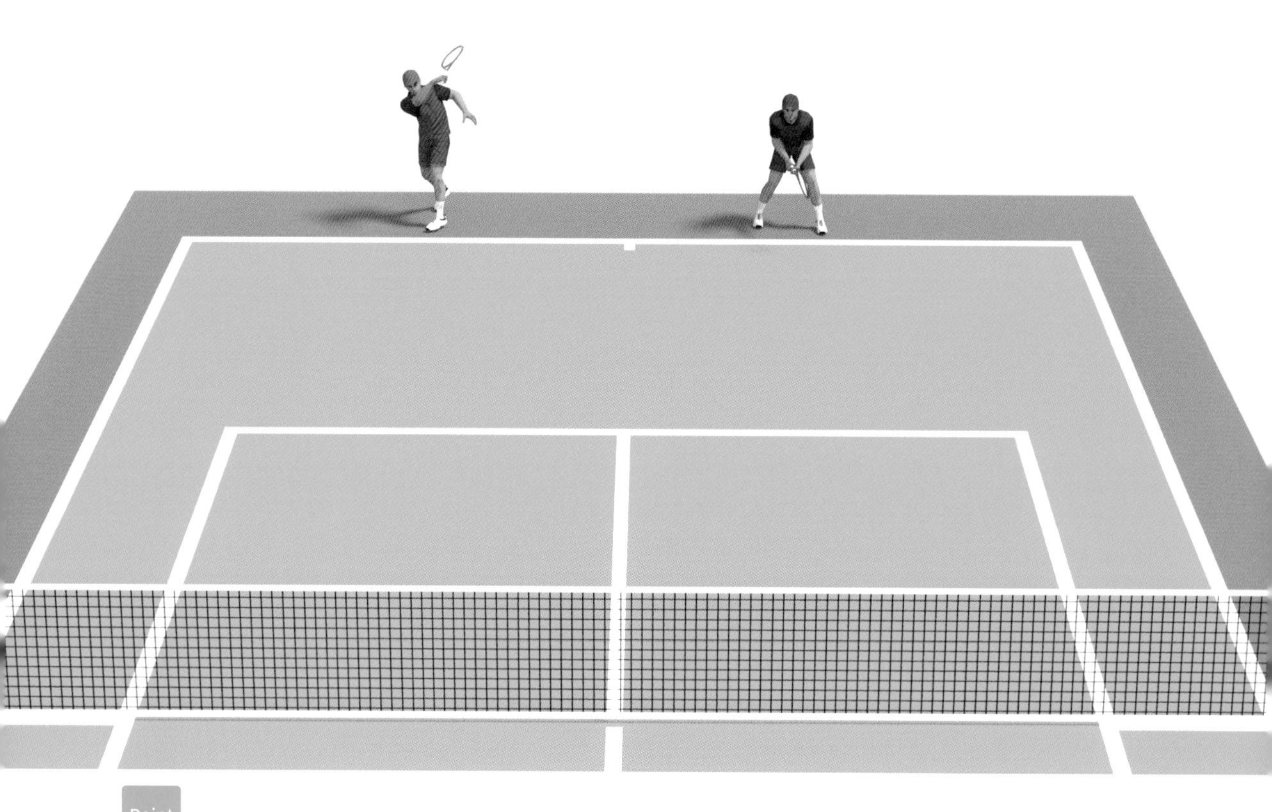

Point

なぜ小・中学生の女子はダブル後衛が強いか

小学生、中学生くらいの女子選手では、身長もまだ低く、前衛の位置でボールを触ることが難しかったり、速い打球に追いつかなかったりする。そのため、雁行陣では、後衛ばかりが動かされるという状況に陥りがちで、ダブル後衛を相手にした場合、１対２の打ち合いになってしまう。当然、２側のダブル後衛のほうが強くなる。

22 雁行陣でダブル後衛を崩す

2対1になるように弱いほうを攻める

自分たちが雁行陣でダブル後衛を相手にした場合、作戦はシンプル。雁行陣２人で、どちらか1人を攻めるように意識するのだ。そのとき当然、攻めるべきは「力が劣っている」と判断したほうのプレーヤーとなる。後衛が「こちら側の選手に打つ」と決めていれば、前衛は当然ポジションを取りやすくなる。

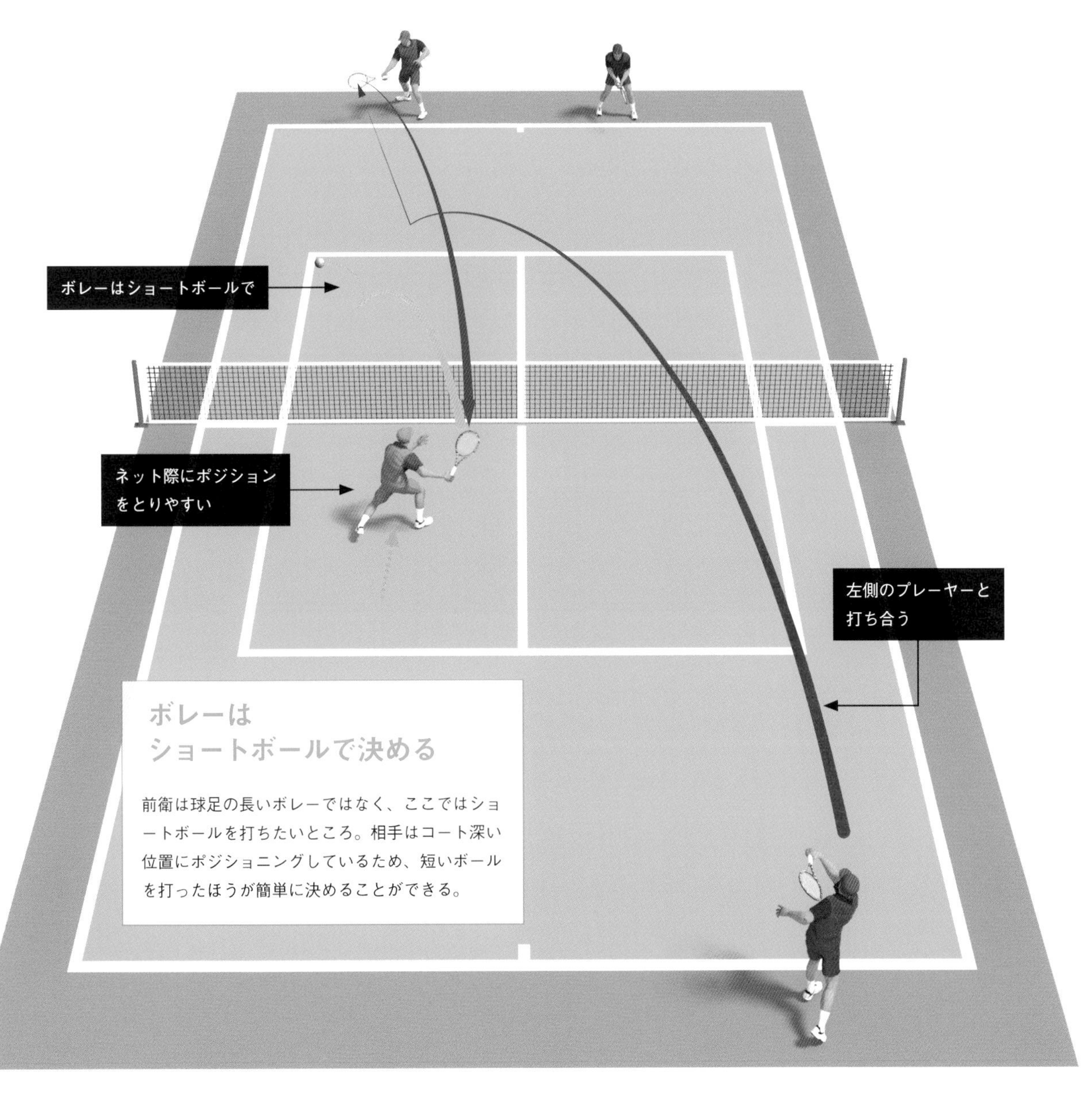

ボレーは ショートボールで決める

前衛は球足の長いボレーではなく、ここではショートボールを打ちたいところ。相手はコート深い位置にポジショニングしているため、短いボールを打ったほうが簡単に決めることができる。

22 雁行陣でダブル後衛を崩す

ストレート展開にして、ストレートにストップボレーを決める

雁行陣がダブル後衛に対したとき、もっとも得点の確率が高いパターンとしては、ストレート展開が挙げられる。ロブでも構わないのでストレート展開にして、相手からの甘くなった返球を前衛が同じストレート側のネット側にストップボレーを落とす。

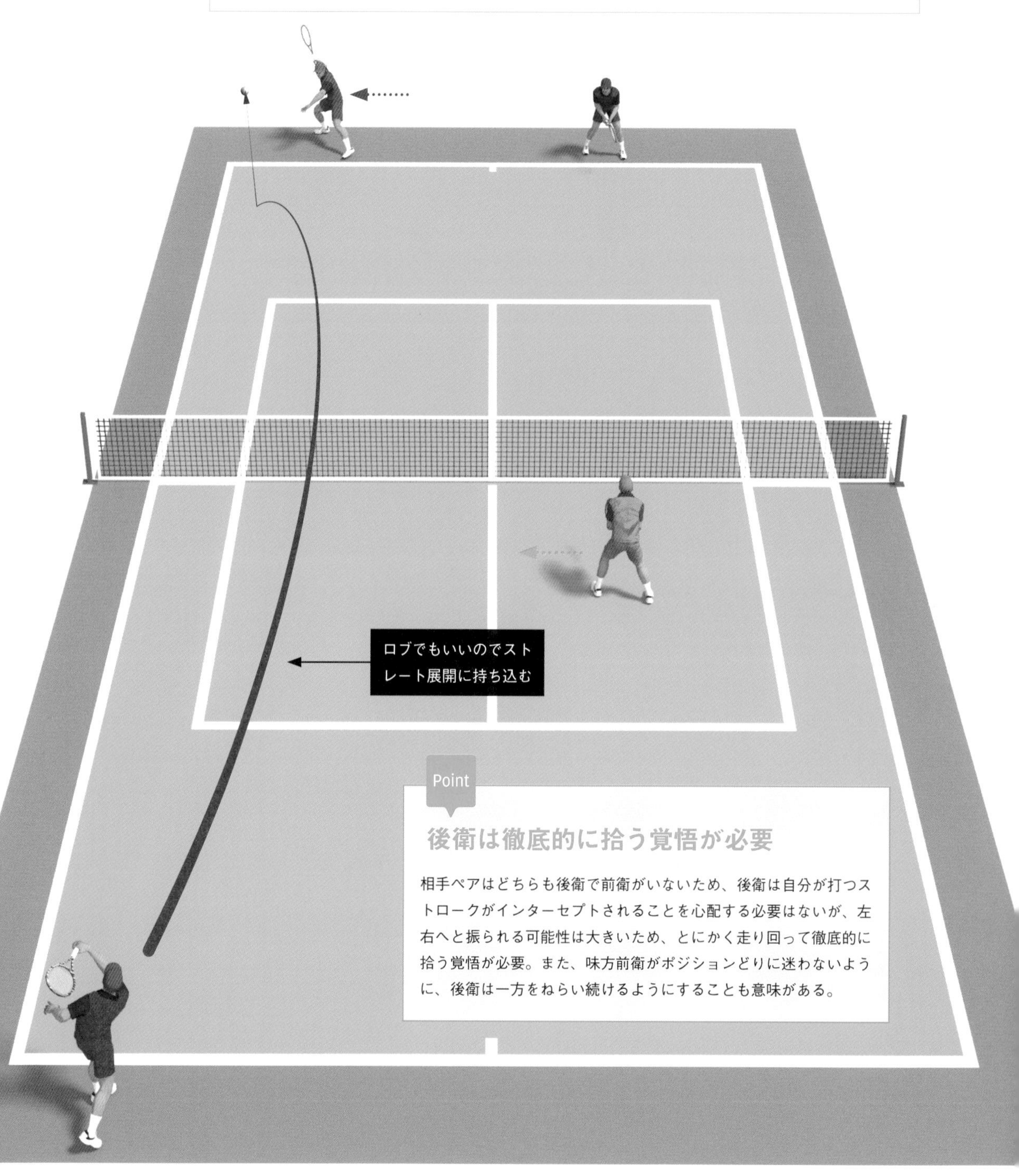

Point

後衛は徹底的に拾う覚悟が必要

相手ペアはどちらも後衛で前衛がいないため、後衛は自分が打つストロークがインターセプトされることを心配する必要はないが、左右へと振られる可能性は大きいため、とにかく走り回って徹底的に拾う覚悟が必要。また、味方前衛がポジションどりに迷わないように、後衛は一方をねらい続けるようにすることも意味がある。

Point

ゲームの中盤から後半で ねらう選手を変える駆け引きもあり

攻めるべきは「力が劣っている」と判断したほうのプレーヤーだが、例えば前半にその選手にボールを集めたら、もう一方の選手は試合の中でボールを打つ感覚をつかんでいないまま、ゲームの中盤を迎える。駆け引きの一つとして、中盤から後半にねらう選手を変えるのもありだろう。突然来たボールに対して強く打つのは難しく、ロブで対応せざるを得ないことも多いものだ。

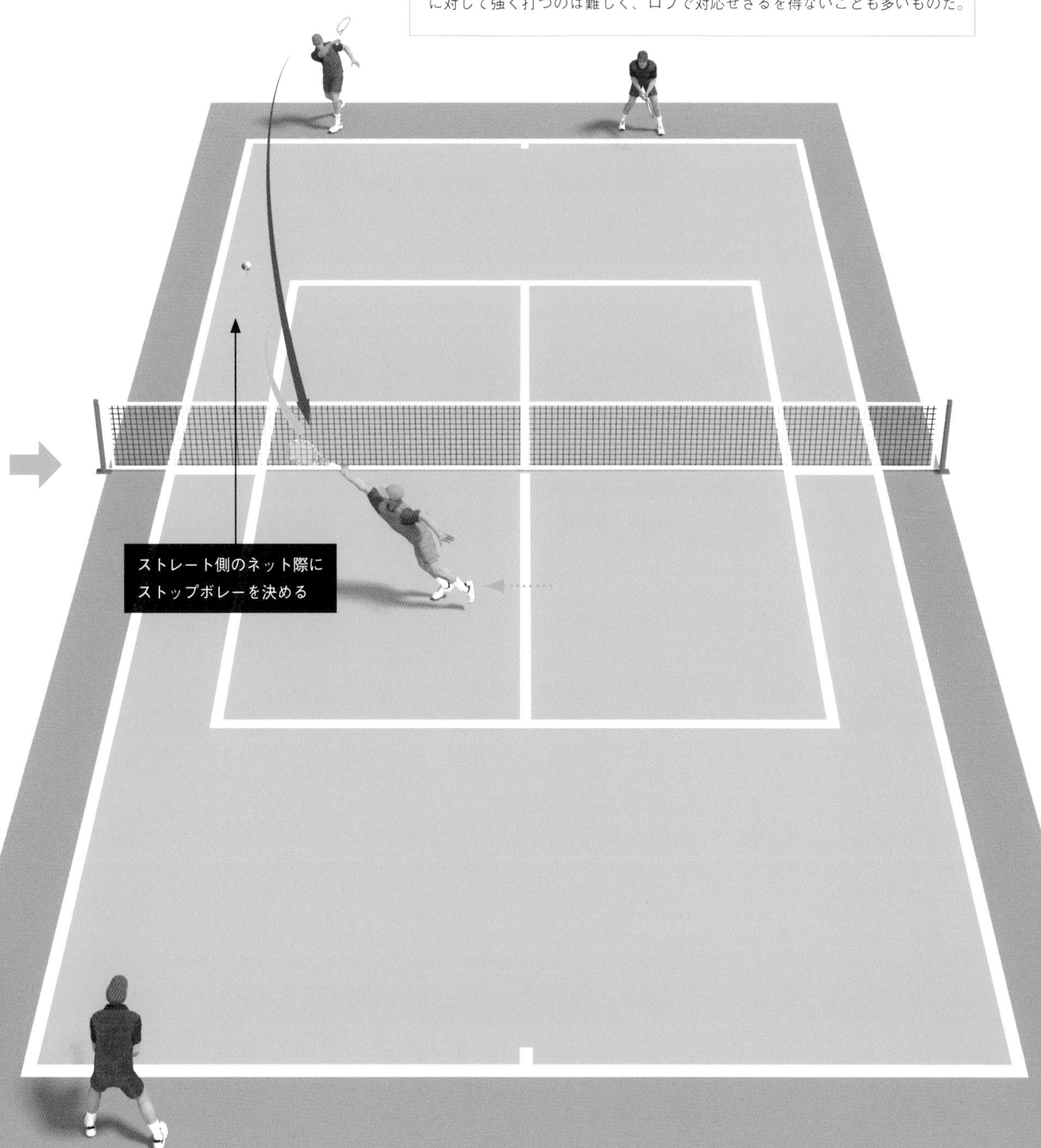

22　雁行陣でダブル後衛を崩す

ショートボールで前に出させる

女子のダブル後衛ペアに対しては、ショートボールで前に出させるのも効果的。ダブル後衛になるということは、基本的にはボレーが苦手というプレーヤーが多いもの。ショートボールで前へ引きずりだし、返球をその選手のほうへロブを上げる。もちろん、相手ペアのもう一方の選手がカバーするはずだが、陣形を揺さぶることが可能となる。

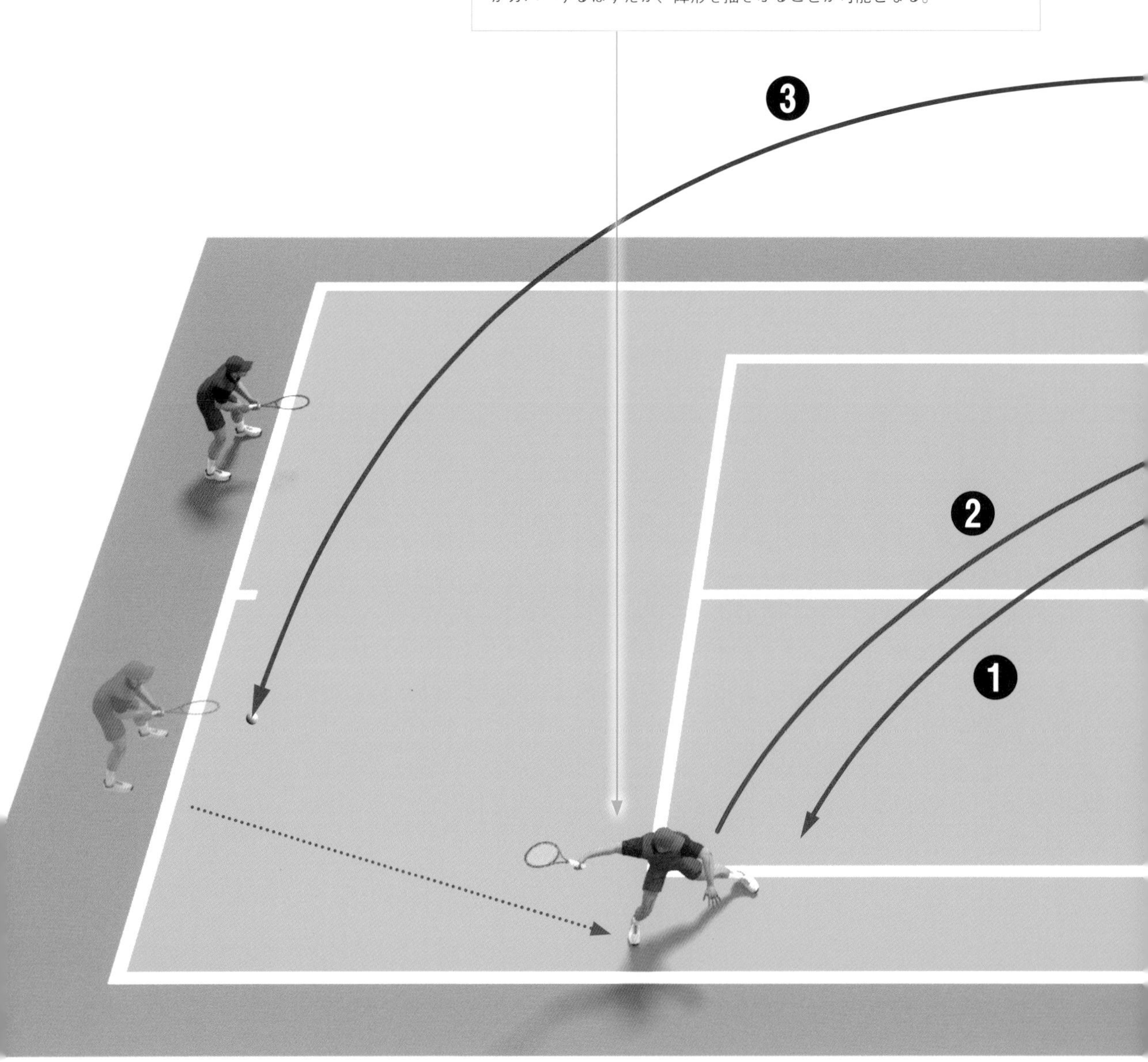

ショートボールの精度を上げる

このパターンを成功させるためには、ショートボールの精度を上げることが鍵になる。あまり緩く弾むような打球だと、相手にチャンスを与えることになってしまう。大きくバウンドさせないように、ツイストでショートボールにするのもいいだろう。その際も、最初から相手に「ツイストだ！」と悟られるようなショットを打つよりも、テークバックの段階ではドライブ回転か逆回転かわからないようにすると、相手の出足を遅れさせることができる。

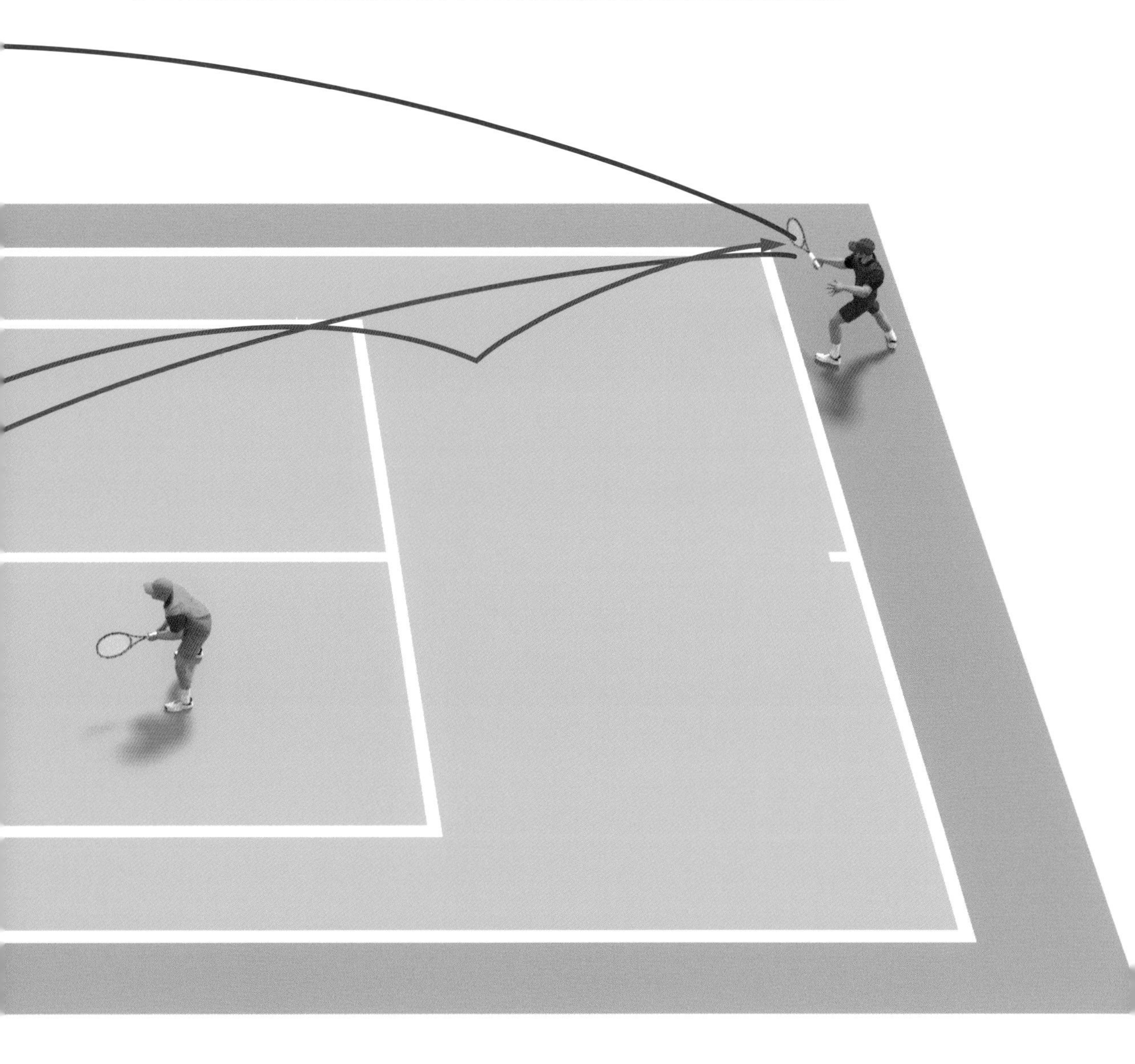

第3章
ダブルフォワードの戦い方

23 ダブルフォワードで戦う

第２章では雁行陣でダブルフォワードを相手にした場合の対応について解説したが、この章では、自分たちがダブルフォワードでプレーする際の戦術、戦い方を考えていこう。

基本ポジショニング

ダブルフォワードではペアの2人が前衛を行うが、2人でコートの各サイドをカバーするという考えから、雁行陣の前衛のポジションよりもややネットから離れた位置に立つのが一般的。ボレーをして相手がフォローしたのをまたボレーにいって決めるように攻撃的に攻めることができる

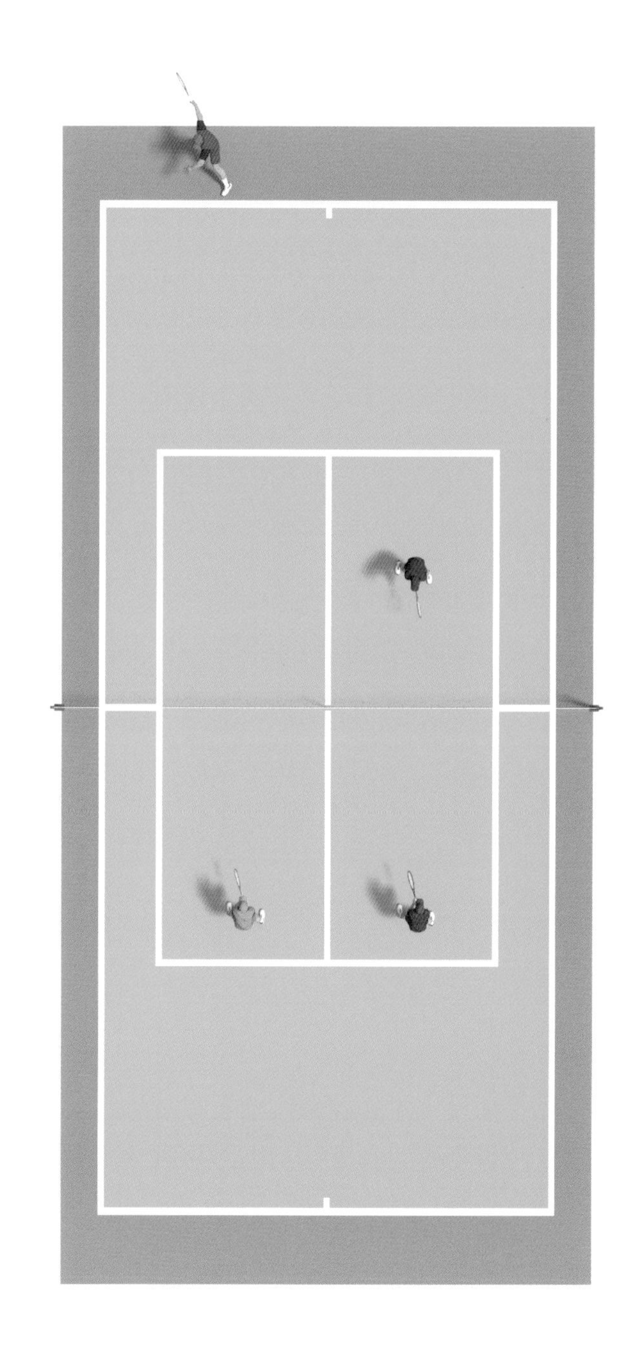

体の向き

ネットに詰めたということは、相手からの返球に早く対応しなくてはいけないということ。抜かれたら、フォローしてくれるプレーヤーはいない。ボールを打つプレーヤーに集中して注視しなくてはいけないだろう。ネットについたプレーヤーはネットに正対するのではなく、ボールを打つプレーヤーのほうに体を向けて、すぐに飛んできた打球に対応できるようにすることが大切。

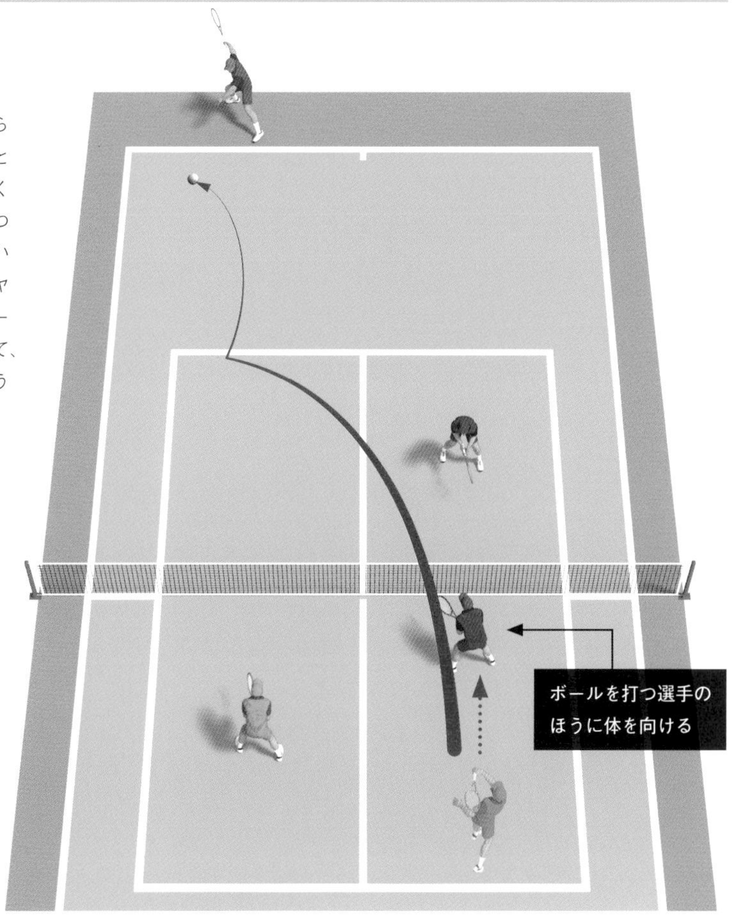

パートナーとのコンビネーション

ペアの両プレーヤーが前に詰めるダブルフォワードだが、どちらかがよりネットに詰めたら、もう一方のプレーヤーは少し下がってカバーに回る。ペアで連動して動かなければならない。例えば一度ボレーをしたあとに、そのまま前に詰めるのか、もしくは一度足を出してボレーしたあと、一歩後ろに下がって元のポジションに戻るのか。練習の中で、パートナーの動きを把握しておく必要があるだろう。ちなみに、ボレーしたあとに前に詰めていく動きができると決定力が上がるが、もう一方のプレーヤーがやや下がってカバーするというパートナーの連動が求められる。

どちらかがネットに詰めたらもう一方は下がってカバーに回る

24 ダブルフォワードのフォーメーションのつくり方

カットサーブを打って、前へ

自分たちのサービスゲームでは、雁行陣の陣形からサービスを打ってサーバーが前へ出ていく。相手に速く、鋭いレシーブを打たせないことを考えると、ダブルフォワードのフォーメーションをスムーズにつくるためにはカットサービスが適している。

カットサーブの効果

カットサービスは、強い回転をかけるためバウンド後に弾まず、スイング時のラケットの使い方によって弾む方向も違うため、レシーブが甘くなりやすい。打球が浮いてくるため、次に攻撃につなげやすくなる。

Point

サーバーのパートナーは、よりネットに詰めて相手にプレッシャーを！

レシーバーの球が甘くなりやすいということは、ここは得点のチャンス。なんとかカットサーブを返そうというレシーバーにプレッシャーをかけるためにも、サーバーのパートナーは、ここではネットに詰めてチャンスに備えるのが正解。サービスライン付近などに下がっているようでは、レシーバーにプレッシャーをかけることはできない。サーバーのパートナーが下がり気味のポジションをとっていたら、レシーバーは「どこにレシーブを返してもOK」という気持ちになるだろう。

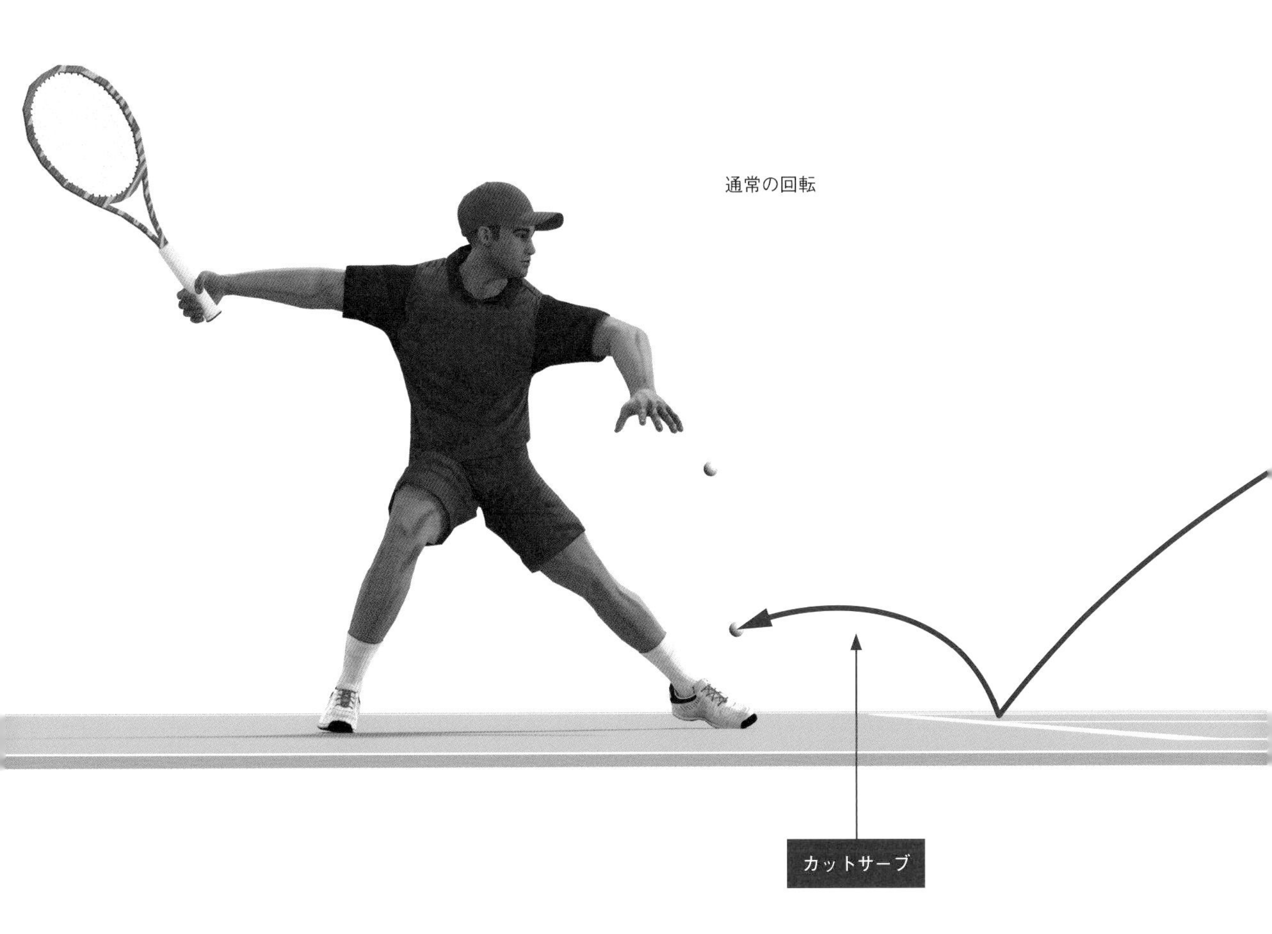

25 ダブルフォワードで雁行陣を攻め崩す

相手前衛を下げて、2対1のボレー対ストローク戦に

ダブルフォワードのフォーメーションで雁行陣ペアと対戦した場合、相手は早いテンポのボレーに徐々に押し込まれて、相手前衛のポジショニングが下がっていくことが多いもの。通常は雁行陣でプレーするペアでも、ダブルフォワードに対してはダブル後衛の状態で対応するというペアも多いだろう。そうなったら、あとは前衛側のプレーヤーをねらってボールを集めていこう。

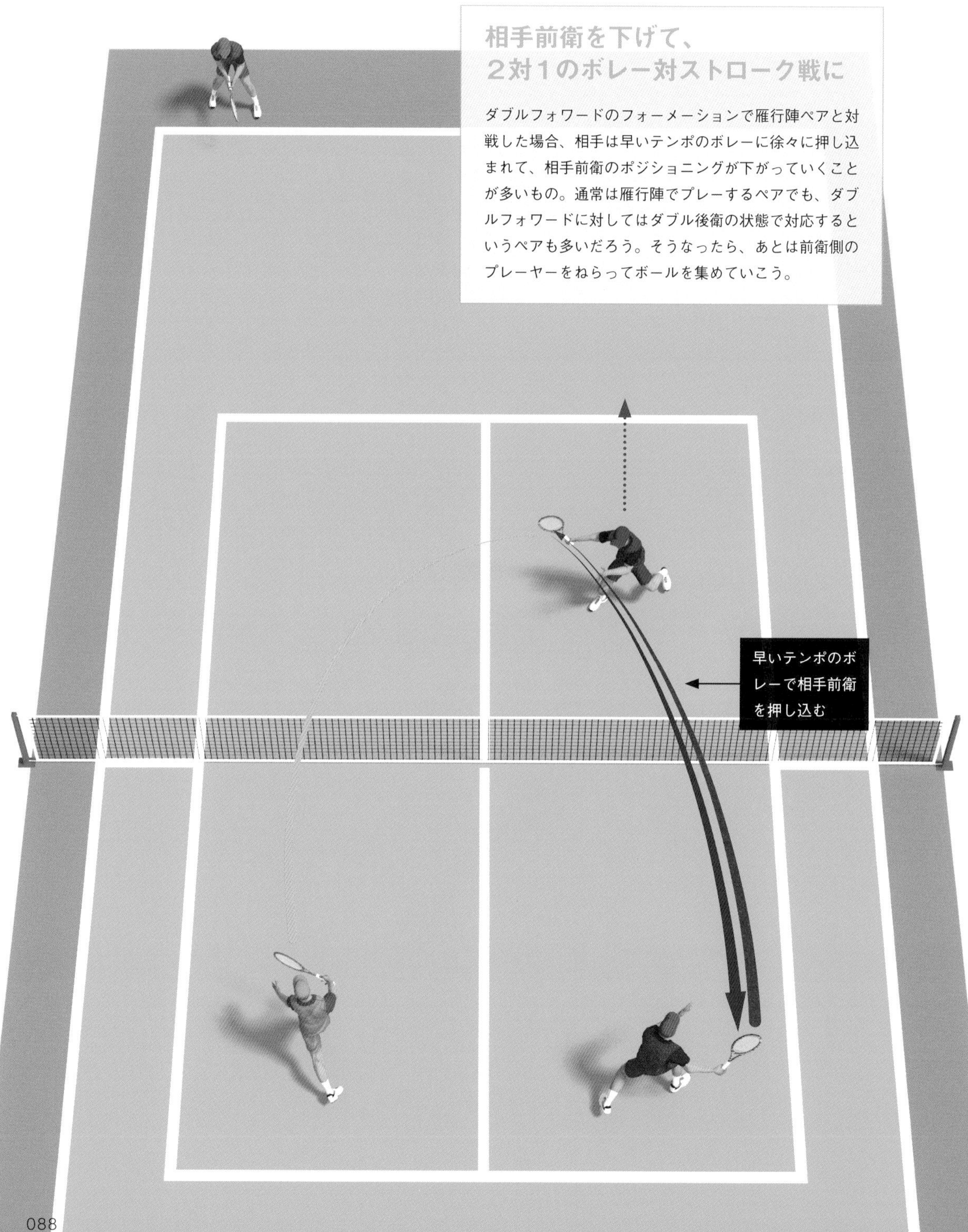

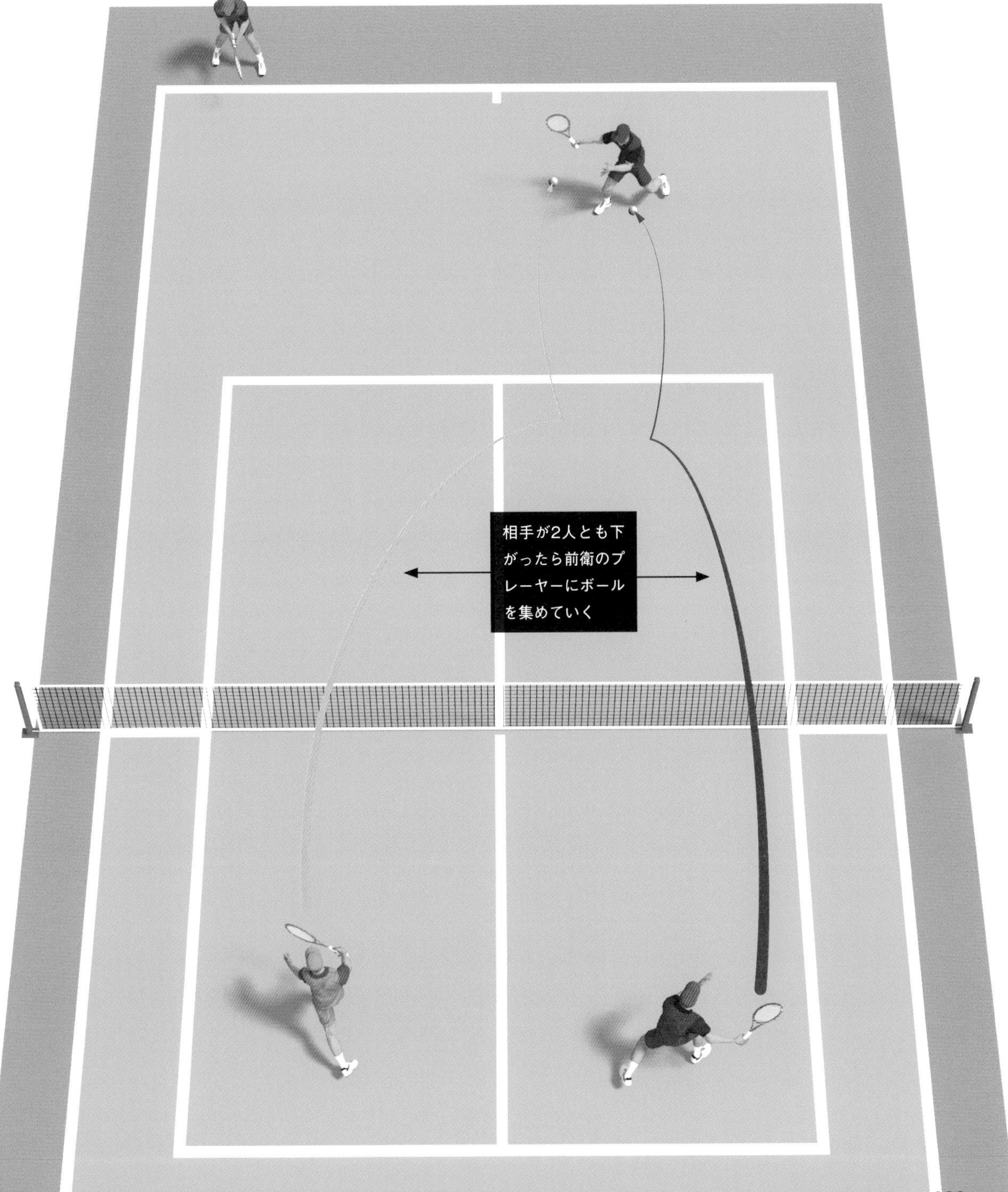
相手が2人とも下
がったら前衛のプ
レーヤーにボール
を集めていく

26 ダブルフォワード vs ダブルフォワードでの基本戦術

レシーブをショートクロスに振ってオープンコートを作り、戻ろうとするところで再度クロスへ

レベルが上がってくると、ダブルフォワード同士での対戦になることもあるだろう。自分たちがダブルフォワードでプレーしていても、同じダブルフォワードの陣形でプレーするペアとの対戦となると、経験していないとなかなか難しいものだ。ダブルフォワードのペアがダブルフォワードの相手と対戦する場合、レシーブが重要となる。

カットサーブに対して、どうレシーブするか

相手はカットサーブを打って前に出てくることが多いため、まずはそのカットサーブに対して、ミスをせずにレシーブすることが第一。そして、浮かせないようにすること。ネット際に立ったプレーヤー（サーバーのパートナー）がプレッシャーをかけてくるので、それに対してレシーブをどう返していくかが、ダブルフォワード同士が対戦した場合の鍵となる。

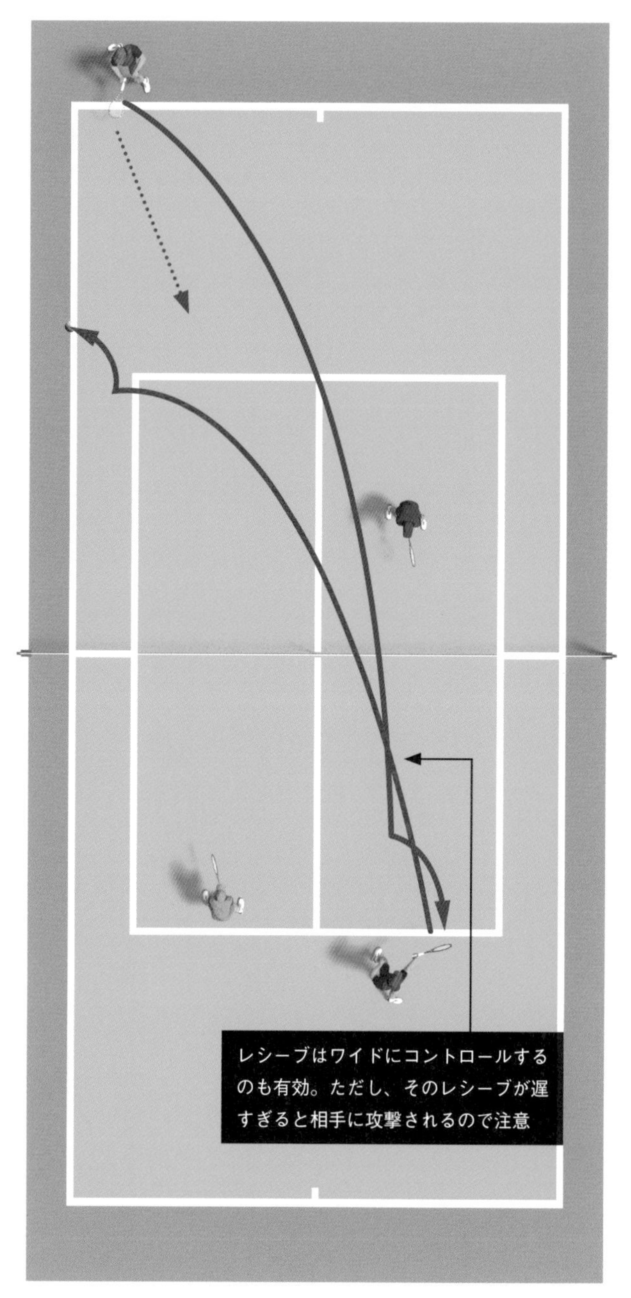

有効なのは ショートクロスへのレシーブ

サーバーのパートナーにとられないようにすることを考えると、レシーブはショートクロスへコントロールするのが正解だろう。ショートクロスにレシーブを打てば、サーバーを（サービスを打ったあと）ワイドに動かすことができるため、レシーバー側が有利に展開できる。

ショートクロス→クロスで、浮いてきた球をセンターへ

ショートクロスのレシーブでサーバーをサイドへ動かしてオープンコートを作ったあとは、相手が返球してセンターへ戻ろうとするところへ、逆をついて再びクロスへ。逆をつかれたところで浮いたボールが返球されてくる可能性は高いので、すかさずパートナーの前衛がオープンコートとなるセンターへ決めにいこう。

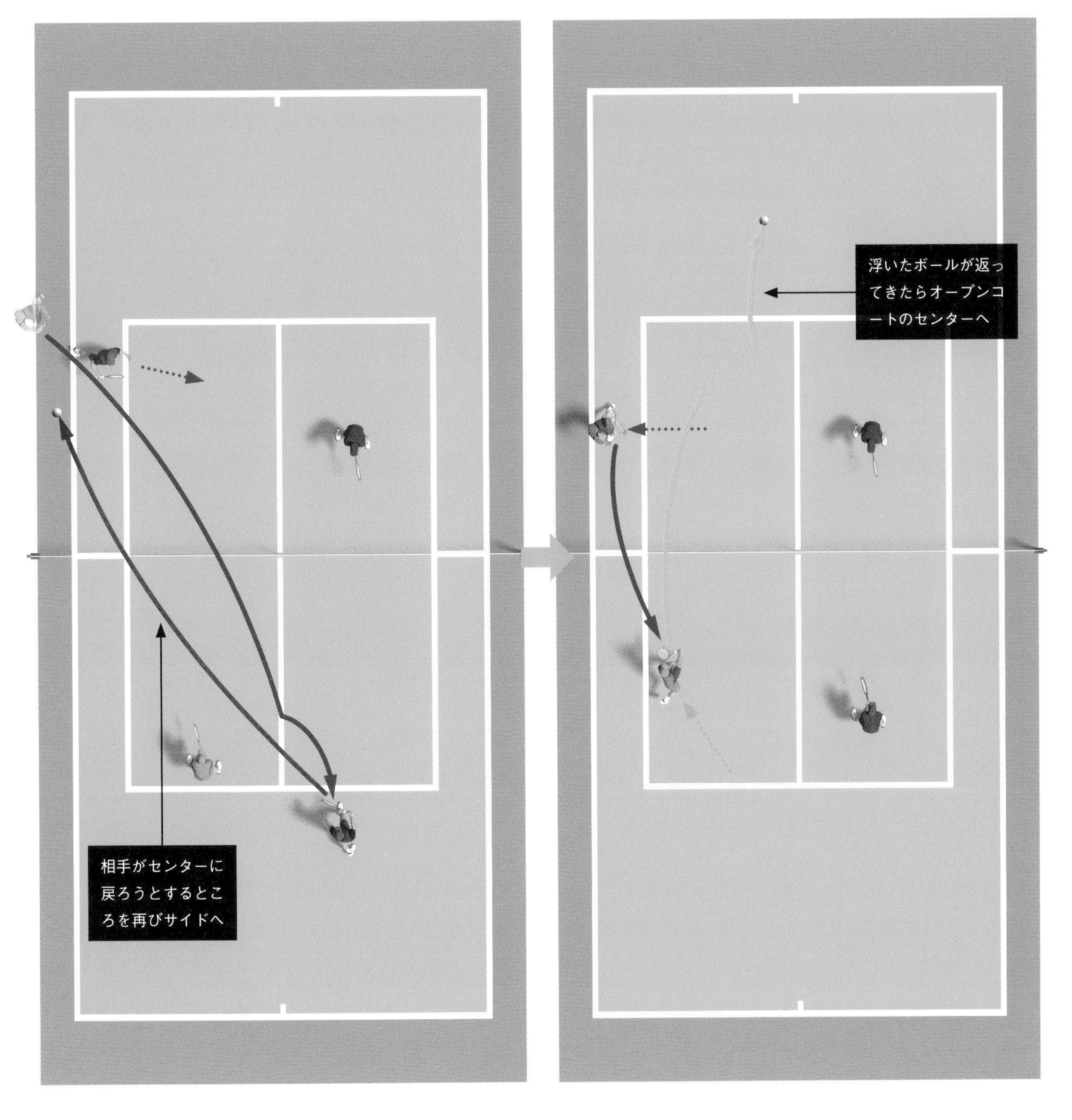

27 カットサーブの弾み方とレシーバーの立ち位置

右利きのカットサーブはレシーバーの左側に弾む

カットサーブは、ラケットでボールにアンダースピンをかけるサービスだ。右利きのプレーヤーがカットサーブを打つと、ネットを越えてバウンドしたあと、レシーバーの左方向に弾む。また、オーバーヘッドのサービスよりも弾み方が小さいので、レシーバーはかなり前にポジションをとる必要がある。サービスラインの後ろくらいと考えておけばいいだろう。レシーバーのパートナーは、レシーバーのポジションとの兼ね合いで、相手がサービスを打つ際には、レシーバーよりも若干後ろにポジションをとって、次に深いショットが来る場合に備える。なお、右利きプレーヤーでも逆カットサーブをしたら左利きの選手のカットサーブと似た弾み方をする。

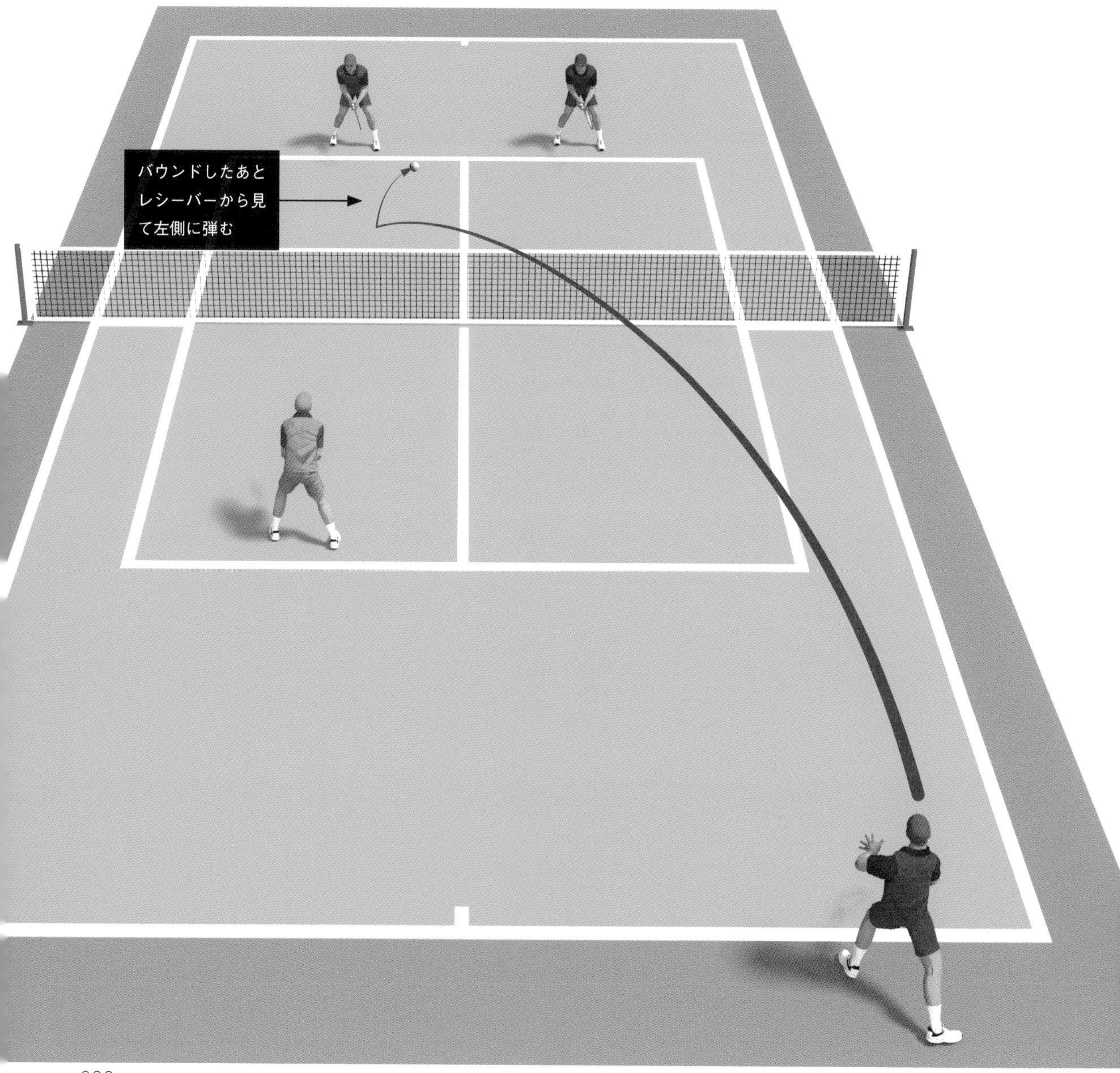

カットサーブを打つ相手に対して レシーバーは正クロスでは センター寄りに立つ

正クロスでは、レシーバーはセンターに寄るカットサーブがレシーバーの左方向に弾むということは、レシーバーはセンター寄りにポジショニングしておかなければならない。サーバーがカットサーブをセンターに入れてきた場合は、レシーバーはセンターラインをまたいでパートナー側のサイドに入りこむようなポジショニングをとる。

逆クロスサイドの レシーブでは サイド寄りに立つ

逆クロスからのカットサービスは、バウンド後ワイドへ切れていくため、レシーバーはサイド寄りにポジショニングする。サーバーがワイドにカットサーブを打ってきた場合は、レシーバーはコートのサービスサイドライン側に立つようなポジショニングをとる。

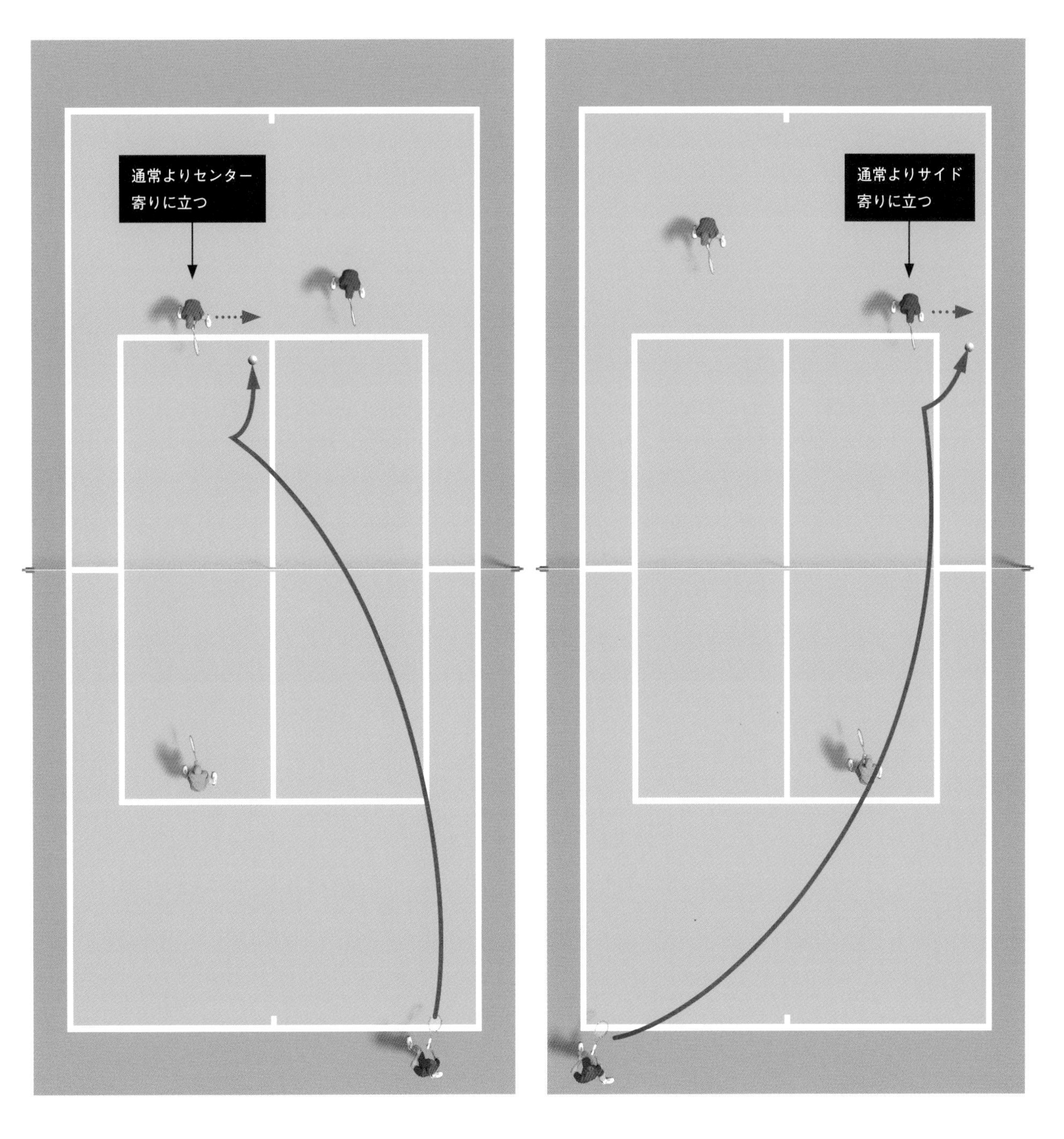

27　カットサーブの弾み方とレシーバーの立ち位置

左利きのカットサーブはレシーバーの右側に弾む

左利きのプレーヤーがカットサーブを打つと、右利きのプレーヤーとは逆の方向へ弾む。つまりネットを超えてバウンドしたあと、レシーバーの右方向に弾む。

カットサーブを打つ相手に対して レシーバーは正クロスでは ややサイド寄りに立つ

正クロスのとき、レシーバーはセンターに寄るカットサーブがレシーバーの右方向に弾むということは、レシーバーはサービスライン中央付近にポジショニングしておかなければならない。サーバーがカットサーブをサイド付近に入れてきた場合は、レシーバーはサイドに入りこむようなポジショニングをとる。

逆クロスサイドの レシーブでは センター寄りに立つ

逆クロスからのカットサービスは、左利きなのでバウンド後にセンターへ入ってくるため、レシーバーは左利きなのでややセンター寄りにポジショニングする。サーバーがセンターにカットサーブを打ってきた場合は、レシーバーはセンターに立つようなポジショニングをとる。

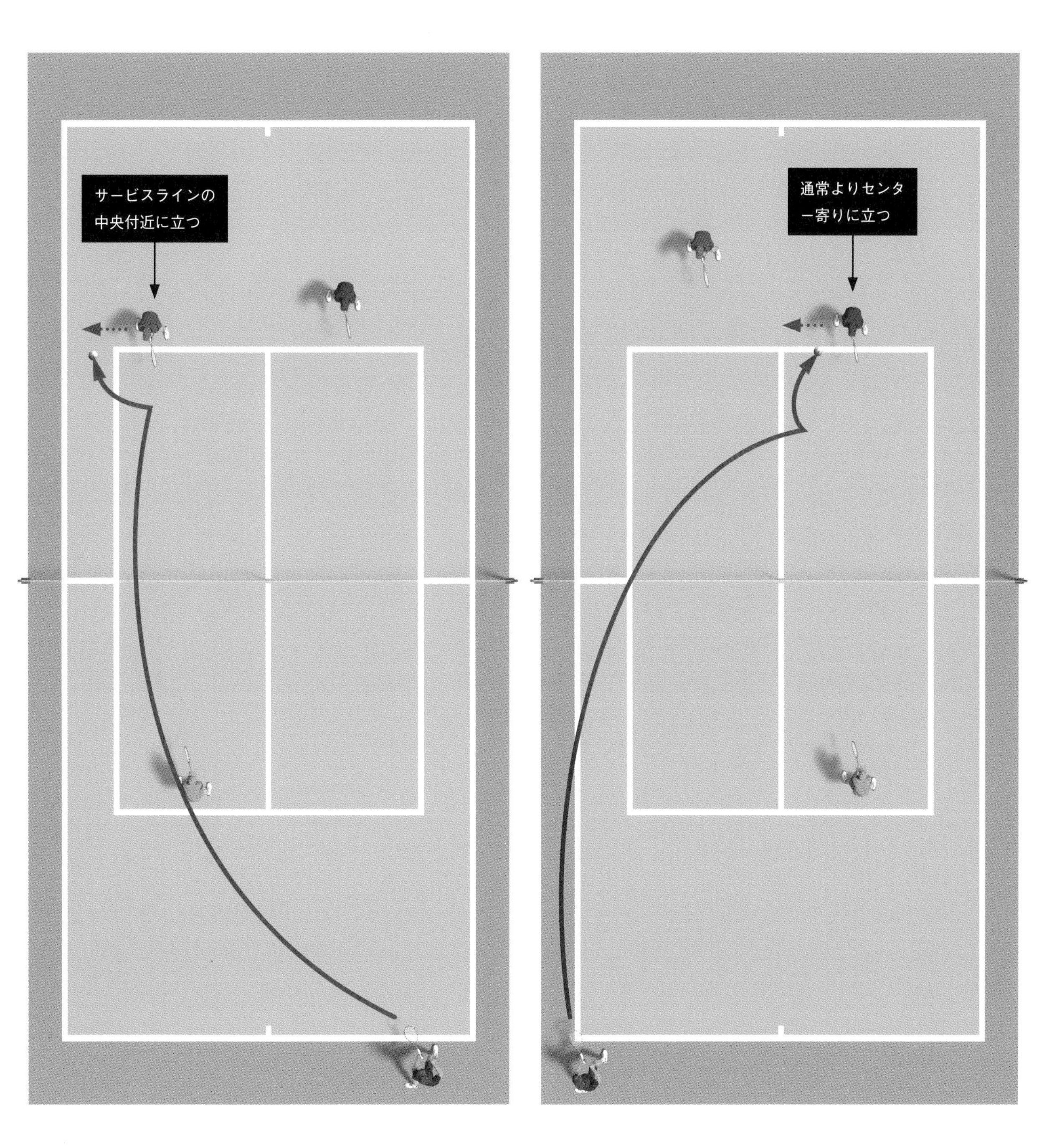

28 ダブルフォワードのサービスからの得点パターン

カットサーブをセンターに入れて、決める

カットサーブをセンターに入れると、相手レシーバーをセンターから逆サイドへポジショニングさせることができる。つまり、正クロスサイドに大きくオープンコートをつくることができるということだ。
サーバー側としては、ここで上がってきたレシーブをオープンコートに決めにいく。サーバーのパートナーがネットへ詰めてポーチをするのがもっとも確率が高いパターンだが、レシーブのコースによってはサーバーがネットへ詰めて決めにいってもいいだろう。

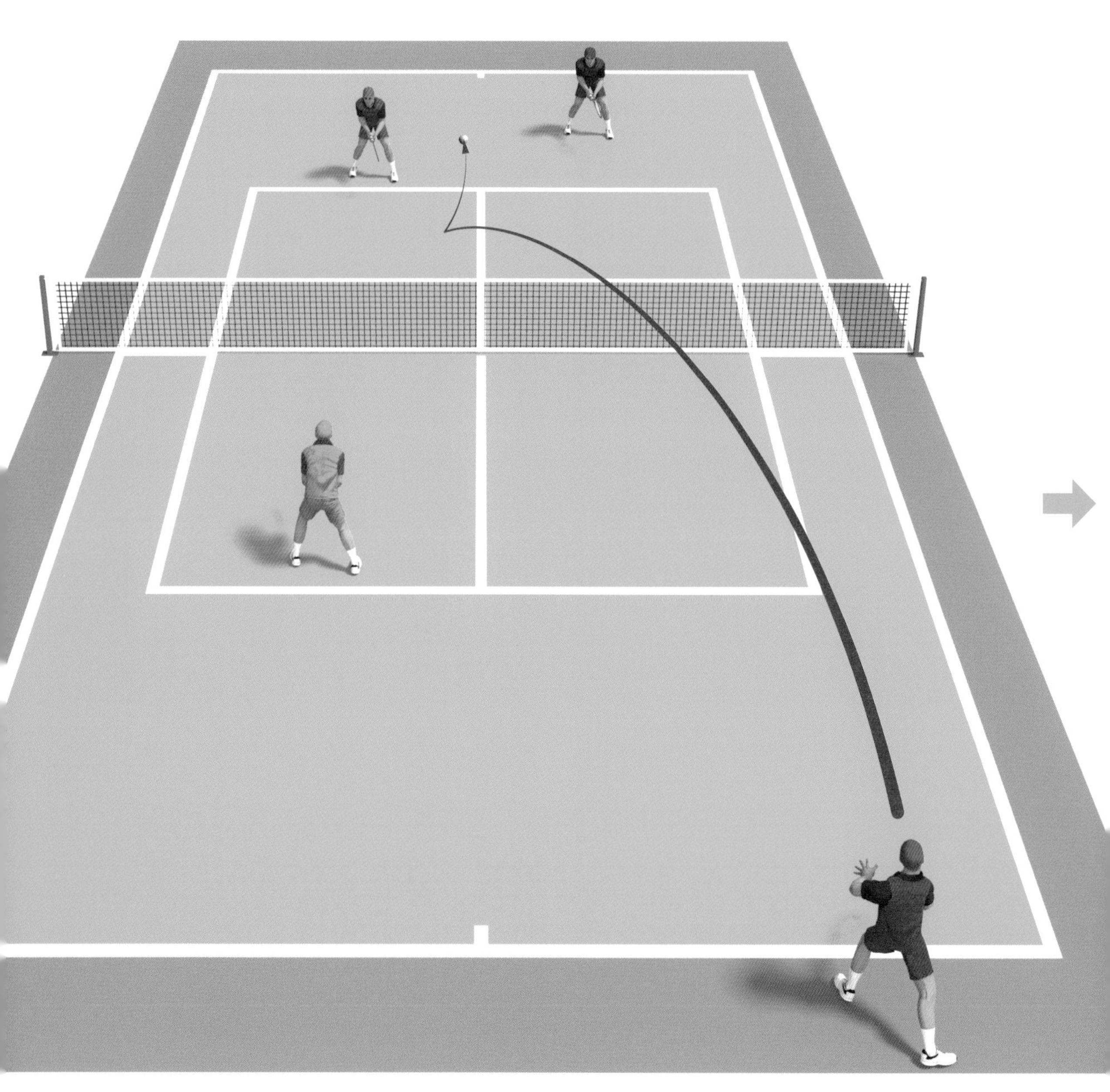

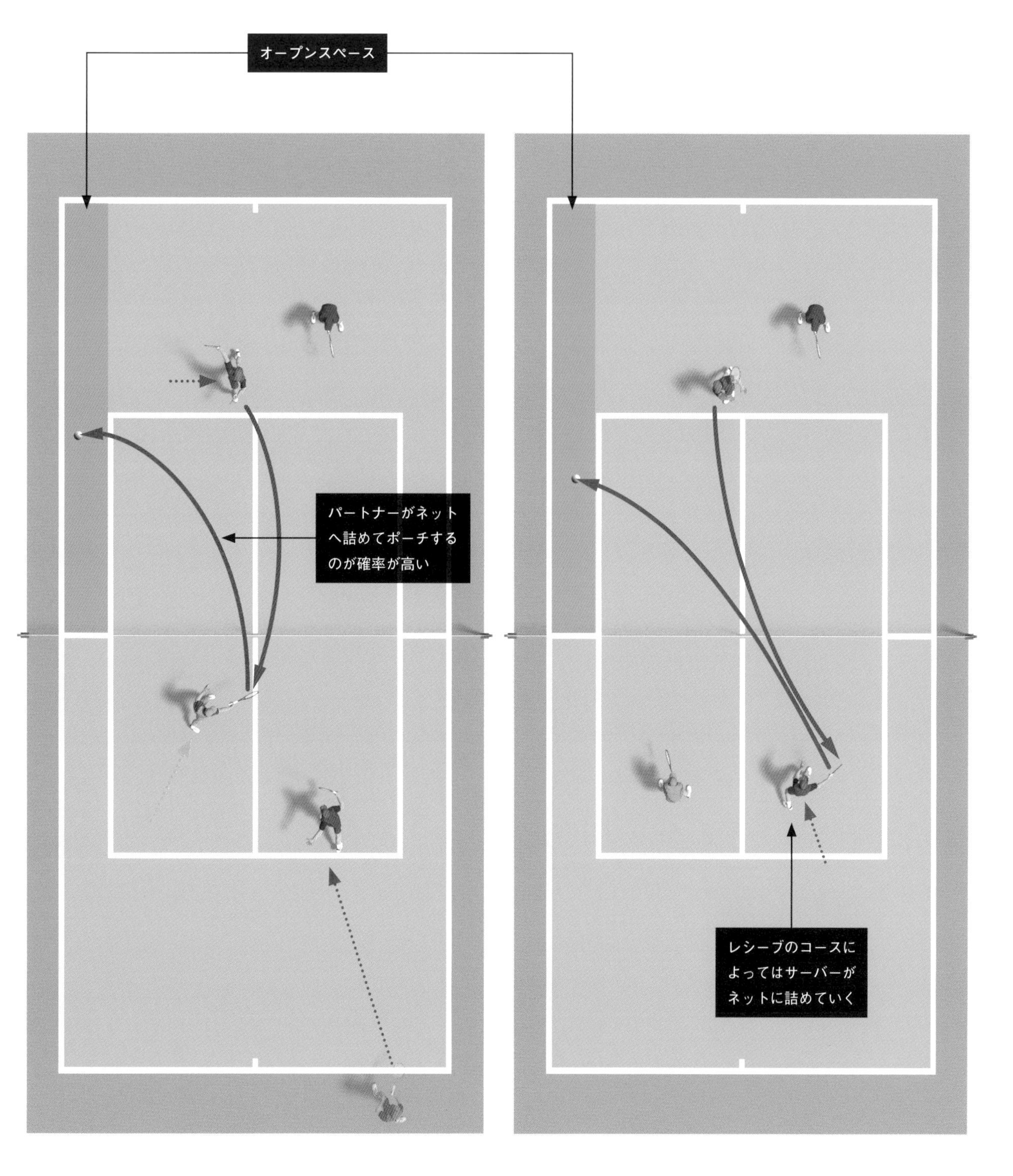
オープンスペース
パートナーがネット
へ詰めてポーチする
のが確率が高い
レシーブのコースに
よってはサーバーが
ネットに詰めていく

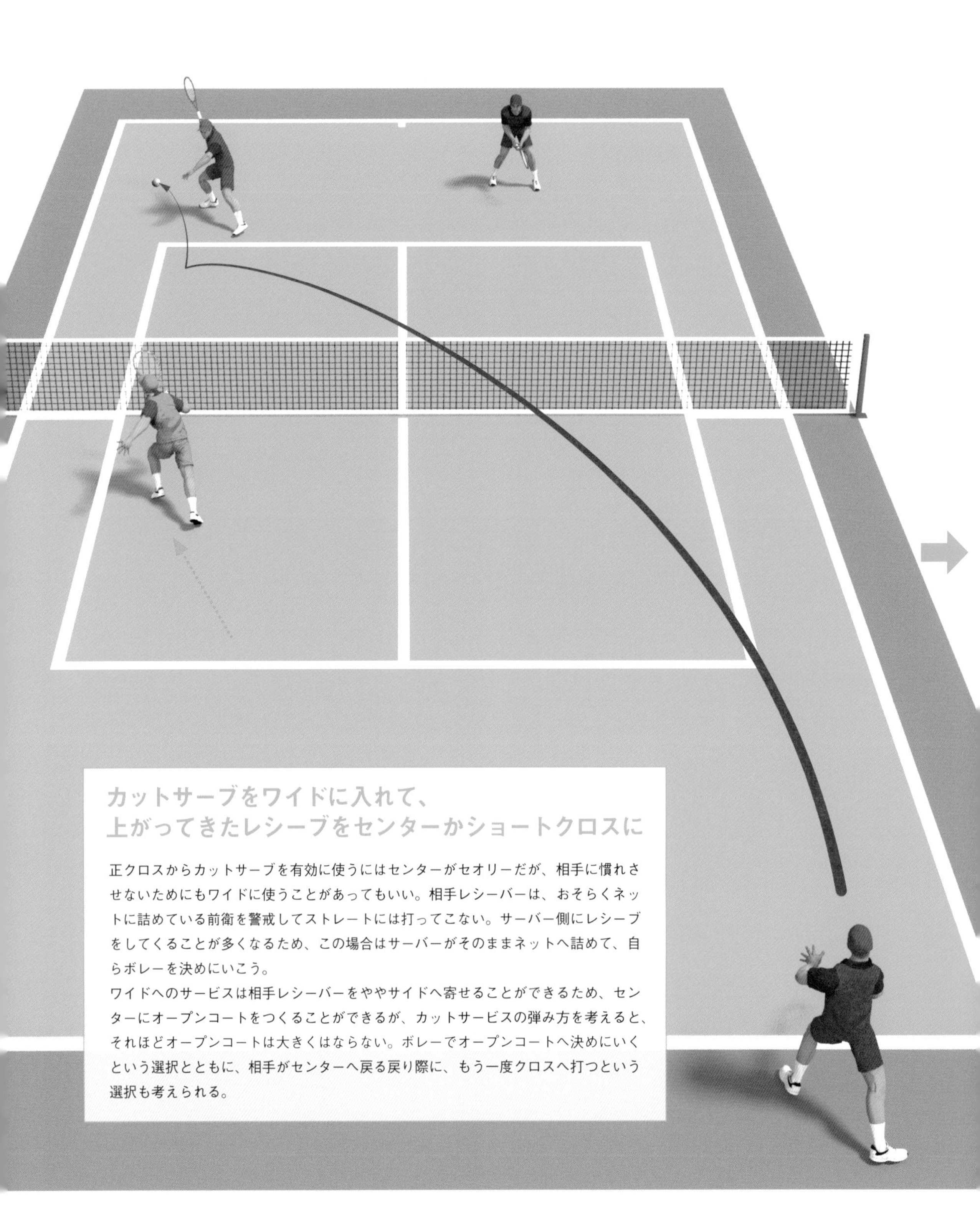

カットサーブをワイドに入れて、上がってきたレシーブをセンターかショートクロスに

正クロスからカットサーブを有効に使うにはセンターがセオリーだが、相手に慣れさせないためにもワイドに使うことがあってもいい。相手レシーバーは、おそらくネットに詰めている前衛を警戒してストレートには打ってこない。サーバー側にレシーブをしてくることが多くなるため、この場合はサーバーがそのままネットへ詰めて、自らボレーを決めにいこう。

ワイドへのサービスは相手レシーバーをややサイドへ寄せることができるため、センターにオープンコートをつくることができるが、カットサービスの弾み方を考えると、それほどオープンコートは大きくはならない。ボレーでオープンコートへ決めにいくという選択とともに、相手がセンターへ戻る戻り際に、もう一度クロスへ打つという選択も考えられる。

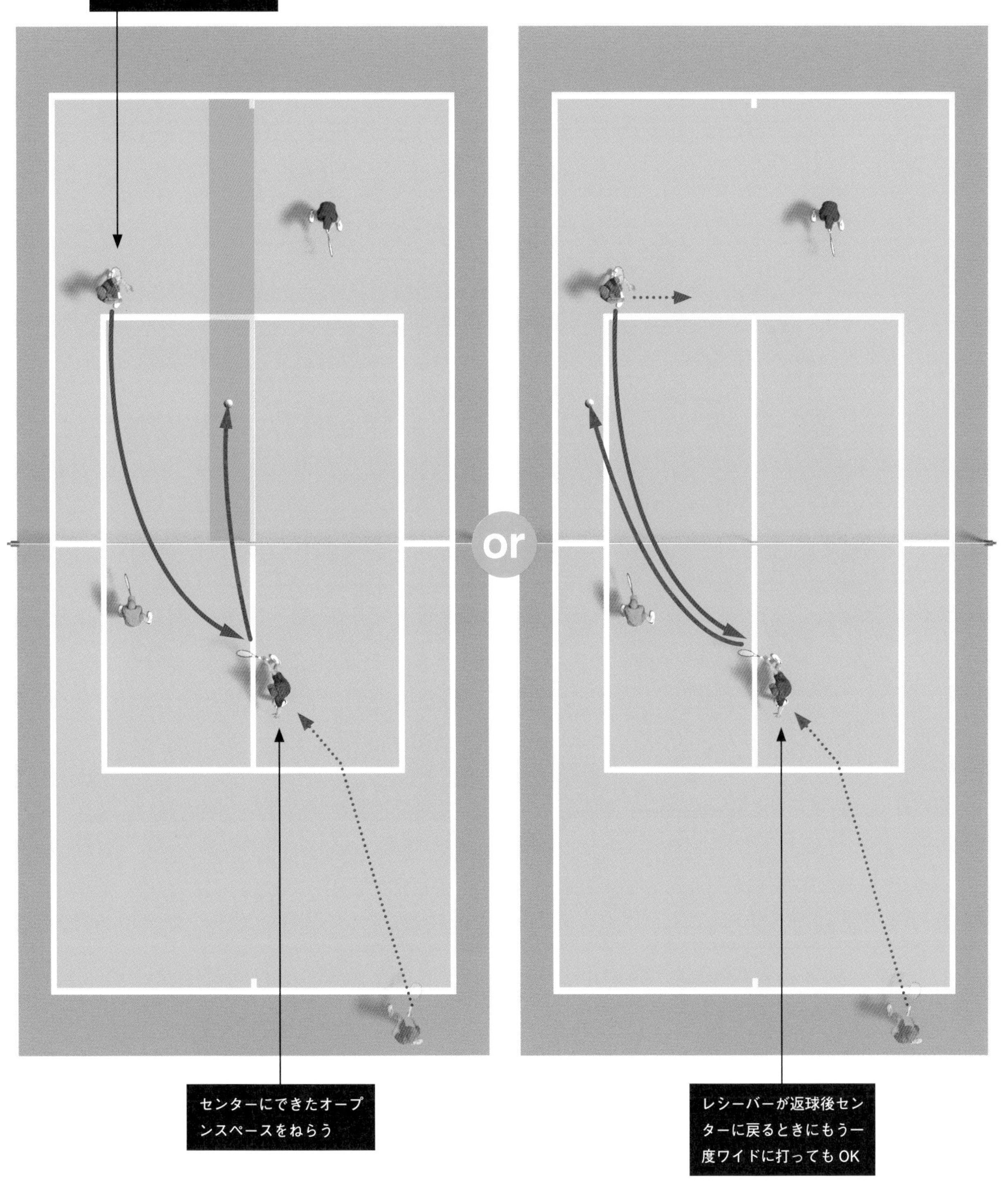
レシーバーは相手前衛を警戒してストレートに返球しない可能性が高い
or
センターにできたオープンスペースをねらう
レシーバーが返球後センターに戻るときにもう一度ワイドに打ってもOK

29 vsダブルフォワードの対策

カットサービスを打たれたレシーブ側の返球コースは4つ

ここまでの流れはサービス側の目線だったが、もし相手がダブルフォワードでカットサービスを打ってきたときに、レシーブ側としてどう対応すればいいか考えてみよう。

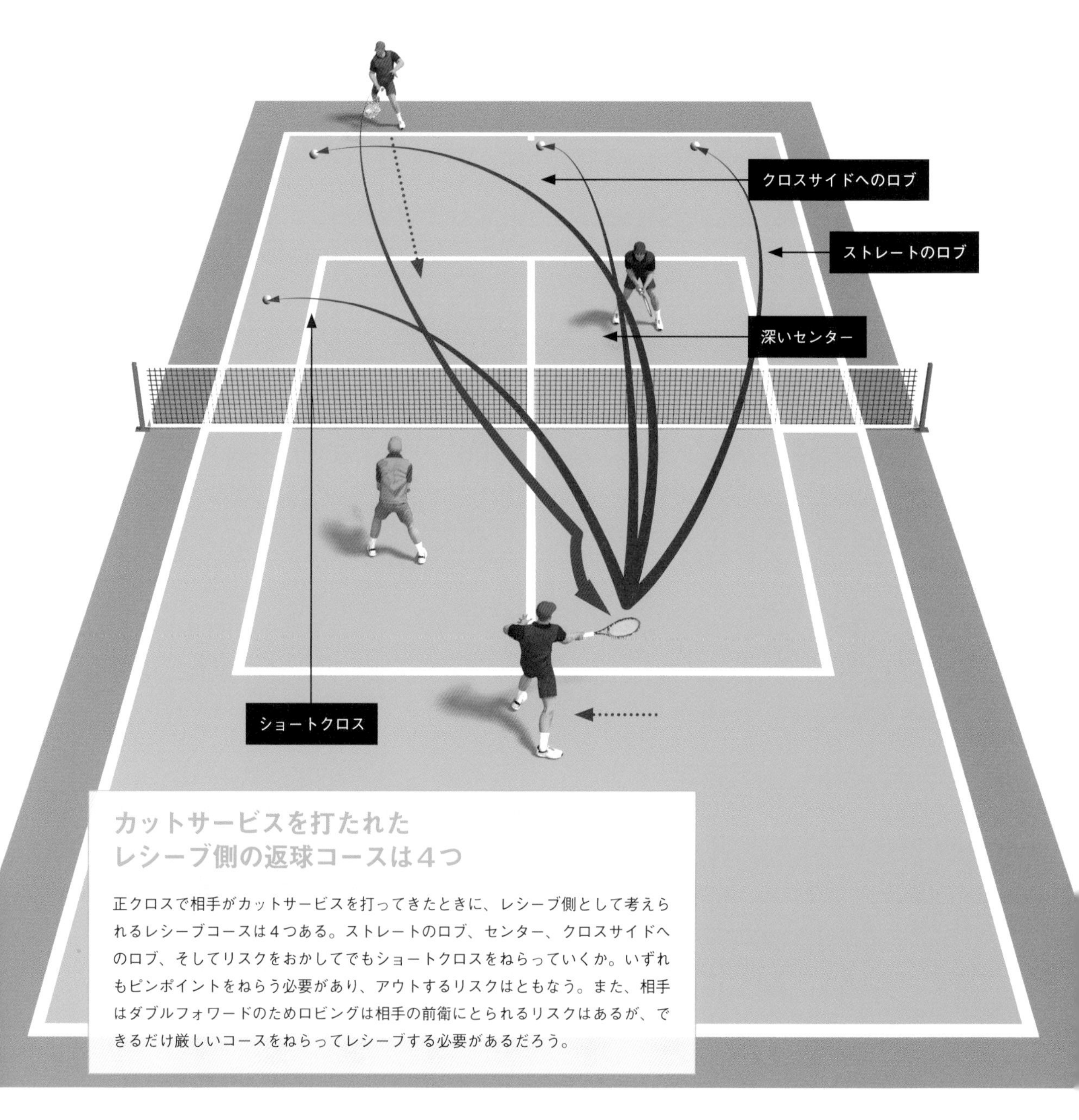

カットサービスを打たれたレシーブ側の返球コースは4つ

正クロスで相手がカットサービスを打ってきたときに、レシーブ側として考えられるレシーブコースは4つある。ストレートのロブ、センター、クロスサイドへのロブ、そしてリスクをおかしてでもショートクロスをねらっていくか。いずれもピンポイントをねらう必要があり、アウトするリスクはともなう。また、相手はダブルフォワードのためロビングは相手の前衛にとられるリスクはあるが、できるだけ厳しいコースをねらってレシーブする必要があるだろう。

ロビングはネットへ詰めてくる選手のネットダッシュが速ければ有効

レシーブでロビングを上げるとしたら、サービスを打ったあとネットへ詰めてくる選手のネットダッシュが速ければ上げてもいいだろう。ストレート側のプレーヤーは、レシーブに対して十分に準備しているため、ネットで叩かれる可能性もある。一方、サービスを打つ選手はサービスを打ったあとにネットへ詰める動きをするため、そちら側の頭上を抜くロブを上げれば逆を突くことになるが、ネットダッシュが遅かったり、もちろんロブが短くなれば叩かれるため、高さ、深さが必要になることは言うまでもない。

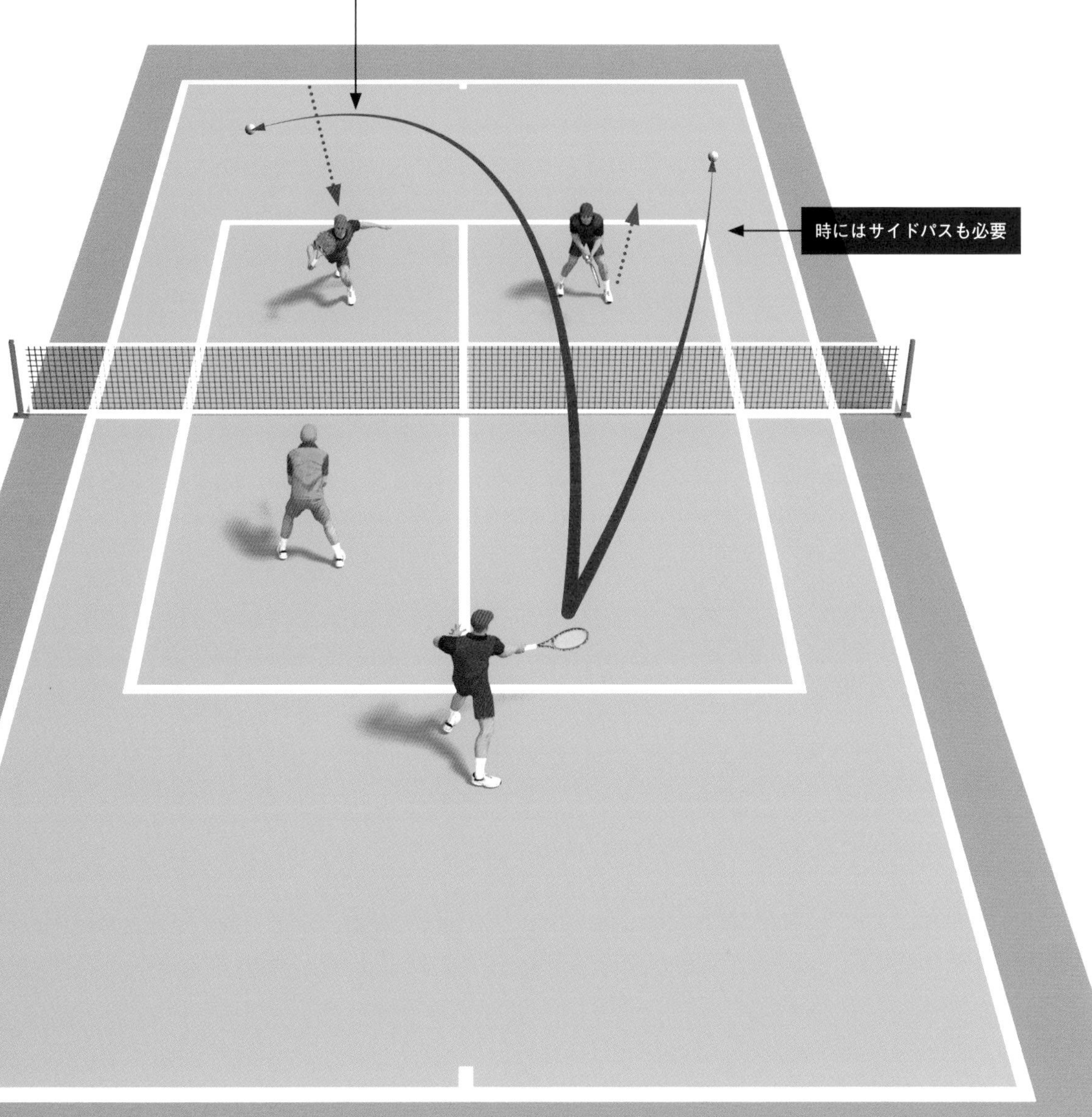

29 vs ダブルフォワードの対策

センターへ沈めて ローボレーを打たせる

相手にカットサーブをセンターに打たれたときに、最も返球しやすいレシーブコースはセンターだろう。ただしセンターへのレシーブは、ダブルフォワードの相手にとって攻撃しやすいコースでもある。このコースはもっとも失点しやすいポイントでもあることを覚えておこう。センターへレシーブするならば、できるだけネットへ詰めてくる相手の足元に沈めること。ローボレーを打たせる、またはワンバウンドした打球に対応させるなどすれば、相手の返球が浮いてくる可能性もある。

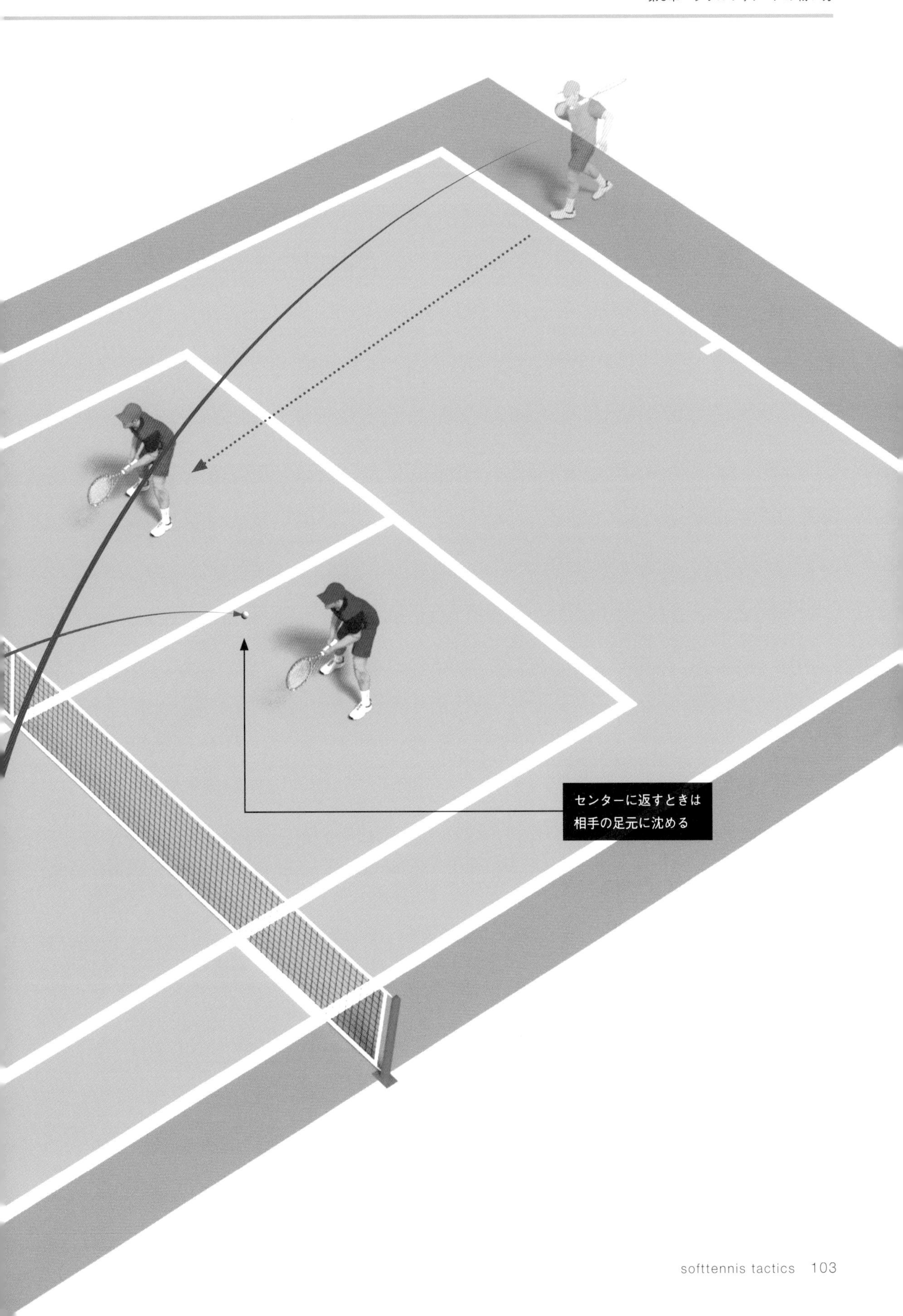
センターに返すときは
相手の足元に沈める

30 ダブルフォワードのサービスからの得点パターン

逆クロスからのカットサーブのねらいどころ

ワイド

右利きのプレーヤーがカットサーブを打ったとき、レシーバーの左側にボールが弾むという特性を考えたときに、最初にねらうべきはワイドだろう。このコースにいいサービスが入れられれば、相手レシーバーをコートの外へと大きく動かすことができる。ポイントパターンとしては、上がってきたレシーブをサーバーのパートナーがショートクロスに落とす。

逆クロスコートからのカットサービスに対して

逆クロスコートからのカットサービスに対して、レシーバーからの目線で効果的なコースを考えてみよう。
ワイドへのサービスに対しては、どうしてもオープンコートをつくってしまうので、ロブで時間を稼ぐのも一考。
一方、センターへのカットサービスに対しては、センターの手前に落とすか、センターへ返球する。

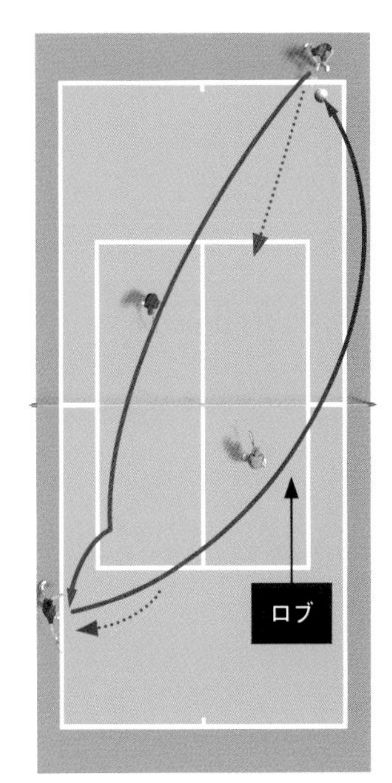

ダブルフォワードならサービスライン、雁行陣ならベースライン付近にポジション取りをする。

センターへ打って相手の反応を見るのもよい

センター

逆クロスコートからセンターへのカットサーブは、相手レシーバーをコート外に動かすことはできないが、相手レシーバーのボディへ向かって飛んでいく。体へ向かってくるボールが打ちにくいというプレーヤーも多いため、センターへ打って相手の反応を見てみるのもいい。

31 対ダブル後衛

ダブル後衛に対して

自分たちがダブルフォワードの陣形になった場合、対する相手ペアはダブル後衛の陣形になってしのぐのが一般的。ダブルフォワードはコートを縦に2つに分け、それぞれのサイドを守るような意識が一般的かと思われるが、相手の返球コースを予測することで、より攻撃的にプレーすることも可能となる。

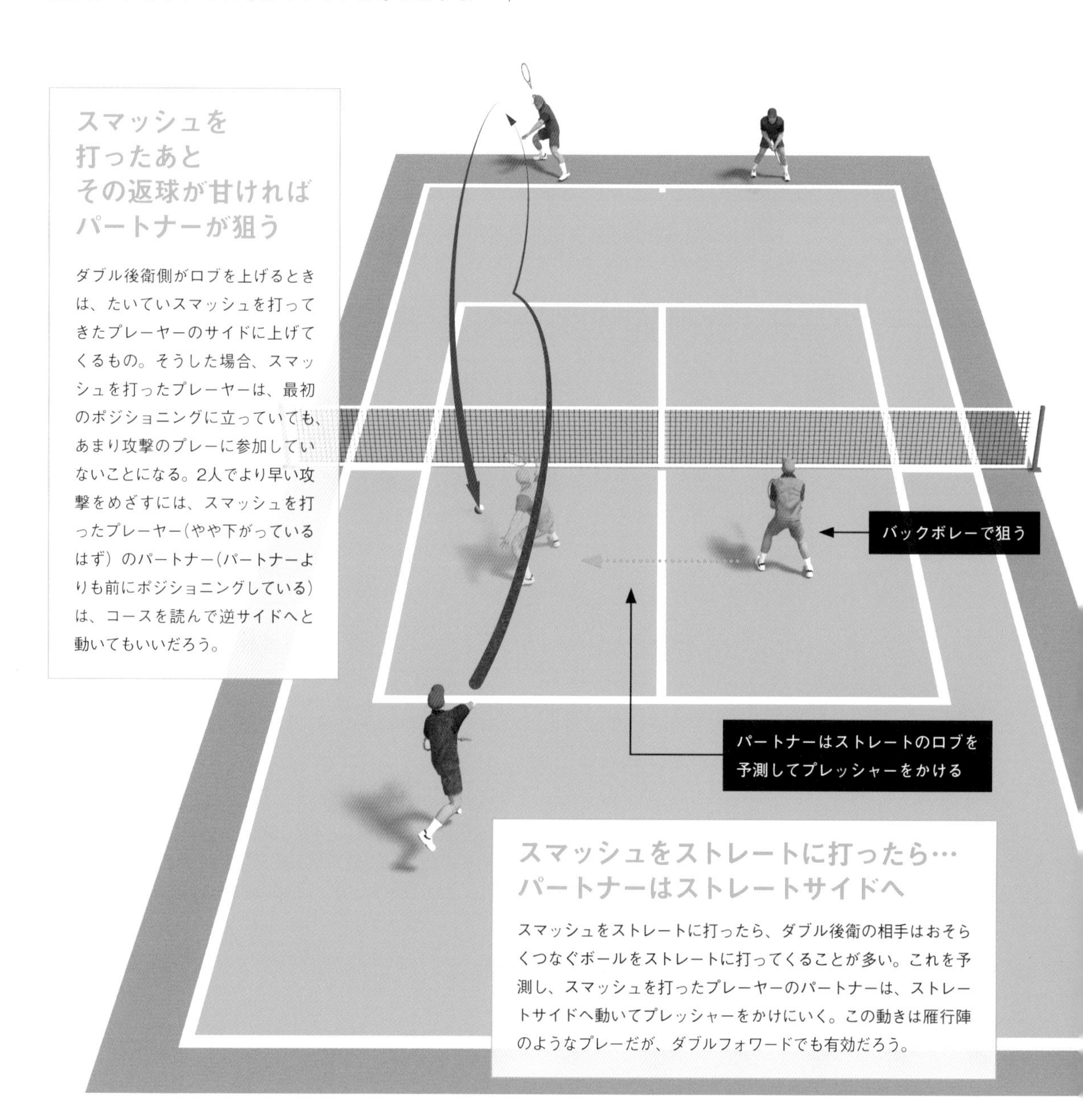

スマッシュを打ったあと その返球が甘ければ パートナーが狙う

ダブル後衛側がロブを上げるときは、たいていスマッシュを打ってきたプレーヤーのサイドに上げてくるもの。そうした場合、スマッシュを打ったプレーヤーは、最初のポジショニングに立っていても、あまり攻撃のプレーに参加していないことになる。2人でより早い攻撃をめざすには、スマッシュを打ったプレーヤー(やや下がっているはず)のパートナー(パートナーよりも前にポジショニングしている)は、コースを読んで逆サイドへと動いてもいいだろう。

スマッシュをストレートに打ったら…パートナーはストレートサイドへ

スマッシュをストレートに打ったら、ダブル後衛の相手はおそらくつなぐボールをストレートに打ってくることが多い。これを予測し、スマッシュを打ったプレーヤーのパートナーは、ストレートサイドへ動いてプレッシャーをかけにいく。この動きは雁行陣のようなプレーだが、ダブルフォワードでも有効だろう。

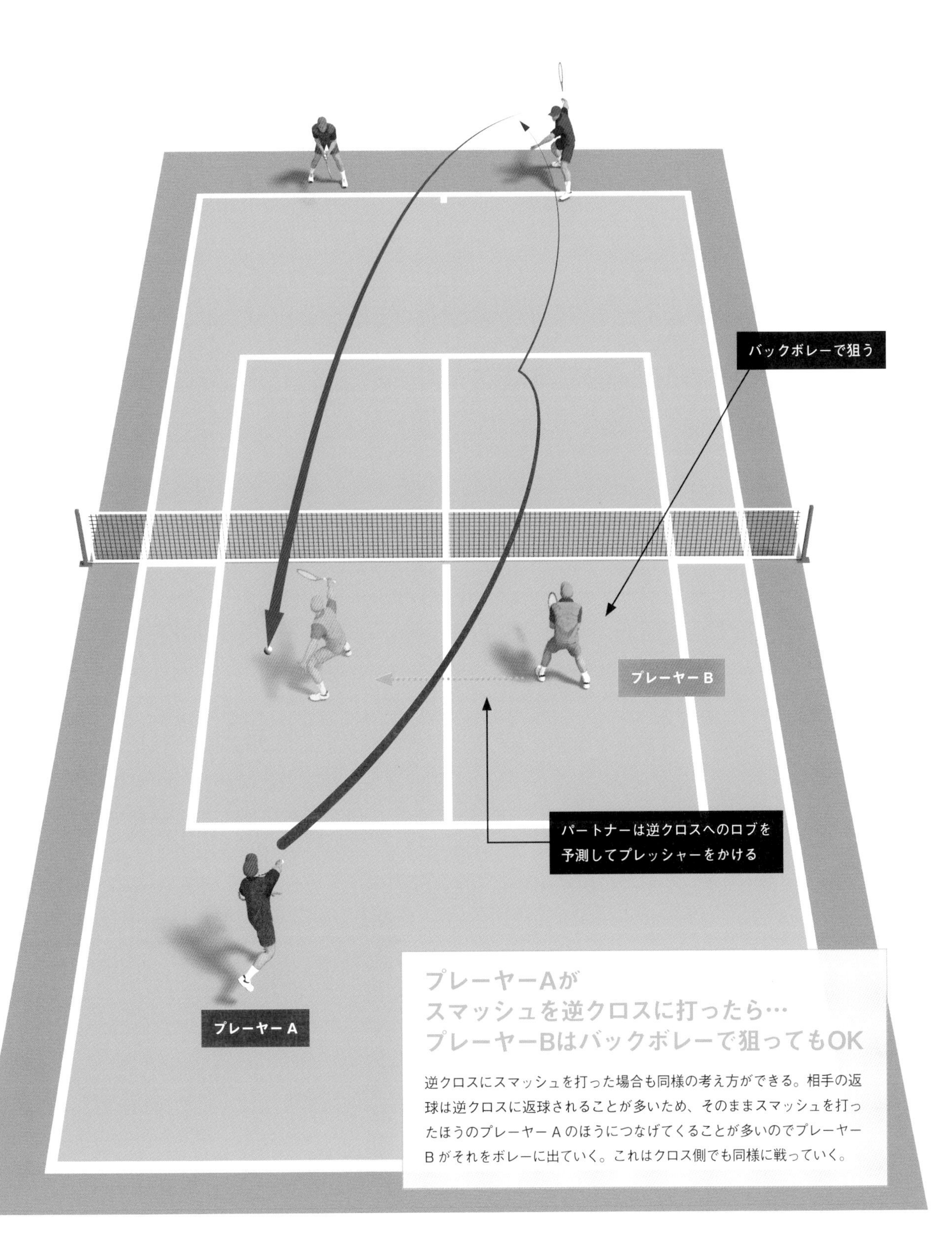

プレーヤーAが スマッシュを逆クロスに打ったら… プレーヤーBはバックボレーで狙ってもOK

逆クロスにスマッシュを打った場合も同様の考え方ができる。相手の返球は逆クロスに返球されることが多いため、そのままスマッシュを打ったほうのプレーヤー A のほうにつなげてくることが多いのでプレーヤー B がそれをボレーに出ていく。これはクロス側でも同様に戦っていく。

第 4 章

実戦編：駆け引きと相手のタイプによる攻め方、しのぎ方

32 前衛の駆け引き

前衛は後衛に比べ、ボールを打つ回数は少ないが、その分、相手との駆け引きが重要な役割になる。優秀な前衛はラリー中の駆け引きのほか、試合展開によっても動きを変えるなど、駆け引きを行っている。例えば前半はあまり動かず、相手後衛を見て相手の特徴を頭に入れ、後半にそれを生かして動いていく、など。試合中、一定のリズムで動くのではなく、相手によって動き方を変えていこう。こうした駆け引きをするためにも、相手を観察することはとても大切だ。

33 後衛の駆け引き

後衛の駆け引きとしては、コースの打ち分け、また強打するか、ロブで空間を使って時間をつくるか、ショットの長短などがある。後衛はパートナーを含め、自分以外の3人を視界に入れてプレーできるポジション。自分のパートナーの立ち位置や体勢、相手の前衛と後衛の状況を見ながらショットを使い分けよう。

34 形勢逆転のための後衛の駆け引き

セオリーの裏をついてピンチをチャンスに変える

レベルが高くなってきたらセオリーを逆手にとって、相手の打球コースをコントロールするような駆け引きにもチャレンジしてみよう。例えば、相手に甘い球を返してしまったピンチの場面でも、一か八かの駆け引きで形成逆転のチャンスも出てくる。

わざとコースを空けて、そこへ打たせる

例：A
センターを空けて
センターへ打たせる

自ペアの前衛のボレーが甘くなったなどで、相手ペアにチャンスを与えた場面。コート図のように相手後衛の前へポトリと落ちたような場合では、相手はこのチャンスボールに対して前へ詰めてくる。セオリー的には、自ペアの前衛はサイドに寄ってストレートを守り、後衛はセンターをカバーする。こうなると、当然、クロスサイドにオープンコートを作ることになり、相手にはクロスへ強打するという選択肢も与える。
そこで、こうしたセオリーを逆手にとり、後衛はセンターに意識を置きながらも、わざとセンターを空け、ストレートサイドを守っていると見せかけるという駆け引きが考えられる。こうすることで、相手後衛に確実にセンターに打たせるのだ。「センターにくるだろう」という意識を持っておくことで、十分にロブで対応することができるはず。ここをロブでしのぐことができれば、また体勢を整え、状況をイーブンに立て直すことができる。

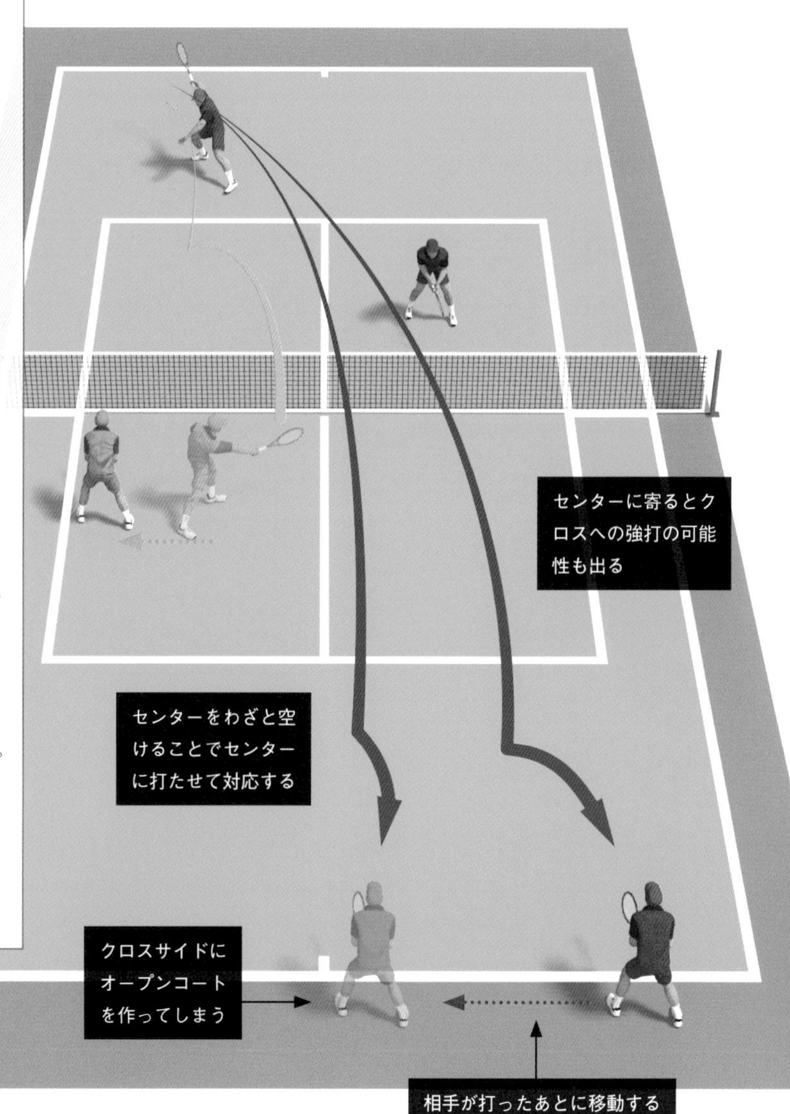

例:B
サイドを空けて、ショートクロスへ打たせる

例Aと同様のパターンでピンチに陥った後衛が、セオリー通りにセンターカバーに入っていると、前へ詰めてきた相手後衛はショートクロスをねらってくるだろう。センターにポジショニングしていたとしても、「ショートクロスにくるかも」と、このコースに意識を向けておけば、カバーすることは可能。こちらも、「あえて、ココを空けておく」という意識が大事。もちろん、すべてがこの駆け引き通りにいくというわけではないが、劣勢な場面ほど"一か八か"の駆け引きをしてもいいのではないだろうか。

Point

ストレートサイドは前衛に任せる！

このケースで後衛がクロスサイドへポジショニングしたら、相手からのストレートアタックには前衛が対応しなくてはならない。前衛を抜かれた場合は、後衛がカバーするのはかなり難しくなる。

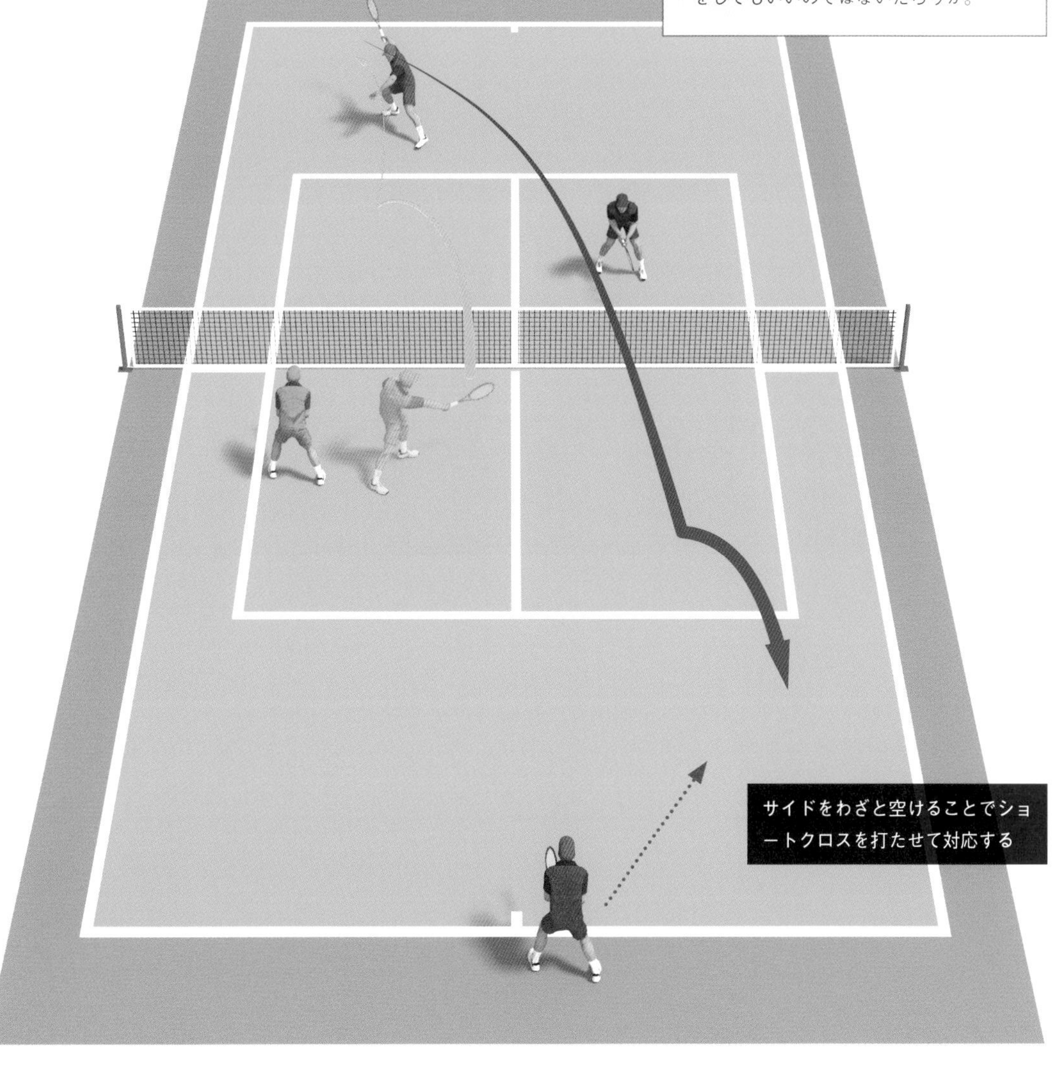

サイドをわざと空けることでショートクロスを打たせて対応する

35 わざとコースを空けて、そこへ打たせる

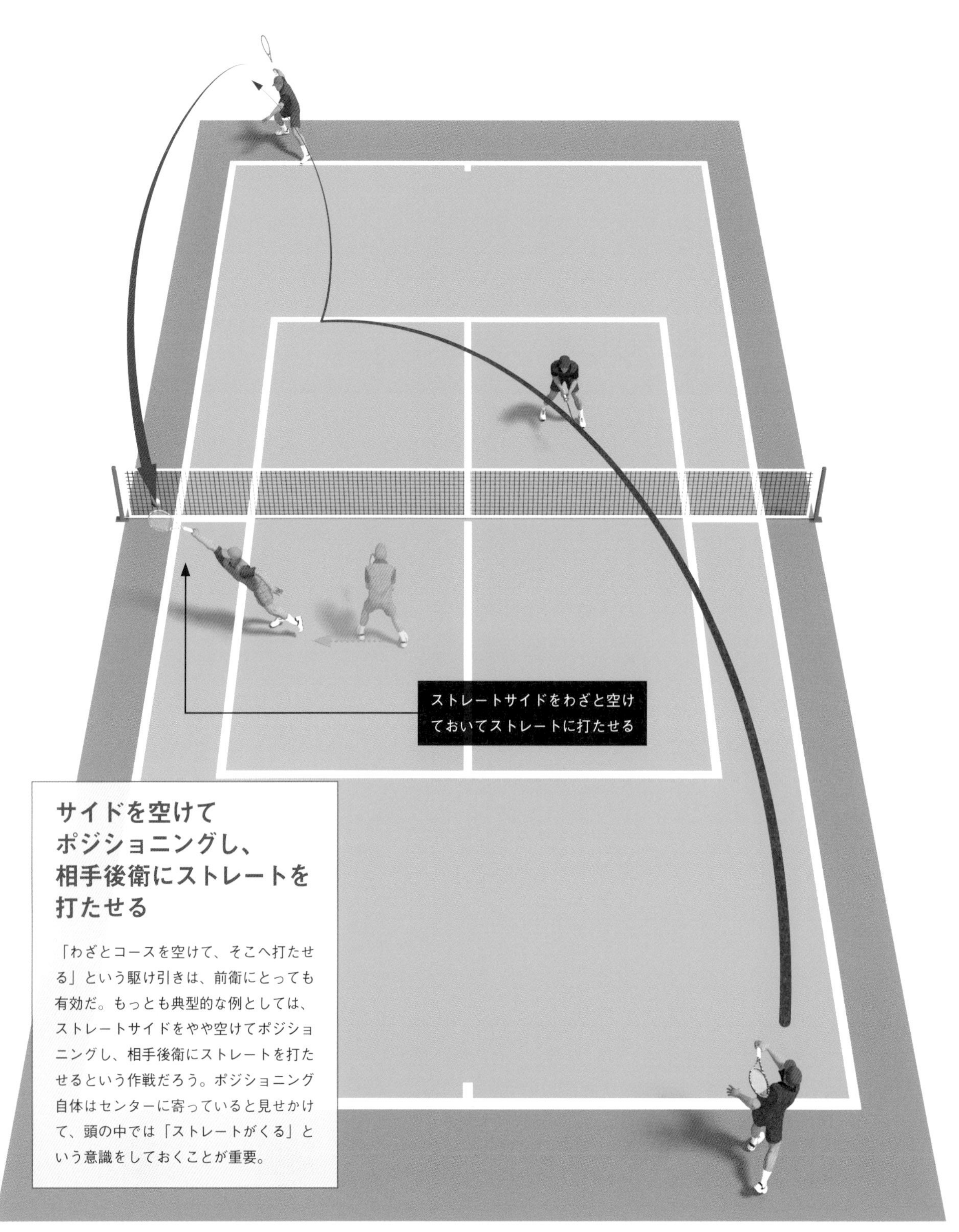

サイドを空けてポジショニングし、相手後衛にストレートを打たせる

「わざとコースを空けて、そこへ打たせる」という駆け引きは、前衛にとっても有効だ。もっとも典型的な例としては、ストレートサイドをやや空けてポジショニングし、相手後衛にストレートを打たせるという作戦だろう。ポジショニング自体はセンターに寄っていると見せかけて、頭の中では「ストレートがくる」という意識をしておくことが重要。

相手のスマッシュに対して、センターのポジショニング→サイドへスマッシュフォローに

ペアの後衛が甘いロブを打ったピンチでは、前衛はスマッシュフォローに入るのがセオリー。絶体絶命のピンチだけに、ここで形勢逆転をねらうのも一つのアイデアだろう。前衛がセンターにポジショニングし、サイドを空け、わざとサイドへスマッシュを誘う。そのコースを読んで、前衛はサイドへ動いてスマッシュフォローに入ろう。ボールが弾むインドアなどでは、スマッシュフォローは前衛の見せ場になる。

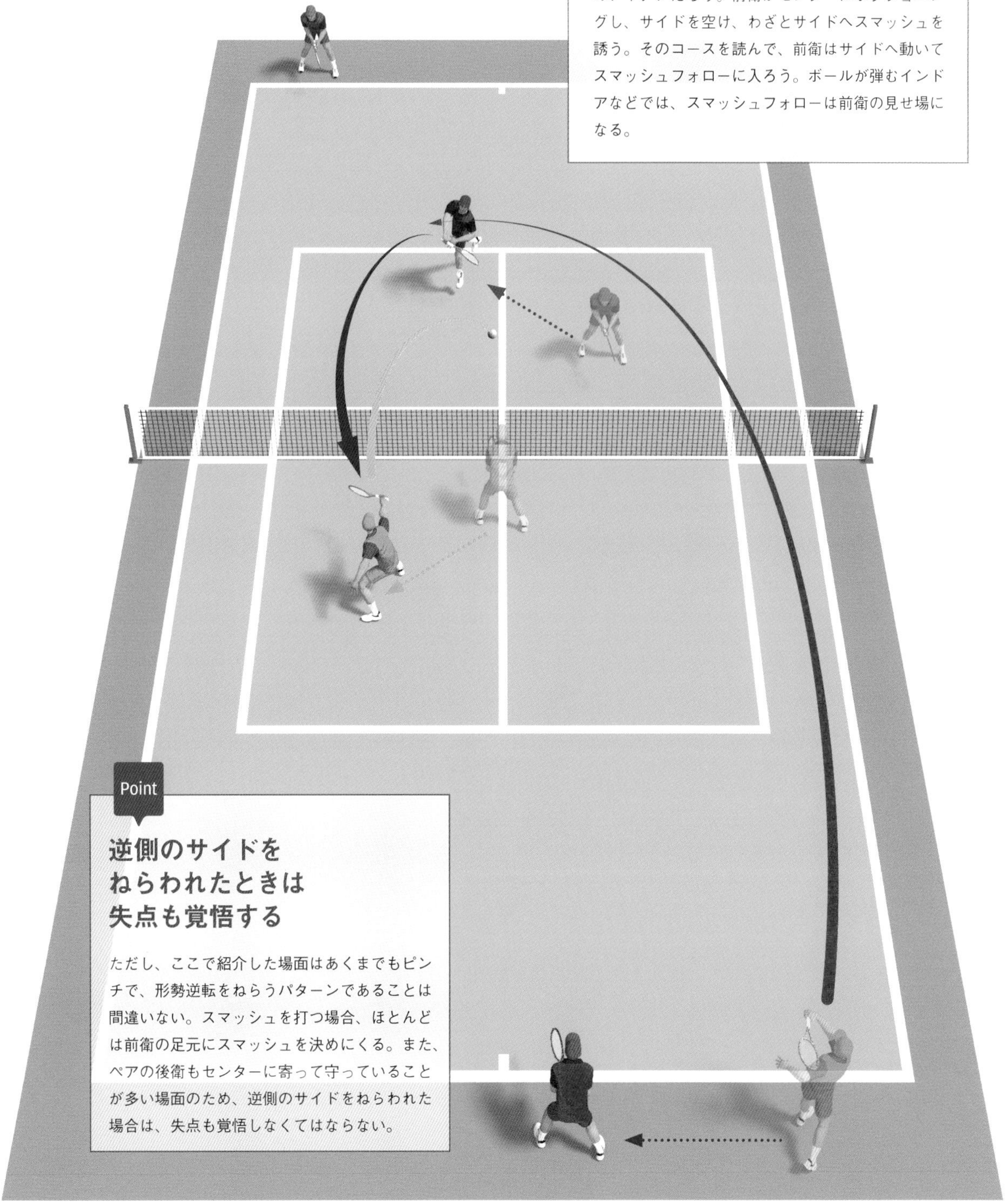

Point

逆側のサイドをねらわれたときは失点も覚悟する

ただし、ここで紹介した場面はあくまでもピンチで、形勢逆転をねらうパターンであることは間違いない。スマッシュを打つ場合、ほとんどは前衛の足元にスマッシュを決めにくる。また、ペアの後衛もセンターに寄って守っていることが多い場面のため、逆側のサイドをねらわれた場合は、失点も覚悟しなくてはならない。

36 対戦相手のタイプ別戦術

後衛のフォアハンドが強い→定位置で打たせない

後衛は特に、フォアハンドストロークが得意な選手がほとんど。ダブルスではフォアハンドで対応することがほとんどなので、こうした選手に対してどう対応していくかは、常に考えていかなければならないだろう。

なかでも大切なのは、できるだけ定位置で打たせないこと。止まって打てるということは、ラケットを十分に構えて打つことができるため、強打しやすい体勢となる。まずは、そのようにさせないための方法を考える必要がある。

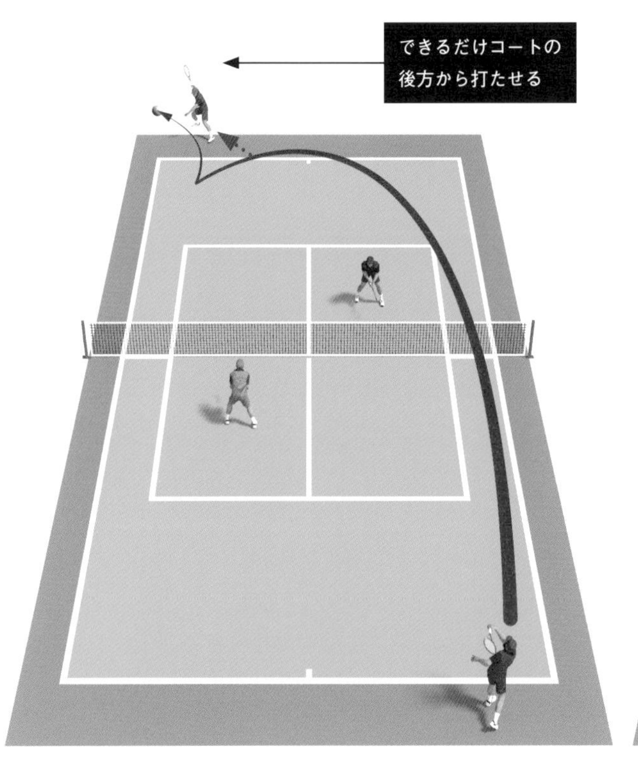

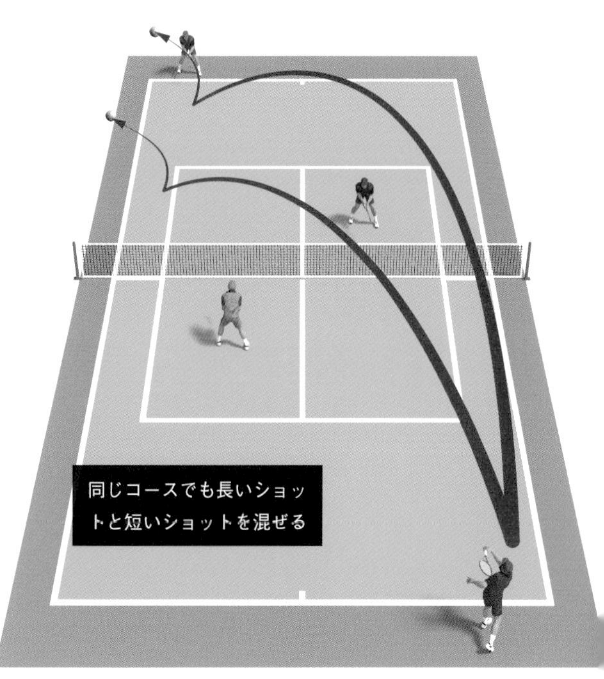

1　深く打つ

相手との距離が近ければ、それだけ強打に対応することは難しくなる。深くショットを入れて、できるだけコートの後方から打たせるようにしよう。ショットの速さはそれほど重要視せず、全力の7割から8割程度のスピードで構わないので、深いボールを打つことが大切。ロブなどを使うことも一つだろう。

2　コースを散らせる→長いショット／短いショットをまぜる

コースを散らせるといっても、コースチェンジばかりしていると、相手前衛に読まれてスマッシュの餌食になってしまう。コースチェンジばかりではなく、同じコースでも少し短く打って動かしたり、短いショットを打ったあとに長いショットを打って、相手後衛を前後に動かして十分に構えさせないようにする。

3　バック側をねらう

オーソドックスな考え方としては、バック側をねらうという作戦が挙げられる。一概には言えないが、フォアハンドが強いということは、バックハンドが弱いことも考えられる。先に相手のバック側をねらい、浅いロブが上がってきたら、オープンコートに決めにいくことができる。もちろんもう一本、バック側を攻めにいってもいい。

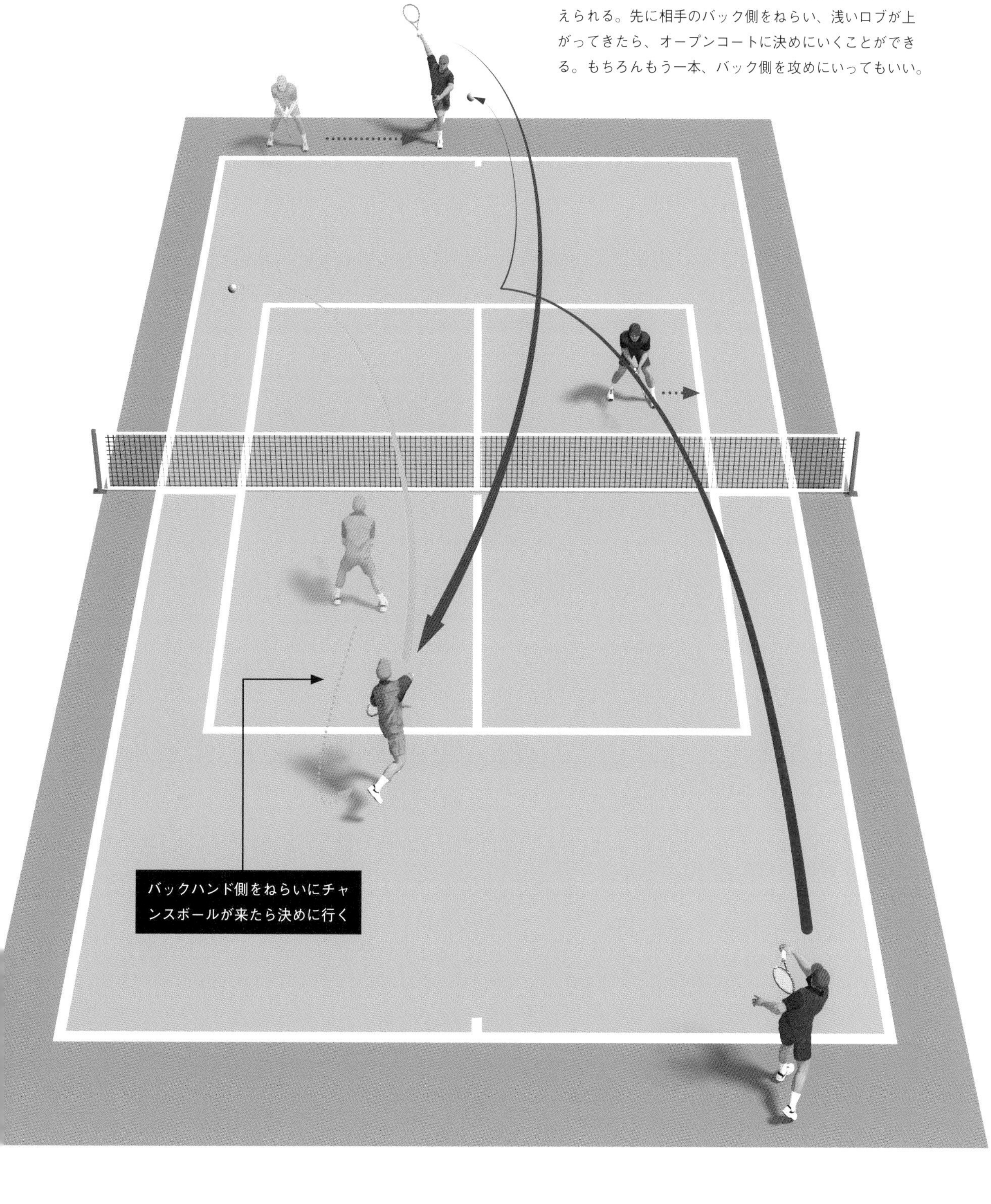

バックハンド側をねらいにチャンスボールが来たら決めに行く

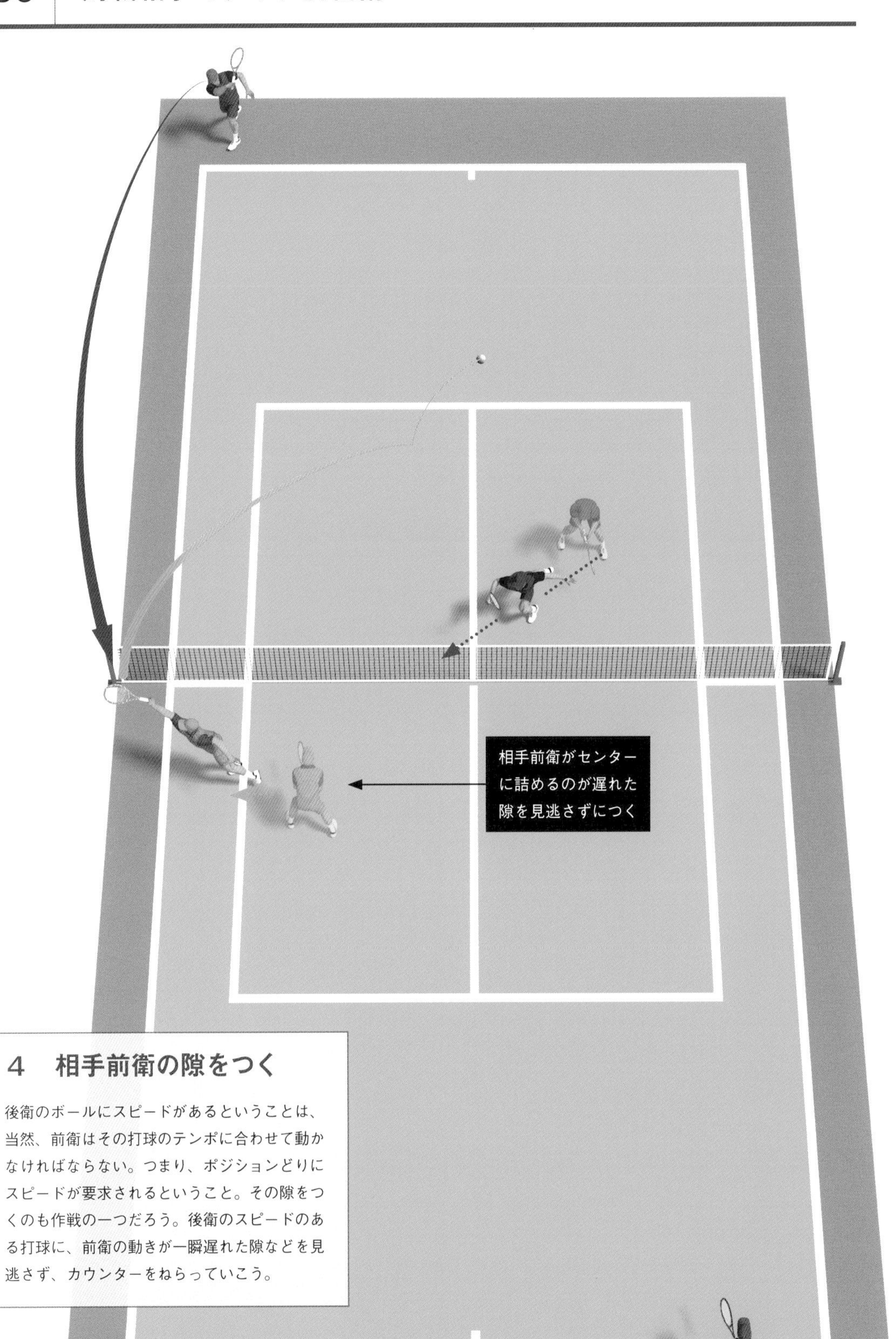

4 相手前衛の隙をつく

後衛のボールにスピードがあるということは、当然、前衛はその打球のテンポに合わせて動かなければならない。つまり、ポジションどりにスピードが要求されるということ。その隙をつくのも作戦の一つだろう。後衛のスピードのある打球に、前衛の動きが一瞬遅れた隙などを見逃さず、カウンターをねらっていこう。

5　逆クロス展開に持ち込む

フォアハンドの強打が得意ということは、「引っ張り」がうまいということだろう。逆にこうしたプレーヤーは、「流し」がそれほど好きではないということが多いもの。自分から先に逆クロス展開にもっていき、相手に流しを打たせるか、もしくはバックハンドで打たせるようにしよう。

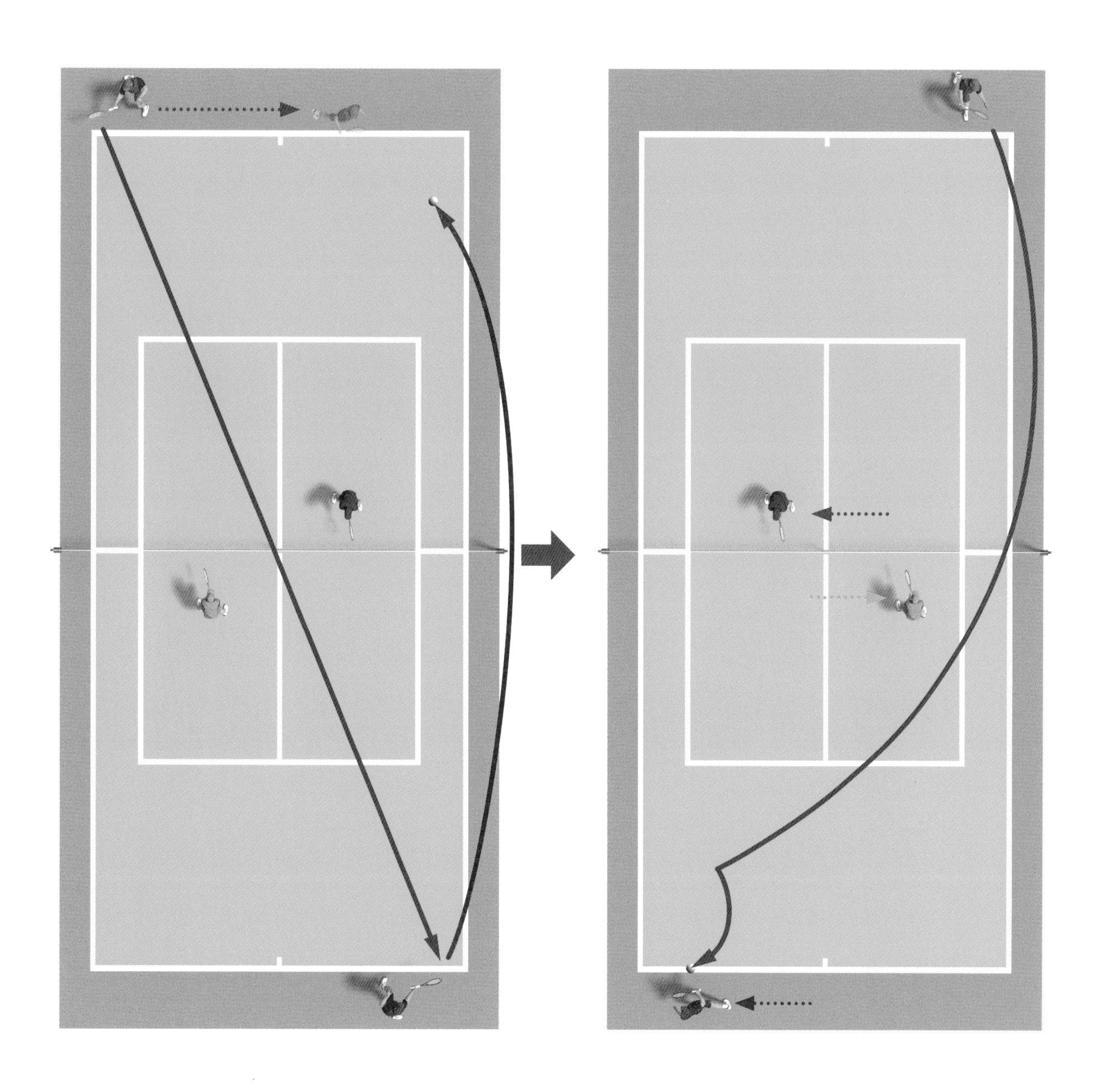

6　ショートボールを使う

短いショットを打つことは、定位置で打たせないということにもつながるが、ショートボールを利用し打球を低くバウンドさせれば、相手は上からたたくことはできない。ラケットを下から振らせることができ、強打を防ぐことにもなる。

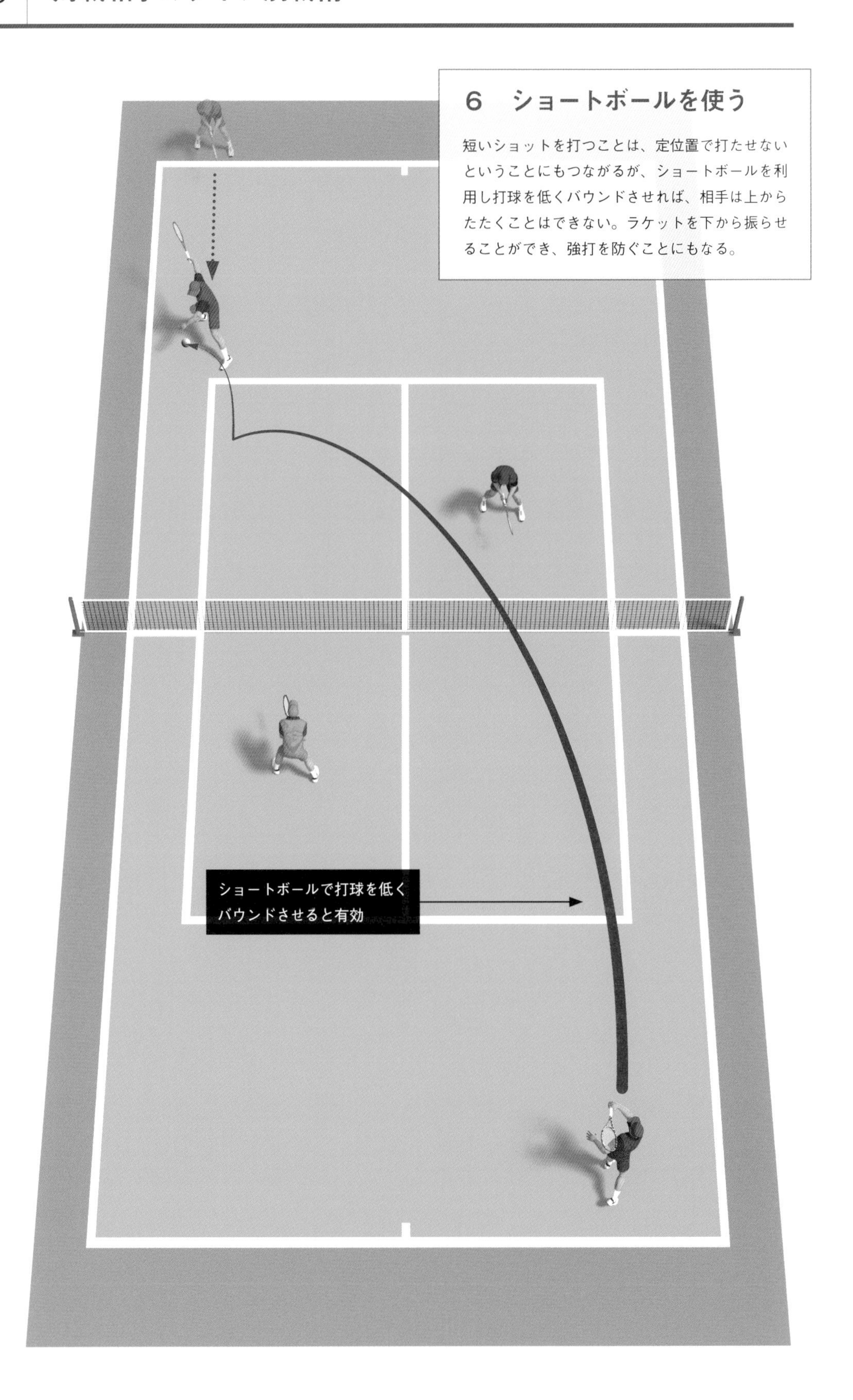

7　カットサーブを使う

自ペアがサービス、相手後衛がレシーブの場面なら、カットサーブを使うのも一つ。オーバーヘッドのサービスは強く打てる反面、バウンドが高くなり、甘くなれば相手に強打されやすい。一方、カットサーブはバウンドが低く、またアンダースピンの回転がかかっているため、相手にしっかり構えさせずに打たせることができる。

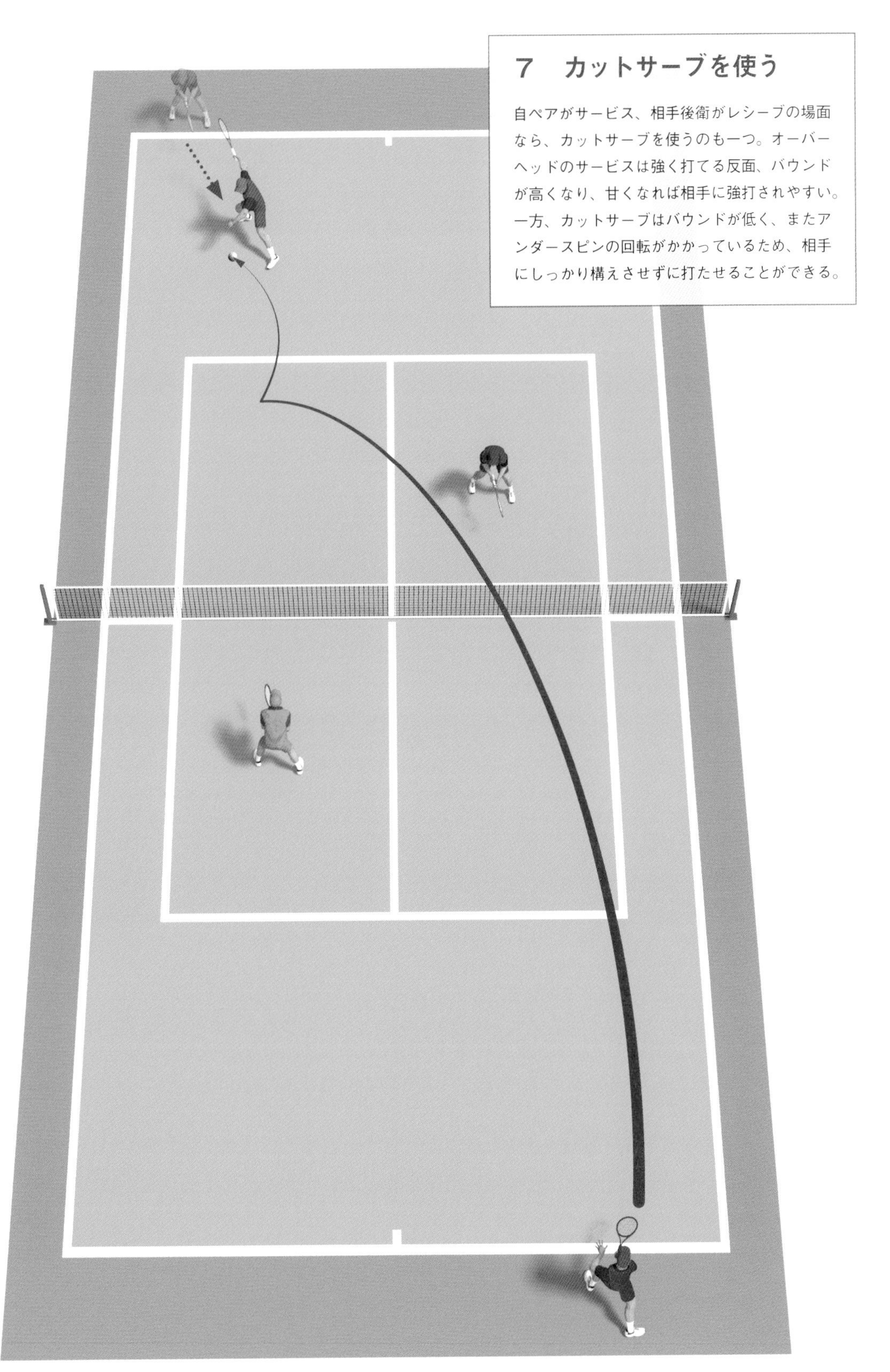

37 相手のタイプで見極められる戦術

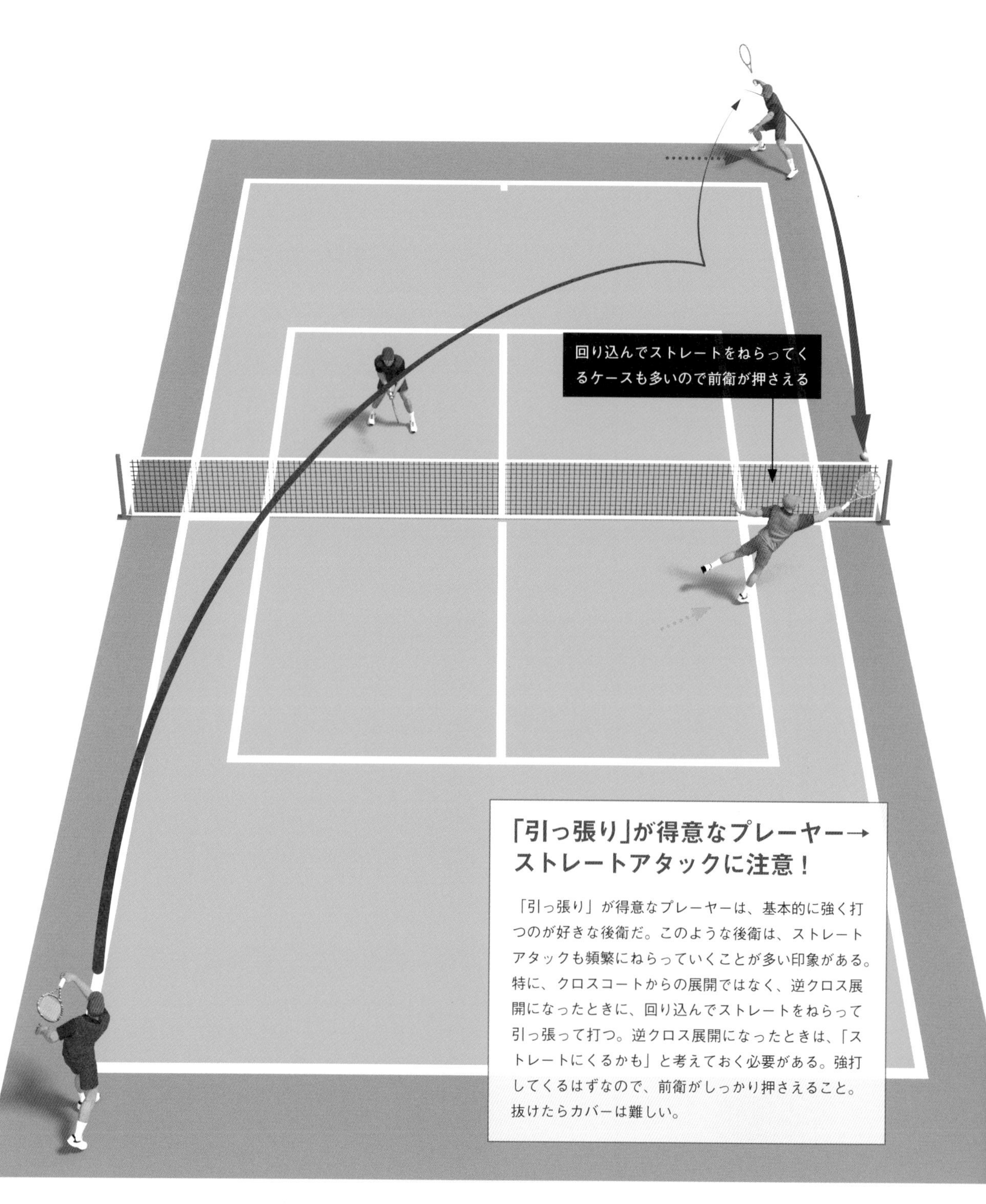

「引っ張り」が得意なプレーヤー→ストレートアタックに注意！

「引っ張り」が得意なプレーヤーは、基本的に強く打つのが好きな後衛だ。このような後衛は、ストレートアタックも頻繁にねらっていくことが多い印象がある。特に、クロスコートからの展開ではなく、逆クロス展開になったときに、回り込んでストレートをねらって引っ張って打つ。逆クロス展開になったときは、「ストレートにくるかも」と考えておく必要がある。強打してくるはずなので、前衛がしっかり押さえること。抜けたらカバーは難しい。

「流し」が得意なプレーヤー→打点の幅が広く、コースが読みにくい

「流し」がうまい選手は打点の幅が広く、どのコースに打ってくるか見極めにくいという後衛だ。対戦する側からすると、どちらに打ってくるか読みにくく、対応が一歩遅れがちになってしまうだろう。こうした選手は逆クロス展開を得意にしているが、その場合でもいかにバックハンドで打たせるかを考えながら、コースを散らせることが必要になる。

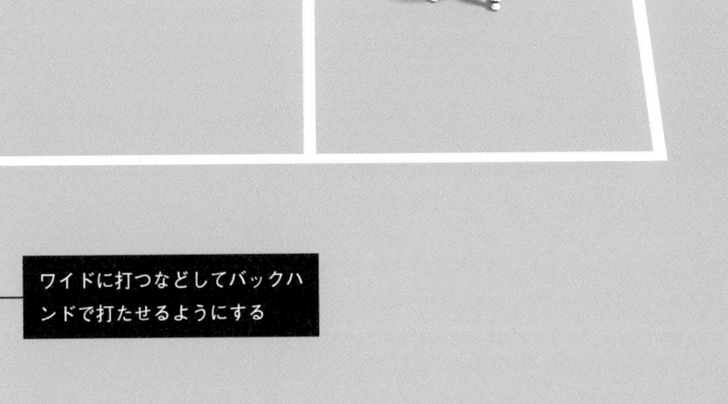

37　相手のタイプで見極められる戦術

相手前衛の守備範囲が広い

前衛には自分から動いてボールをとりにいくタイプ、あまり動かずに駆け引きをして、自分のエリアにきたボールを決めにいくタイプと、2つのタイプに分けられる。守備範囲が広い前衛は、サイドもしっかり守ってくるはずだ。

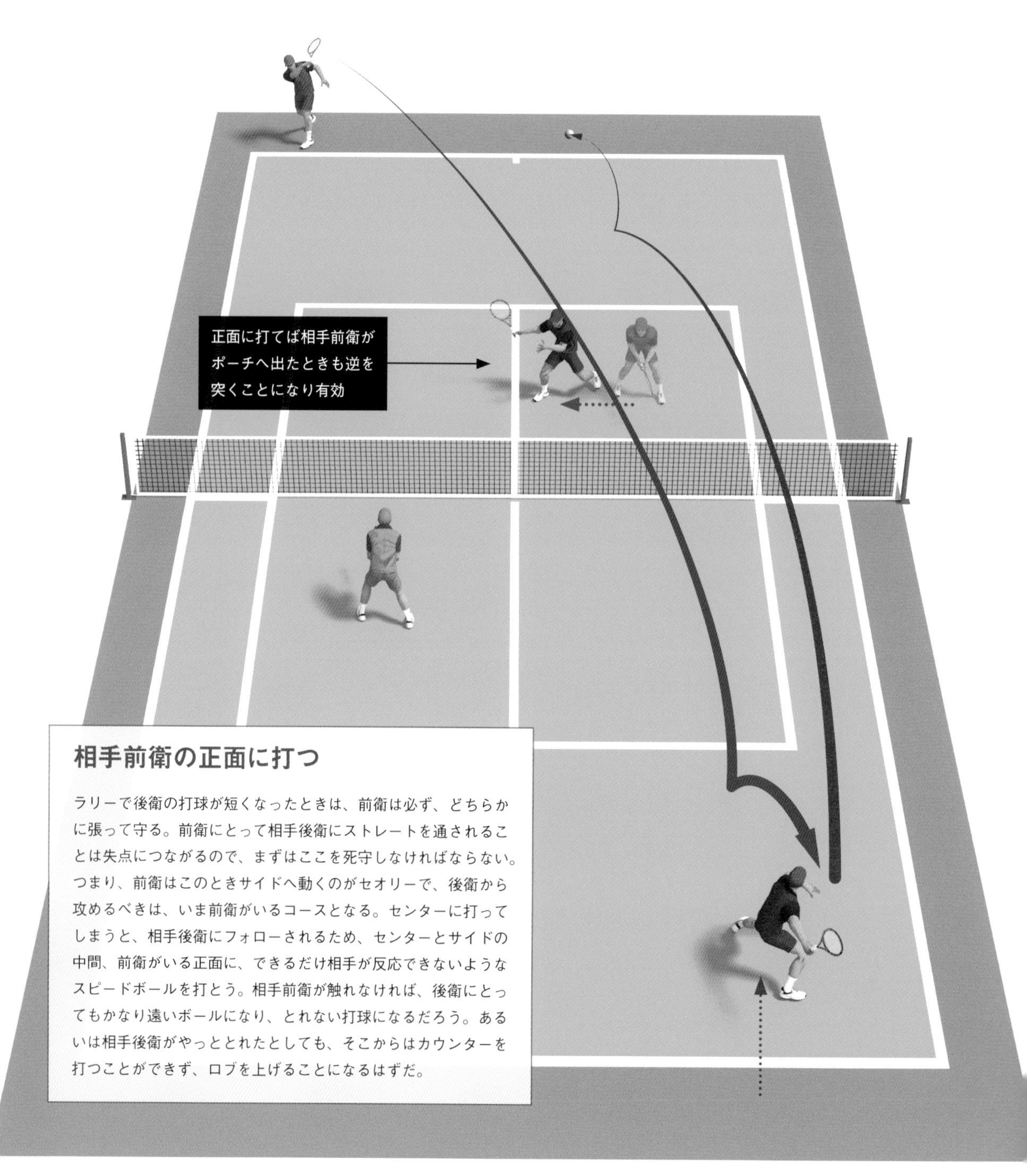

相手前衛の正面に打つ

ラリーで後衛の打球が短くなったときは、前衛は必ず、どちらかに張って守る。前衛にとって相手後衛にストレートを通されることは失点につながるので、まずはここを死守しなければならない。つまり、前衛はこのときサイドへ動くのがセオリーで、後衛から攻めるべきは、いま前衛がいるコースとなる。センターに打ってしまうと、相手後衛にフォローされるため、センターとサイドの中間、前衛がいる正面に、できるだけ相手が反応できないようなスピードボールを打とう。相手前衛が触れなければ、後衛にとってもかなり遠いボールになり、とれない打球になるだろう。あるいは相手後衛がやっととれたとしても、そこからはカウンターを打つことができず、ロブを上げることになるはずだ。

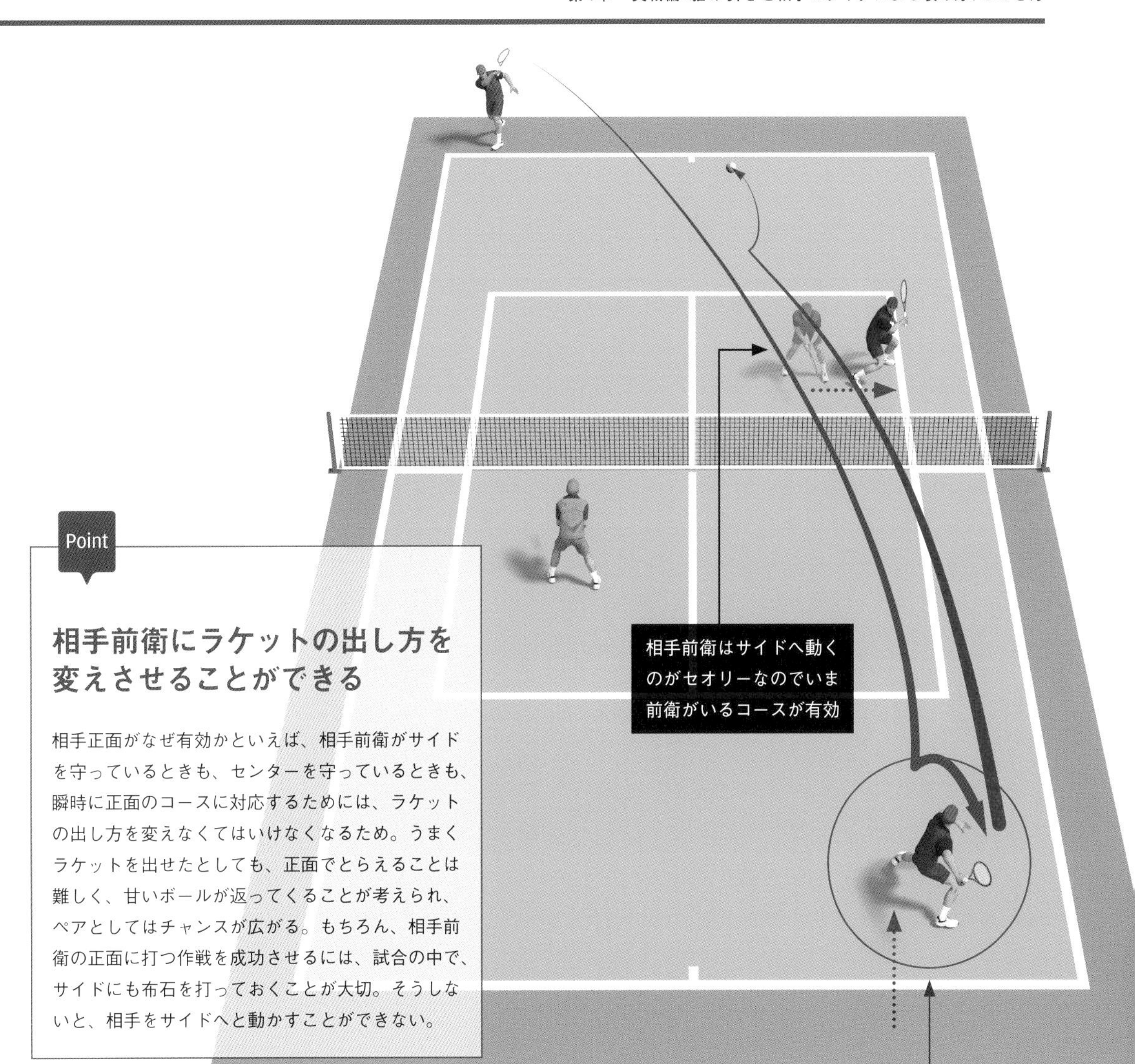

Point

相手前衛にラケットの出し方を変えさせることができる

相手正面がなぜ有効かといえば、相手前衛がサイドを守っているときも、センターを守っているときも、瞬時に正面のコースに対応するためには、ラケットの出し方を変えなくてはいけなくなるため。うまくラケットを出せたとしても、正面でとらえることは難しく、甘いボールが返ってくることが考えられ、ペアとしてはチャンスが広がる。もちろん、相手前衛の正面に打つ作戦を成功させるには、試合の中で、サイドにも布石を打っておくことが大切。そうしないと、相手をサイドへと動かすことができない。

後衛にズームアップ

しっかり肩を入れて、ストレートにも打てるフォームを見せておく

技術的には、相手にコースを読ませないように打つことが大切。ストレートに打つときのように十分に肩を入れて、相手に「ストレートにくるかも」とサイドを意識させるのだ。

37 相手のタイプで見極められる戦術

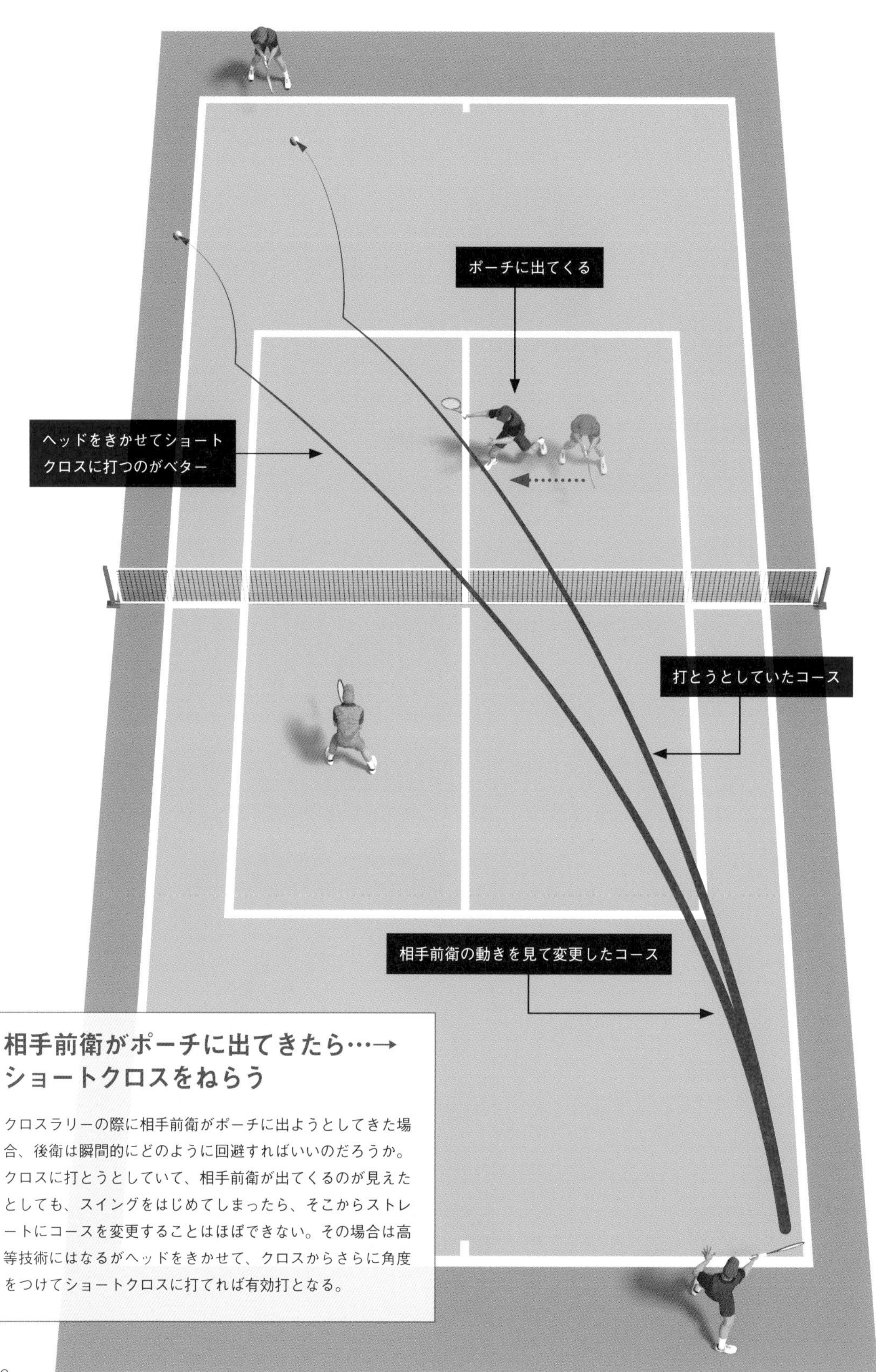

相手前衛がポーチに出てきたら…→ショートクロスをねらう

クロスラリーの際に相手前衛がポーチに出ようとしてきた場合、後衛は瞬間的にどのように回避すればいいのだろうか。クロスに打とうとしていて、相手前衛が出てくるのが見えたとしても、スイングをはじめてしまったら、そこからストレートにコースを変更することはほぼできない。その場合は高等技術にはなるがヘッドをきかせて、クロスからさらに角度をつけてショートクロスに打てれば有効打となる。

ショートクロスへは、打球のスピードを落とす

126ページのケースでショートクロスに打つのは厳しいが有効な理由として、前衛がポーチに出ているということは、相手後衛がそのカバーとしてセンターから逆サイド側に動いていることが多いことが挙げられる。前衛も触れないコースに打てれば、相手後衛の逆をつくことにもなる。ショートクロスにコントロールする場合、速い打球を打とうとすると、アウトしてしまう。スピードを落として角度をつけることを意識しよう。

Point

相手ペアから見ると…前衛のポジション、後衛の打ち方を見てカバーの方向を変える

逆に、前衛がポーチに出ようとしたペアの側から考えてみよう。後衛にとっては、自ペアの前衛がポーチに出ようとしたときに、逆サイドをケアするのは当然。ただし、こうした場面でも、自ペアの前衛のポジションとともに、相手後衛の打ち方を冷静に見ておかなければならない。「ショートクロスに返ってくる可能性もある」と意識したうえで、相手後衛の打ち方次第では急遽、カバーする方向を変えるのだ。これは、後衛がコートの後ろから3人を見られるポジションだからこそできることだろう。

37 相手のタイプで見極められる戦術

いいサービスを打つ相手→まずはミスなく返球する

相手のファーストサービスがいいときは、レシーブはあまり冒険せずに、ミスなく返球することを優先しよう。ファーストサーブに対しては、ストレートのロブを上げたり、ストレートのパッシングといったショットを考える必要はないだろう。ソフトテニスではレシーブでクロスにしっかり深いショット（ロブでもOK）を返してしまえば、サーバーとレシーバーの力関係はタイになる。

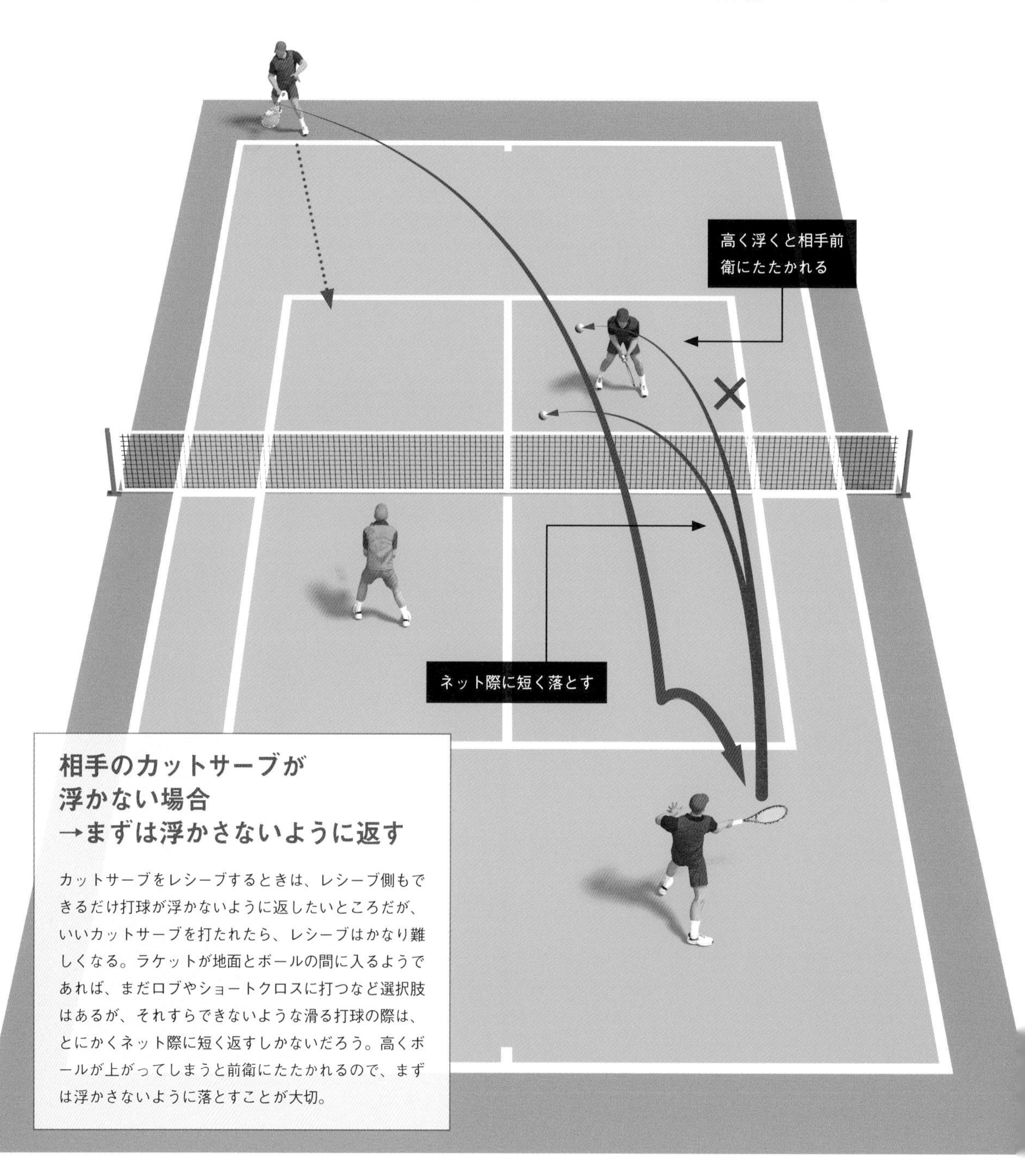

相手のカットサーブが浮かない場合→まずは浮かさないように返す

カットサーブをレシーブするときは、レシーブ側もできるだけ打球が浮かないように返したいところだが、いいカットサーブを打たれたら、レシーブはかなり難しくなる。ラケットが地面とボールの間に入るようであれば、まだロブやショートクロスに打つなど選択肢はあるが、それすらできないような滑る打球の際は、とにかくネット際に短く返すしかないだろう。高くボールが上がってしまうと前衛にたたかれるので、まずは浮かさないように落とすことが大切。

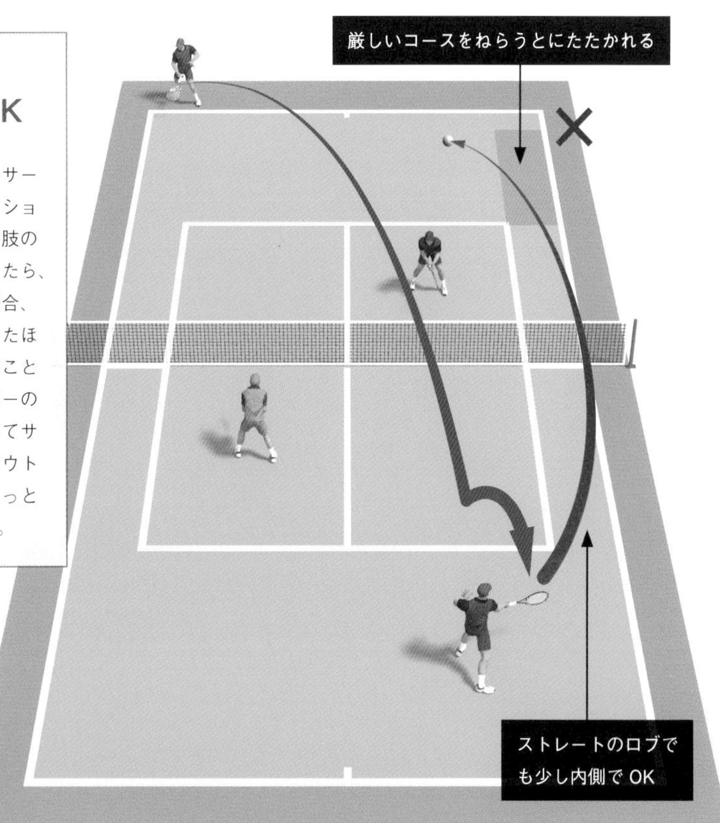

例A ストレートロブも内側でOK

例えば、正クロスで相手サーバーがカットサーブを打って前に出てくる場合、レシーブはショートクロスやセンターに落とすという選択肢の優先順位が高くなるが、サーブが浮いてきたら、もちろんロブという選択肢もある。この場合、前へ詰めてくるプレーヤーの頭上をねらったほうが安全だが、もちろんストレートに打つことも考えられる。こうした場面でのレシーバーの心理としては、より厳しいコースをねらってサイドをねらいたくなるものだが、サイドアウトしやすいというリスクを考えれば、「ちょっと内側でもOK」と考えたほうがいいだろう。

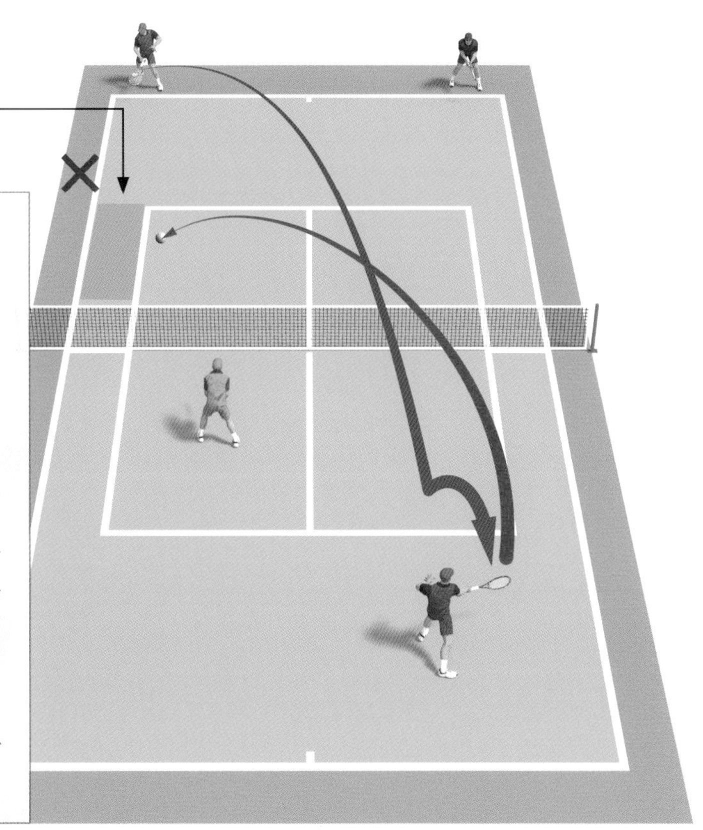

例B サイドも1m内側でOK

図は雁行陣の前衛サーブのとき。前衛がサービスを打って前に出てくるのならセンター、あるいはショートクロスが有効となってくる。後ろにとどまったままであればセンターへ打つといいだろう。ショートクロスを狙うときはペアにも伝えておく。ただし、これもサイドアウトのリスクが高いショットとなり、少し長くなるとアウトしてしまう。そのため、そこまでギリギリをねらわず、1メートル内側をねらうので十分。1メートル内側をねらっておけば、たとえばショットが20センチ長くなってもアウトはしない。これが逆クロスならスライスのショートクロスもある。レシーブは1本で決めるのではなく、相手の陣形を崩して次の攻撃につなげるものだと考えよう。

相手後衛が左利き→バックハンドを攻める

一般的にソフトテニスプレーヤーは、フォアハンドとバックハンドのどちらが得意かといえば、ほとんどの選手がフォアハンドが得意と言っていい。右利きの選手も左利きの選手も同じだが、これまでの経験でいうと、左利きの選手のほうがその傾向がより顕著。言い方を変えると左利きの選手のほうが、よりバックハンドに苦手意識を持っていることが多いと感じられる。そのため相手後衛が左利きの場合は、相手が右利きのとき以上に相手のバックハンドを攻めるようにするのが重要となる。

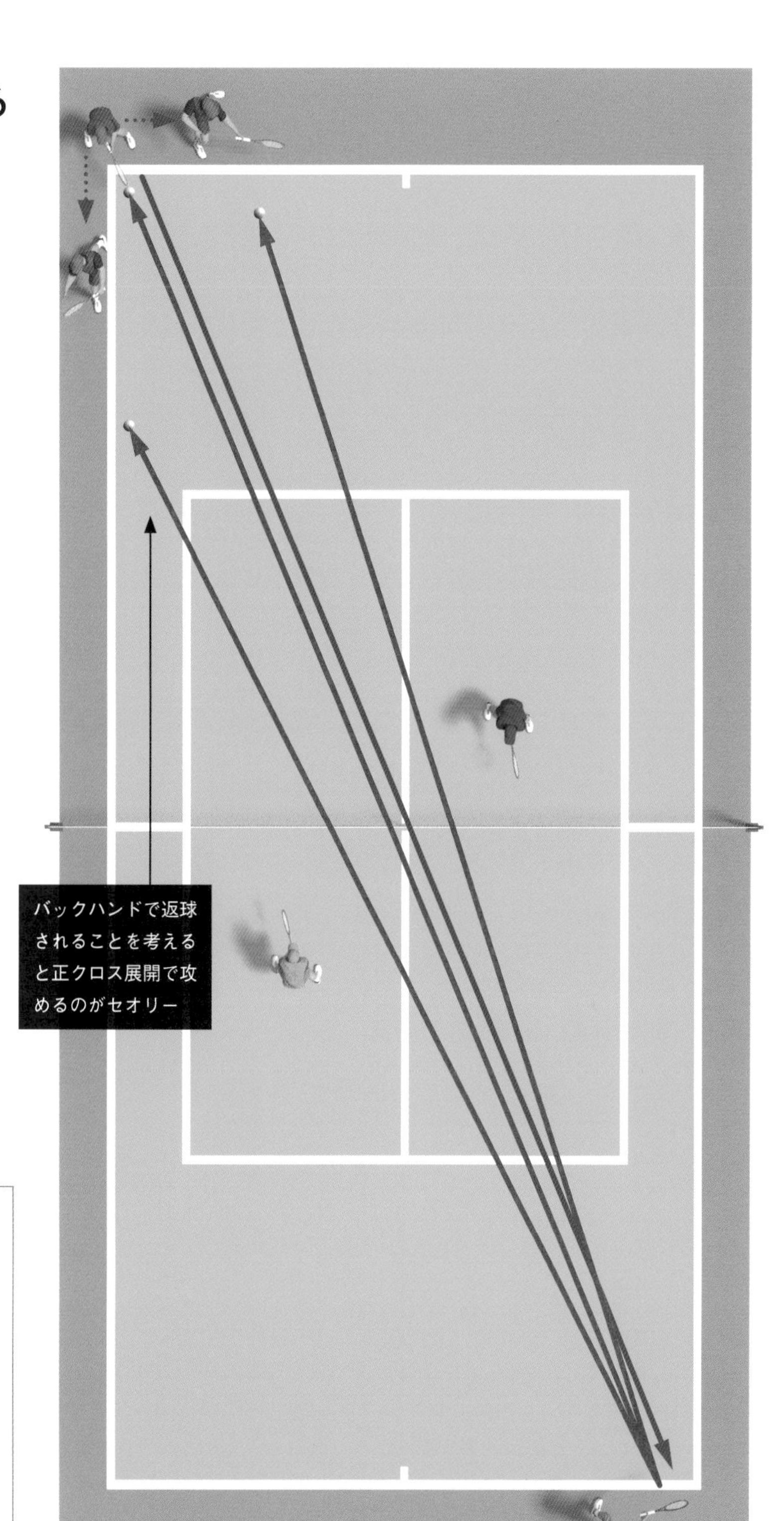

正クロス展開で攻めるのがセオリー

自分がフォアハンドで攻めることができ、かつ、相手にバックハンドで返球させることを考えると、当然、正クロス展開で攻めるのが、左利きの相手に対するセオリーとなる。いかに正クロス展開にもっていくかが、ゲームの主導権を握るための鍵になるだろう。

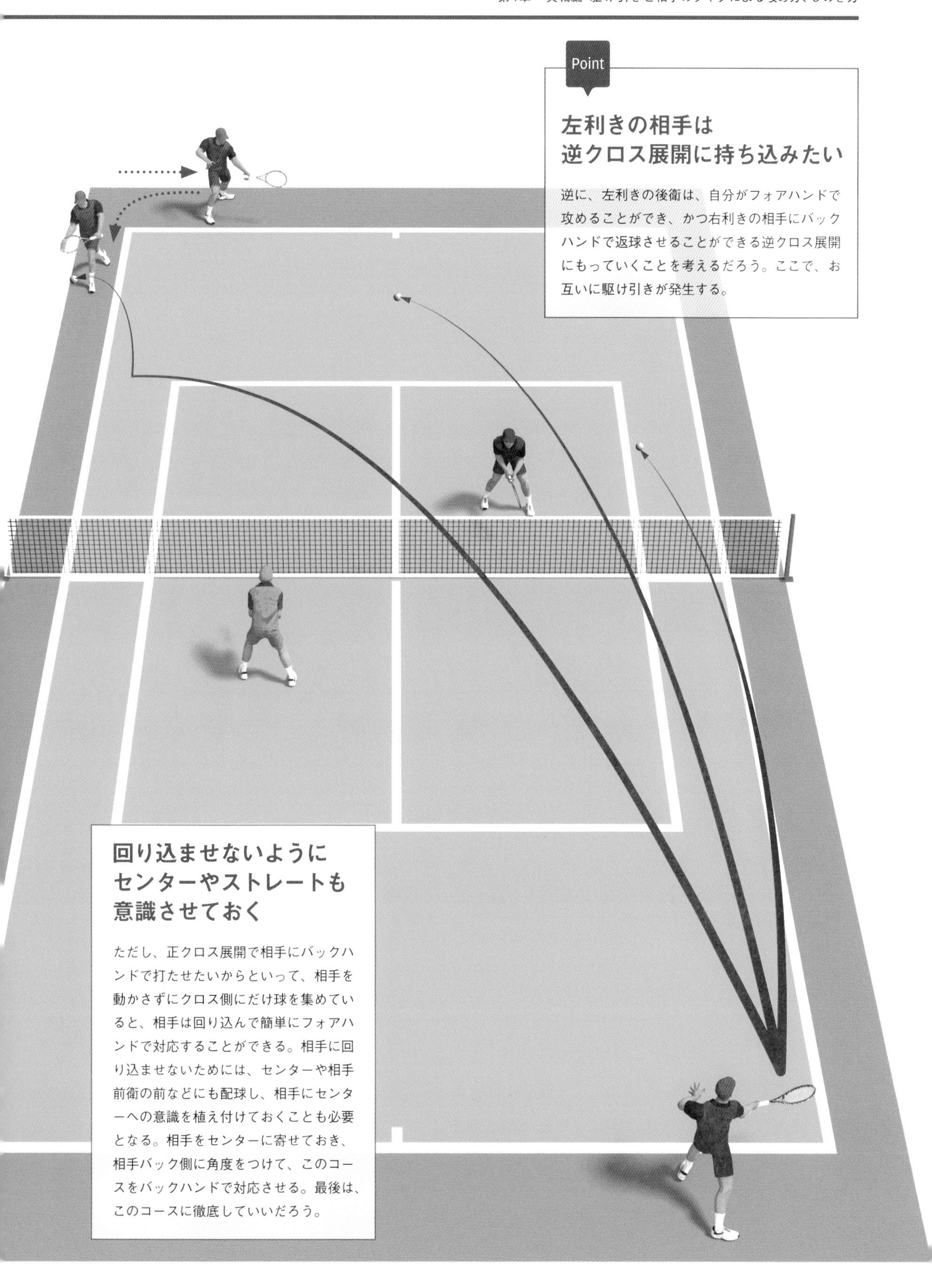

Point

左利きの相手は逆クロス展開に持ち込みたい

逆に、左利きの後衛は、自分がフォアハンドで攻めることができ、かつ右利きの相手にバックハンドで返球させることができる逆クロス展開にもっていくことを考えるだろう。ここで、お互いに駆け引きが発生する。

回り込ませないようにセンターやストレートも意識させておく

ただし、正クロス展開で相手にバックハンドで打たせたいからといって、相手を動かさずにクロス側にだけ球を集めていると、相手は回り込んで簡単にフォアハンドで対応することができる。相手に回り込ませないためには、センターや相手前衛の前などにも配球し、相手にセンターへの意識を植え付けておくことも必要となる。相手をセンターに寄せておき、相手バック側に角度をつけて、このコースをバックハンドで対応させる。最後は、このコースに徹底していいだろう。

37　相手のタイプで見極められる戦術

逆クロス展開にもっていきたい相手→ストレート展開でしのぐ

左利き後衛や右利きでも流しが得意で逆クロス展開にもっていきたい相手に対しては、簡単に相手の展開にさせないようにすることも大切。正クロスでの打ち合いの場面では、相手はこちらにバックハンドで対応させたい、また逆クロス展開にするためにも、まずは一度ストレートに展開してくるだろう。このとき、簡単に逆クロス展開にするのは、相手の得意な展開にしてしまうことになるので、こちらとしては相手にバックハンドで打たせるようにストレートにロブでしのごう。ただし、甘いロブになると前衛に読まれてスマッシュされる可能性もあるため、センターへも打てる状態をつくっておき、相手にコースを読ませないようにすることも大切だ。

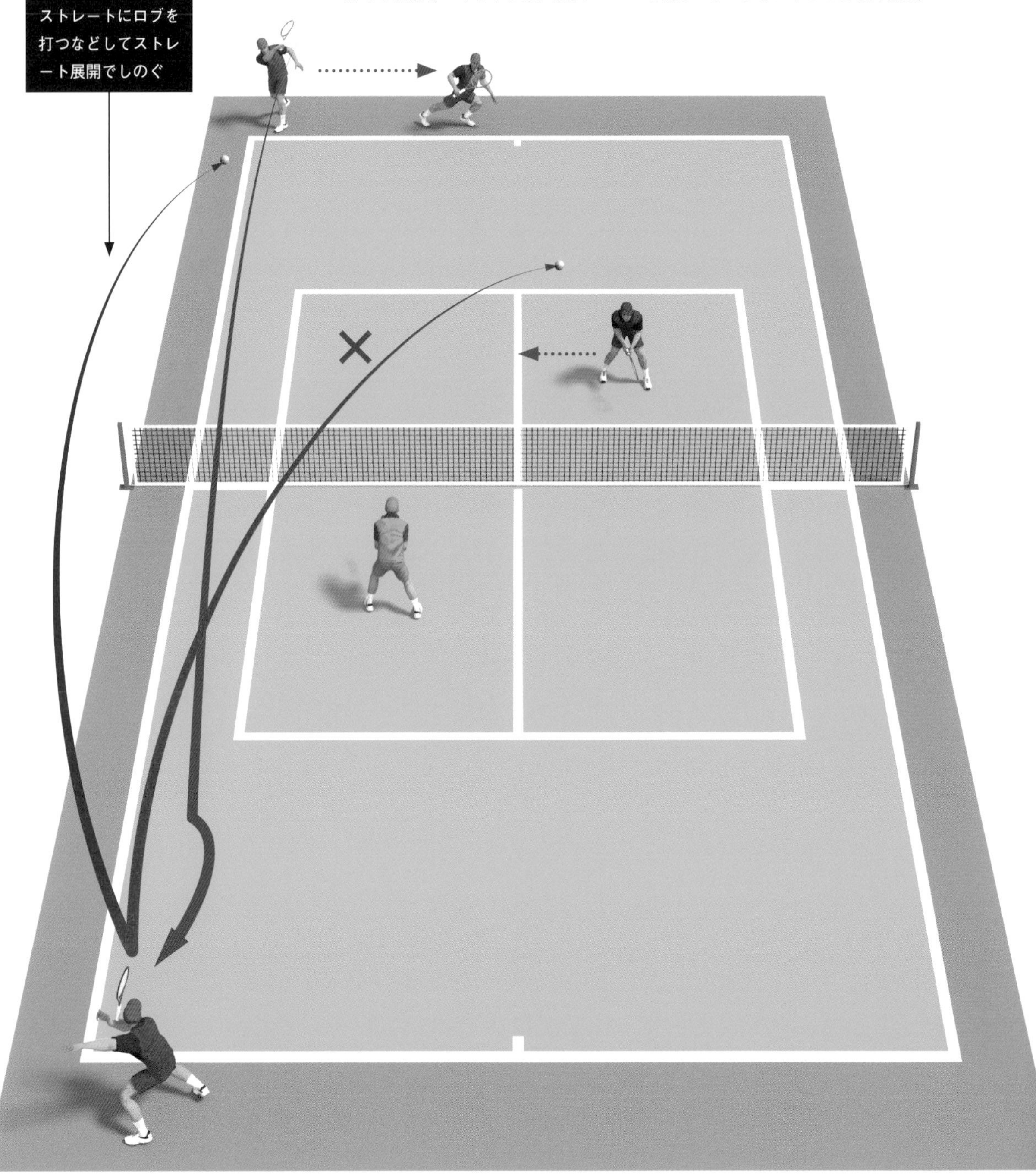

相手がフォアで回り込んだらストレートサイドをケア

相手がバックで打つ体勢ならプレッシャーをかける

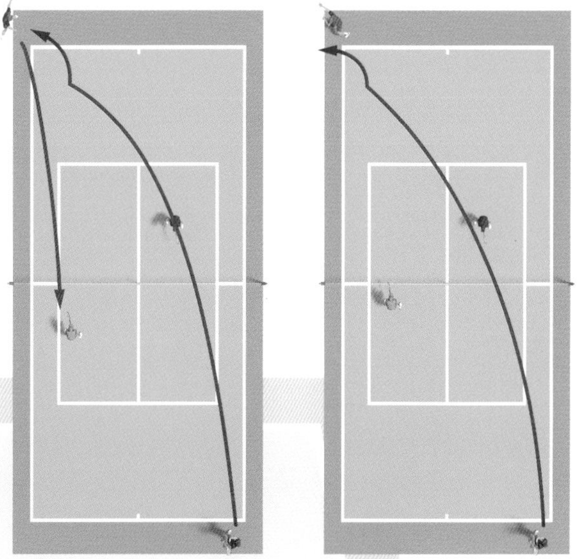

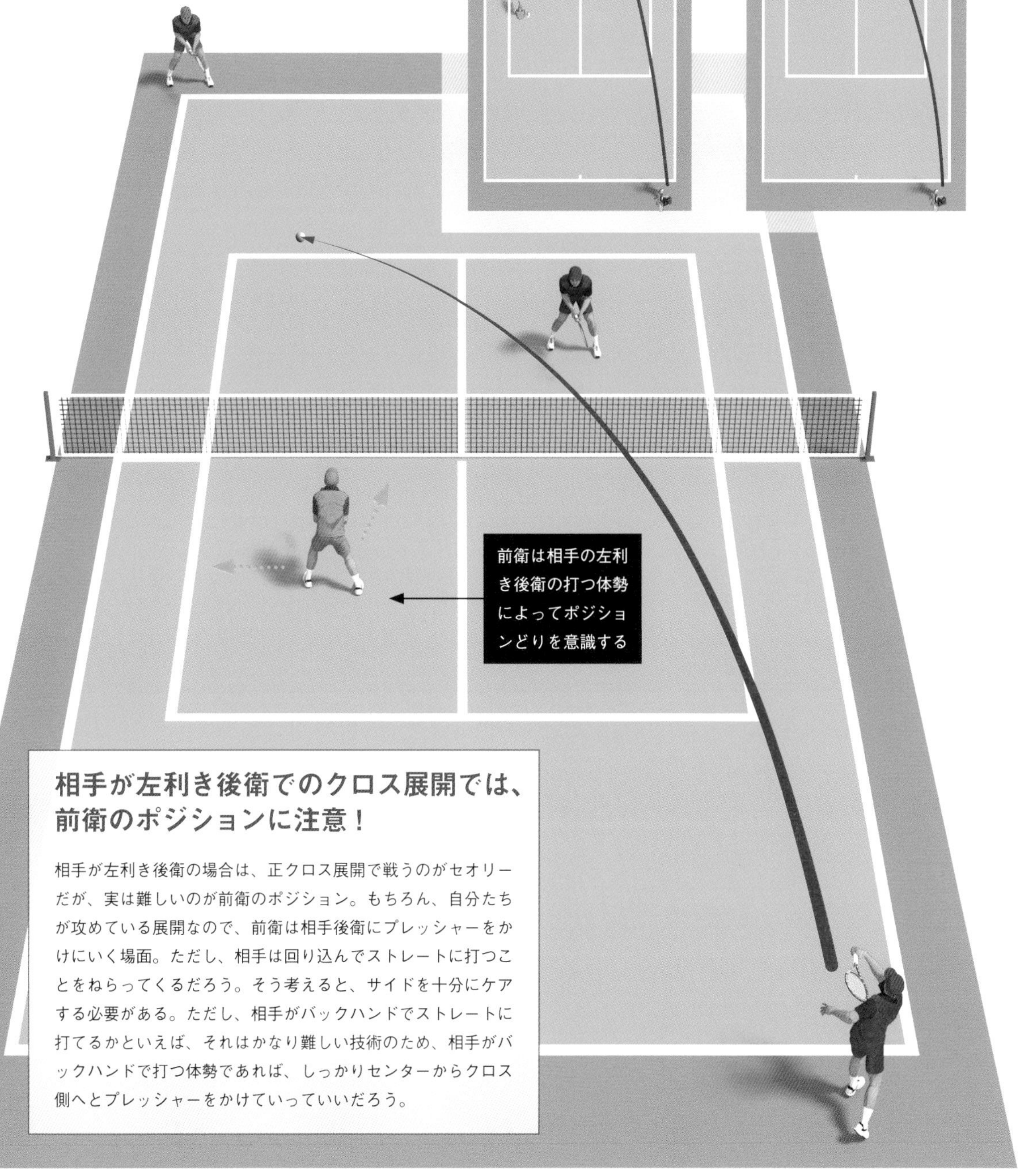

コースチェンジの乱発はNG

コース変更ばかりしていると味方前衛が迷うため（動けなくなるため）、むやみやたらなコース変更をしないほうがいい。

前衛は相手の左利き後衛の打つ体勢によってポジションどりを意識する

相手が左利き後衛でのクロス展開では、前衛のポジションに注意！

相手が左利き後衛の場合は、正クロス展開で戦うのがセオリーだが、実は難しいのが前衛のポジション。もちろん、自分たちが攻めている展開なので、前衛は相手後衛にプレッシャーをかけにいく場面。ただし、相手は回り込んでストレートに打つことをねらってくるだろう。そう考えると、サイドを十分にケアする必要がある。ただし、相手がバックハンドでストレートに打てるかといえば、それはかなり難しい技術のため、相手がバックハンドで打つ体勢であれば、しっかりセンターからクロス側へとプレッシャーをかけていっていいだろう。

37　相手のタイプで見極められる戦術

相手が左利きの前衛のケース

個人的な感想として、ソフトテニスの選手では、左利きのプレーヤーが少ないので前衛と後衛を比べると前衛のほうが少ないように感じる。左利きの前衛における特徴などを分析する。

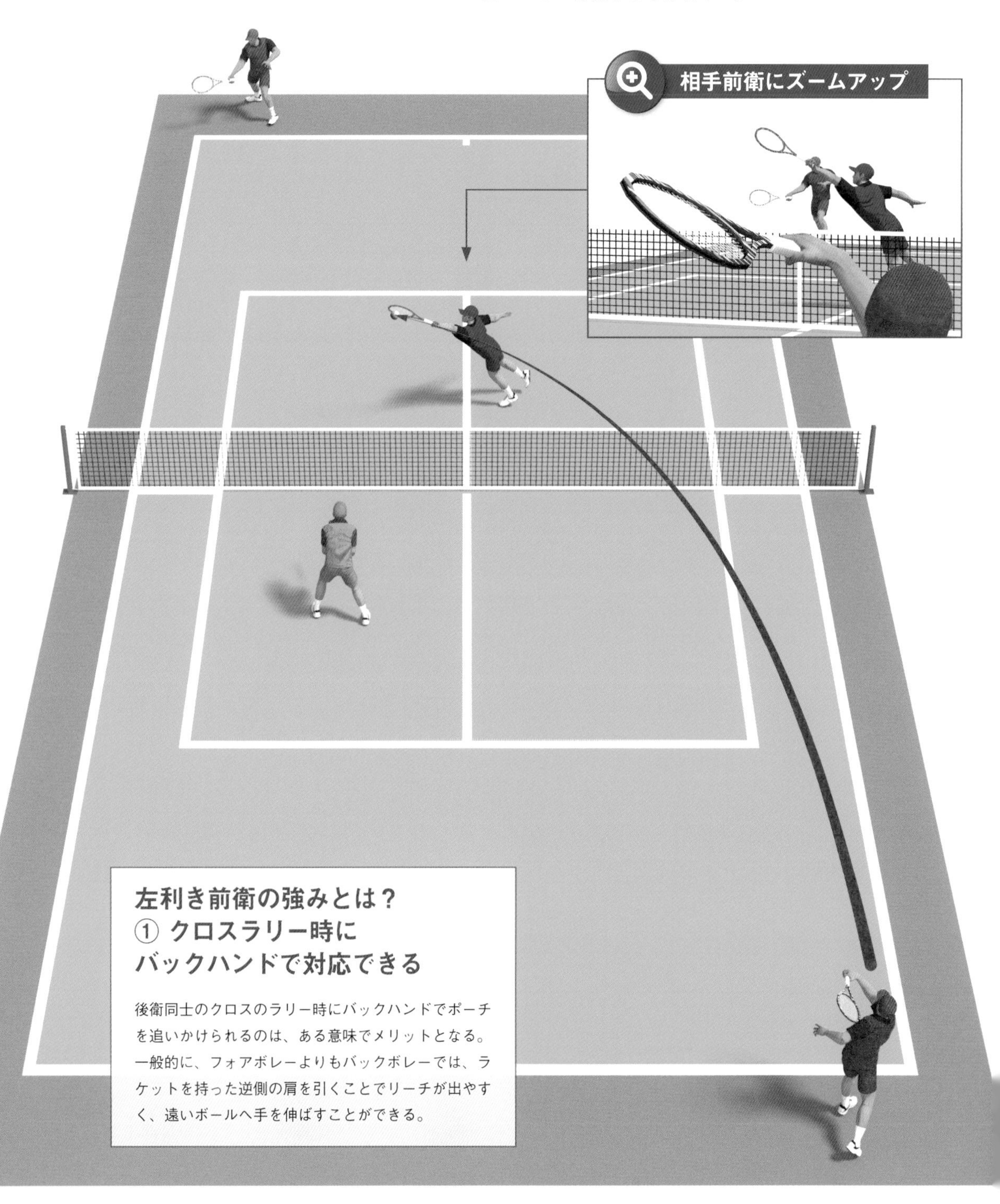

左利き前衛の強みとは？
① クロスラリー時に
バックハンドで対応できる

後衛同士のクロスのラリー時にバックハンドでポーチを追いかけられるのは、ある意味でメリットとなる。一般的に、フォアボレーよりもバックボレーでは、ラケットを持った逆側の肩を引くことでリーチが出やすく、遠いボールへ手を伸ばすことができる。

② フォアでサーブレシーブできる

また、サーブレシーブで前衛が逆サイドからプレーをスタートするとき、基本的に左利き前衛は大きく回り込むことをせずに、フォアでサーブレシーブをすることができる。逆に左利きの前衛と対戦する対戦相手は、サーブを左利き前衛にバックでとらせるために、センターへ入れることをねらわなければならないが、センターは距離が短いのでフォルトしやすくなる。

左利き前衛に対しては センターへのサービスを使う

逆クロス展開では、一般的にサービスをセンターへ入れることはほとんどないが、左利き前衛に対しては例外となる。ただし、距離が短いコースのためフォルトしやすく、スピードは出せない。あくまでも入れていくという意識でいいだろう。

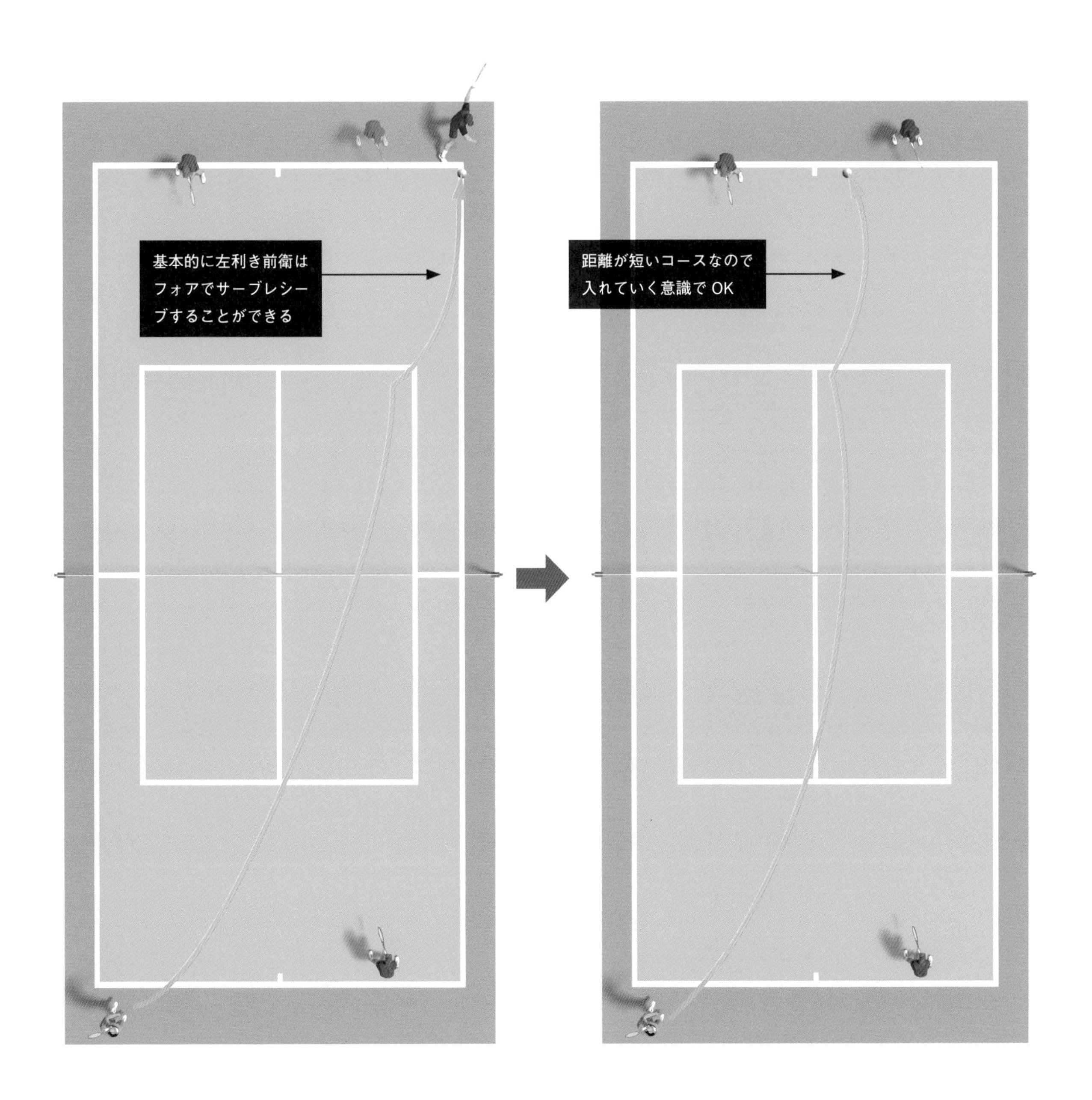

38 戦術上手になるためのアドバイス

1　イメージトレーニングをしよう！

試合前日、また試合前にイメージトレーニングをすることは大切だ。1試合のすべてのゲームをどのようにして戦うか、どのようにしてポイントをとっていくかなどをイメージし、ペアと共有することが大事。もちろん、ダブルスではパートナーがいるので、自分の思うようにはいかないかもしれない。しかし、パートナーも同様に試合展開をイメージし、お互いに考えていることを理解することで、よりダブルスのプレーを磨くことにもつながるだろう。具体的にイメージをする方法のひとつとして、フェンスの後ろから自分を含めて4人がプレーしているところをイメージする方法がある。また、自分の目線で、残り3人を頭に思い浮かべてイメージする方法もある。

2　自然条件を頭に入れ、味方につける

屋外では、太陽の光、風、また時には雨といった自然条件も頭に入れてプレーを変えていかなければならない。特に風は打球に影響を与えるため、風上から打つか、風下から打つかによって大きくプレーの仕方が変わる。

風上からのプレー

風上では、思い切り打つとアウトしやすいというリスクがある。また、風下から打つ相手はショットが短くなるため、よく足を動かして短いボールにも対応する必要がある。チャンスボールでは、しっかり足を動かして打点を上げて上からボールをたたくことが重要。

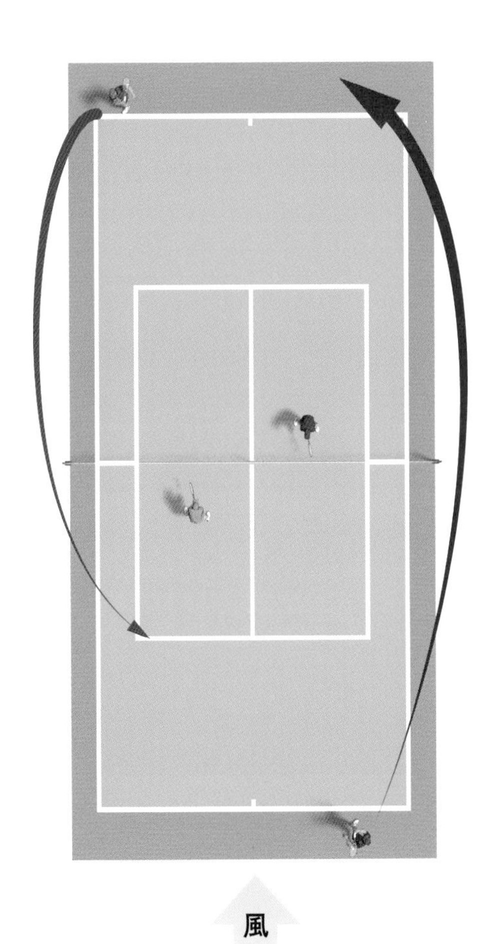

風下からのプレー

風下では、自分が強く打ってもアウトはしない。一方、しっかりパワーを伝えて打たないと短くなってしまい、相手に攻撃されやすいというリスクもある。相手のショットのスピードが速くなるため早めの準備が必要。ロブを有効に使って自分たちの展開へ持ち込むように。

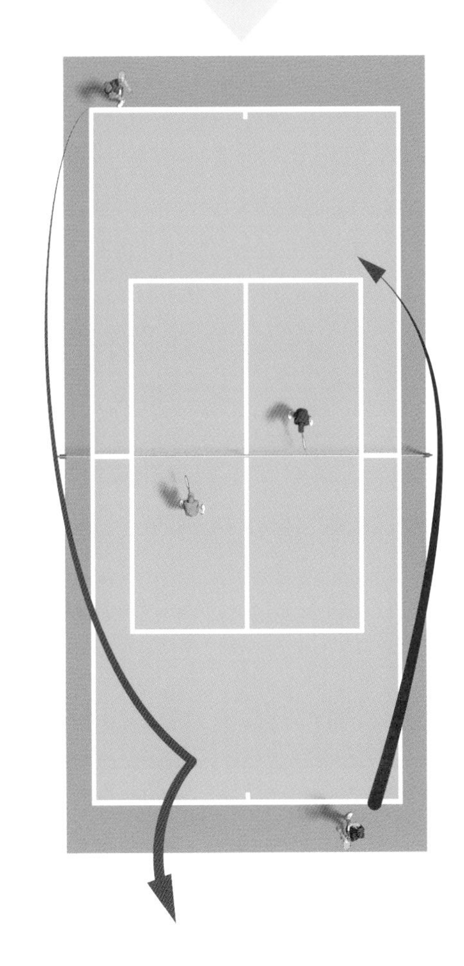

Point

どちらのコートから入るとプレーしやすいか意識しておく

自分のプレーの傾向として、どちらのコートから入るとプレーしやすいかを普段から意識しておくことも大切。それによって、実際の試合に生かすことができる。

3　ロブの使い方を考えよう

一口に「ロブ」といってもいろいろな用途、意味がある。大まかに分けると、「しのぎのロブ」「攻撃的なロブ」「相手に預けるロブ」の3つ。最近では、「相手に預けるロブ」を打つ後衛が少なくなったという印象だが、これを使いこなすことで、相手をうまく攻略できる道も生まれるため、覚えておくといいだろう。

「しのぎのロブ」

その言葉通り、相手に攻められて自分の体勢が崩れたときに、ロブを上げて、自分たちの体勢を整えるために使うロブ。

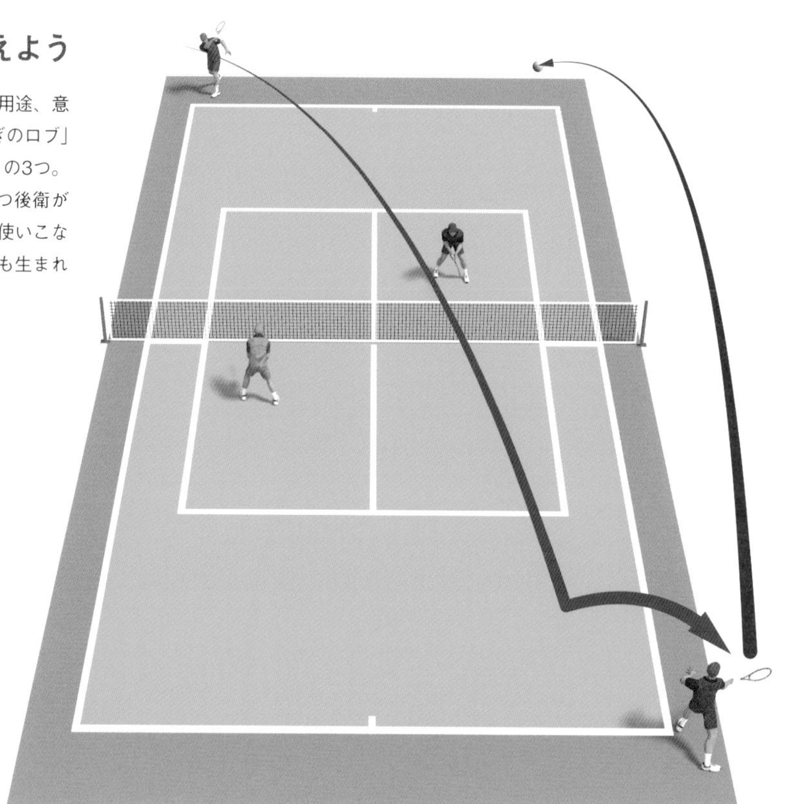

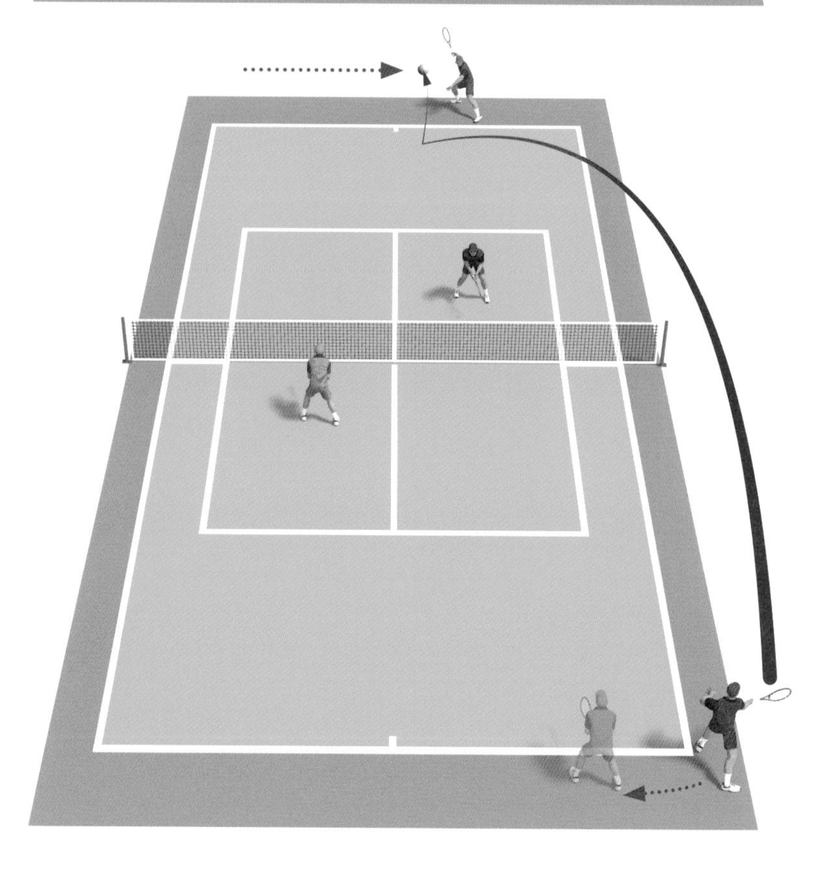

「攻撃的なロブ」

クロス展開からストレート展開にする、またストレート展開から逆クロス展開にするといったように、相手の陣形を変えるためのロブ。相手前衛に触られないようにするための高さが必要だが、中ロブでスピードを加えることでエースを奪うことも可能になる。

「相手に預けるロブ」＝「相手に考えさせるロブ」

相手の後衛に預けてあげるというイメージで打つロブ。例えば、相手との力が拮抗していて強打しても効果が薄い、無理に攻めても自滅するリスクが高いなどのケースで、まずは相手の出方を見るというような使い方をする。緩くもなく、強くもなく、しっかり深さはあるショットで、相手の定位置に打てばいいだろう。相手に「どこにどのようなショットを打とうか」と考えさせて、次の展開をつくる。相手にとってチャンスに見えるが、逆に悩ませるというのが作戦。最終的には、味方の前衛に後衛の打つ球を読んでもらい、攻撃に出るのが目的となる。

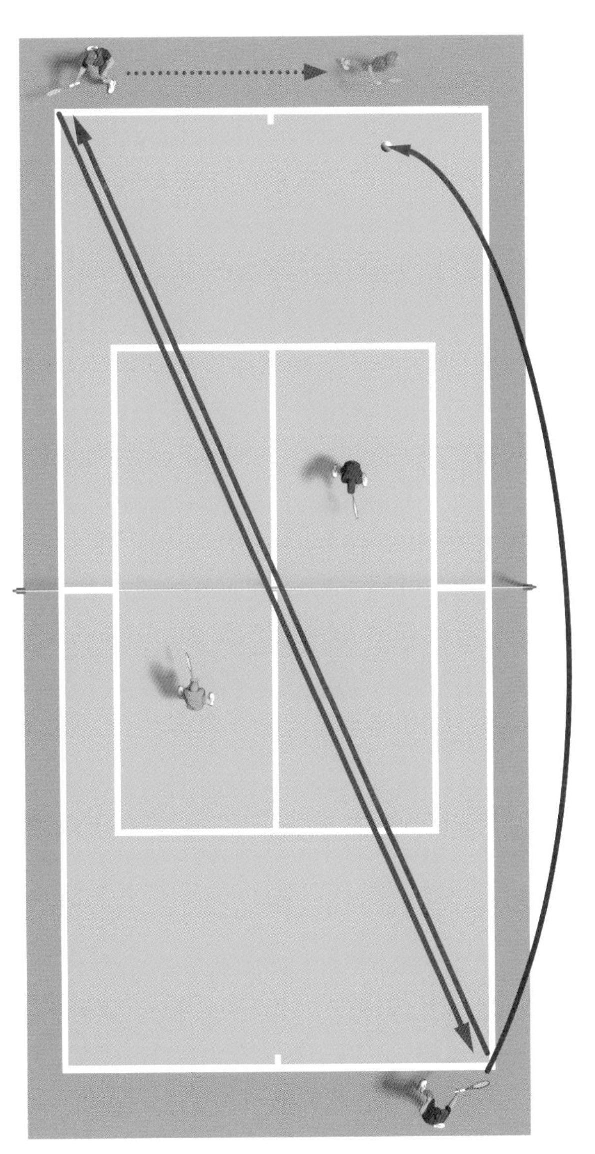

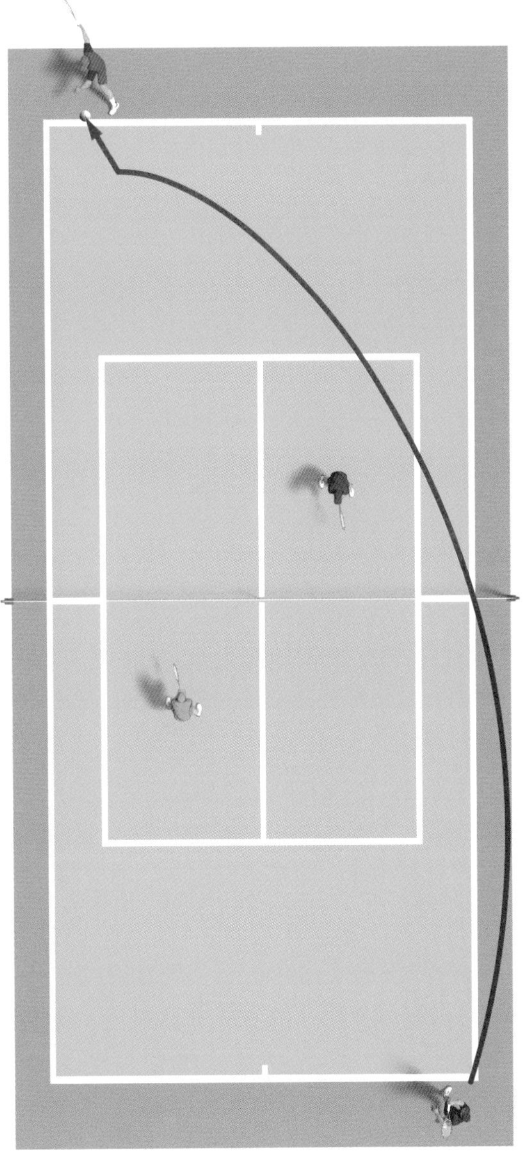

39 インドアでの戦術

ソフトテニスでは、冬から春にかけてインドアシーズンになる。例えば高校の大会では、選抜はインドアで行われる。屋外でプレーできる地域の選手も、ある程度インドアで練習するなど準備しておく必要があるだろう。

そのなかでもっとも重視すべきは、体育館の床というサーフェスの特性を考えてプレーするということ。サーフェスの特性を踏まえたインドアの戦い方を考える。

強打が有効にならず、ロブ合戦が多くなる

インドアでは、打球がバウンドして止まるため、打球の勢いがなくなり、強打があまり有効とならない。そのため、インドアの試合はロブ合戦になることが多く、いかに前衛がプレーにからんでいくかが得点の鍵となる。そのため、後衛はボール持ちをよくして、ラリーをつないでいく必要がある。打球を十分に引きつけてふところをつくって、自分が打つコースを広げることが、相手にコースを読ませないコツになる。

カットサーブが有効

また、サーフェスの特性を考えると、カットサーブも非常に有効。よりボールが止まり、レシーブする相手を下から打たせる、相手の球を甘くさせることができる。カットサーブからダブルフォワードでプレーするという選択もあるが、ダブルフォワードにならないとしても、強打の相手と対戦したときにカットサーブを使うだけでも強打を防ぐことにつながる。

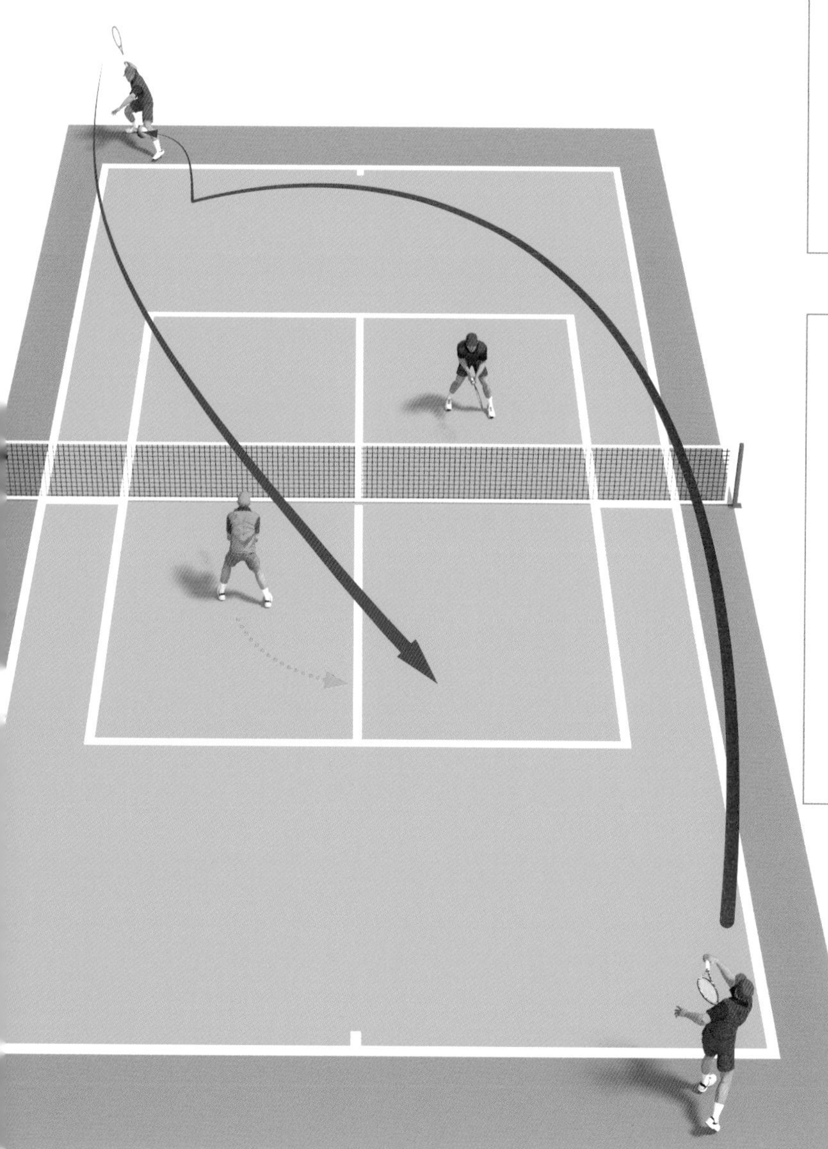

フットワークも違う！

サーフェスの違いもプレーの仕方の違いとなる。クレーコートや砂入り人工芝コートはうまく滑るフットワークを習得する必要があるが、体育館ではよく止まるのでストップ系とジャンプ系のフットワークを使う。例えば、相手に正クロスへ振られたとき、クレーやオムニでは最後に滑るフットワークで打球をとりにいくが、インドアでは最後にジャンプして打つ対応も必要。さらに足腰の強化も大切だ。

39 インドアでの戦術

キックする打球が有効

インドアで深いボールを打つ場合は、キックする打球を打つと有効だ。硬式テニスでいうトップスピンのような打球。バウンド後に大きく跳ねるため、相手を後方に押し込むことができる。また、そのようなキックする打球に対しては、打点を高く、攻撃的にプレーすることが必要になってくる。もしくは打球がバウンド後、ライジングで打つのも有効だろう。ただし回転をかけすぎるとボールを吹かしてしまうケースもあるので注意。

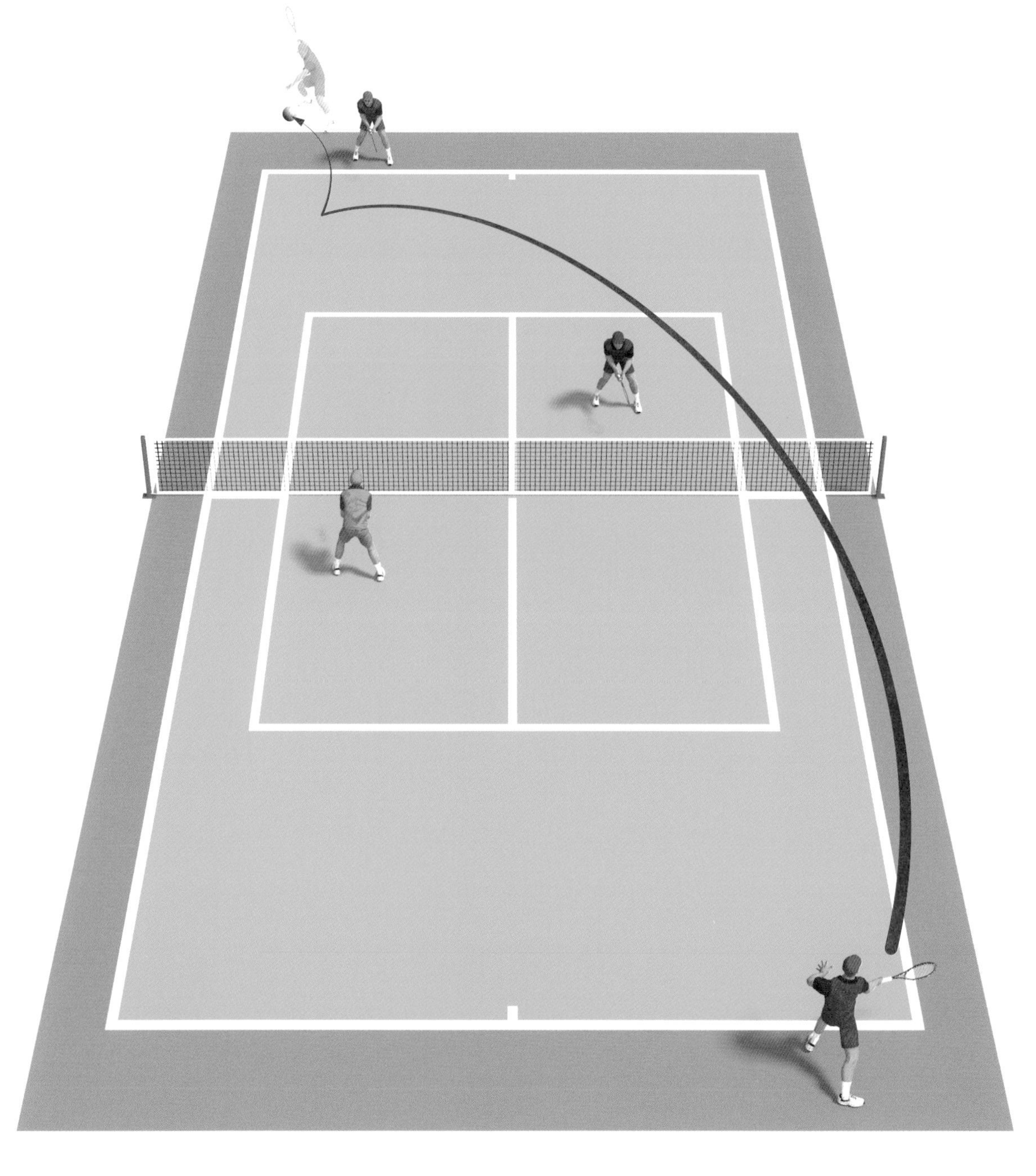

40 試合全体での駆け引き

駆け引きとは、ラリーの中だけでなく、試合全体の中にもある。試合の中での駆け引きに勝つためには、まずは自分たちが相手にやられたことを覚えていく必要がある。何本も同じところをやられるのではなく、まずはやられたところを防ぐ、そして逆にやられたことをやり返していくこともできるだろう。

この駆け引きが必要なのは、特に前衛だ。簡単な例でいえば、何度かロブで抜かれていたなら、相手がロブで来る可能性を頭に入れ、次はスマッシュで得点しよう。自分たちがプレーした内容は忘れても構わないが、相手がやってきたこと、自分たちがやられたことは覚えておかないといけない。それが駆け引きにつながる。

強いサーブやストロークも武器になるが、勝つためには戦略も重要な部分を占める。（写真は中堀氏）

中堀成生　なかほり・しげお

ソフトテニス男子ナショナルチーム監督。1971年11月15日生まれ。兵庫県出身。香川西高、中央大学、実業団のNTT西日本広島に所属し、キレのある正確なストロークと巧みな試合運び、勝負強さを発揮し数多のタイトルを獲得。1993年からナショナルチーム（日本代表）として世界を舞台に戦いつつ、国内大会では天皇杯（全日本選手権）優勝９回、全日本インドア優勝８回、全日本シングルス優勝６回を誇る。2011年に第一線を退いた。現在は、男子ナショナルチームの監督として活動中。選手時代主要戦績：国際大会:1995世界選手権、2000アジア選手権、2001東アジア五輪国別対抗団体戦優勝。2001東アジア五輪ダブルス優勝。2004アジア選手権ミックス優勝。

デザイン／黄川田洋志、井上菜奈美、石黒悠紀、中田茉佑（有限会社ライトハウス）
写　真／BBM
編　集／田邉由紀子、星野有治
　　　　伊藤 翼（有限会社ライトハウス）

マルチアングル戦術図解(せんじゅつずかい)
ソフトテニスの戦(たたか)い方(かた)
セオリーをもとにリスクも背負(せお)って攻(せ)めていく

2021年３月27日　第１版第１刷発行
2023年12月29日　第１版第２刷発行

著　者／中堀成生(なかほりしげお)
発 行 人／池田哲雄
発 行 所／株式会社ベースボール・マガジン社
〒103-8482
東京都中央区日本橋浜町2-61-9　TIE 浜町ビル
電話　03-5643-3930（販売部）
　　　03-5643-3885（出版部）
振替口座　00180-6-46620
http://www.bbm-japan.com/

印刷・製本／広研印刷株式会社

ISBN978-4-583-11158-2　C2075